KB040541

숨길 수 있는
권리

국가권력과 공공의 이익만큼
개인의 사생활도 중요하다

숨길 수 있는 권리

대니얼 J. 솔로브 지음 | 김승진 옮김

동아시아

한두 해 전쯤, 「"난 숨길 게 없어요": 사생활에 대한 오해들_{I've Got} Nothing to Hide" and Other Misunderstandings of Privacy」이라는 글을 블로그에 올린 적이 있다. 인터넷과 언론에서 놀랄 만큼 뜨거운 반응이 쏟아졌다. 나는 사생활과 안보를 둘러싼 논의에 사람들의 관심이 매우 많다는 것, 그리고 정형화된 논리 몇 가지가 이 논의에 반복적으로 나타난다는 것을 알게 됐다. 또, 법에 대해 잘못 알려진 점이 너무나 많다는 사실도 알 수 있었다.

안보 강화를 역설하는 주장에 자주 동원되는 몇몇 논리를 보다 보니 점점 우려스러워졌다. 그런 논리들 탓에 ['사생활 대 안보'의 구도에서] 저울이 안보 쪽으로 지나치게 쏠리고 있는 것 같았기 때문이다. 이 논리들의 문제점을 짚는 것이 이 책의 목적 중 하나이다.

이 책은 일반 독자를 염두에 두고 썼으며 난해한 법률 용어나 정책 분석은 되도록 피했다. 학술지에 냈던 논문들에서는 더 상세한 정책을 제안하기도 했지만 여기에서는 법률적인 세부사항보다 일반적인 논리와 원칙에 초점을 맞췄다. 세부사항도 중요하지만 기본적인 개념과 주제가 더 중요하다. 이 책으로 몇몇 부당한 논리들을 잠재워서 논쟁이 유익한 방향으로 진전되는 데 일조할 수 있다면 무척 기쁘겠다.

미국법 위주로 논의를 전개했지만 사생활-안보 논쟁에 자주 등장하는 개념과 논리는 다른 나라들에서도 비슷하다. 많은 나라의 법이 미국법과 비슷한 방식으로 작동하며 비슷한 기법들로 정부의 정보수집을 규제한다. 법이 사생활과 안보라는 막중한 문제를 어떻게 다뤄나가야 할지를 놓고 씨름할 때, 이 책에서 개진한 의견은 미국뿐 아니라 다른 나라들에도 유의미한 시사점을 줄 수 있을 것이다.

책의 내용 중 일부는 학술지에 실렸던 논문들을 수정한 것이다. 각각의 주제에 대해서는 학술지 논문 쪽이 훨씬 상세하며 글의 형태나 전개 방식도 많이 다르다. 기존 논문들을 이 책에 완전히 통합하지는 않았으므로 그것들은 여전히 독자적인 글이다. 해당 사안들에 대해 법률적으로 더 상세한 내용을 보려면 아래의 논문들을 참고하기 바란다.

Fourth Amendment Pragmatism, 51 Boston College Law Review 51 B.C.L. Rev. 1511 (2010)

Data Mining and the Security-Liberty Debate, 74 University of Chicago Law Review 343 (2008)

"I've Got Nothing to Hide" and Other Misunderstandings of Privacy, 44 San Diego Law Review 745 (2007)

The First Amendment as Criminal Procedure, 84 New York University Law Review 112 (2007)

Fourth Amendment Codification and Professor Kerr's Misguided Call for Judicial Deference, 74 Fordham Law Review 747 (2005)

Melville's Billy Budd and Security in Times of Crisis, 26 Cardozo Law Review 2443 (2005)

Reconstructing Electronic Surveillance Law, 72 George Washington Law Review 1264 (2004)

이 논문들이 출간된 이후로도 생각을 계속 다듬어왔고 견해가 달라진 부분도 있다. 그러니 이 책은 사생활과 안보에 관한 내 생각의 최근판이라고 볼 수 있다. 또 책을 쓰면서 이 주제를 더 폭넓게 생각하게 됐고, 그에 따라 전에는 다루지 않았던 내용들도 책에 많이 포함됐다.

집필에 많은 분의 도움을 받았다. 아내 파멜라는 한결같은 지지와 격려를 보내주었을 뿐 아니라 초고를 읽고 훌륭한 조언을 해주었다. 또 많은 지인들이 귀중한 의견을 보내주었다. 특히 다음 분들에게 감사를 전한다. 대니엘 시트론Danielle Citron, 토미 크로커Tommy Crocker, 데븐 드사이Deven Desai, 크리스 후프네이글Chris Hoofnagle, 오린 케르Orin Kerr, 레이먼드 쿠Raymond Ku, 폴 옴Paul Ohm, 닐 리처즈Neil Richards, 마이클 설리번Michael Sullivan. 연구조교를 맡아준 매튜 앨버니스Matthew Albanese에게도 큰 도움을 받았다. 편집자 마이클 오맬리Michael O'Malley와 일하게 된 것은 커다란 행운이었다. 그리고 교열을 맡은 댄 히튼Dan Heaton은 정말로 꼼꼼하게 원고를 검토해주었다. 에이전트를 맡아 출간 과정을 처음부터 끝까지 잘 이끌어준 수전 슐먼Susan Schulman에게도 고마움을 전한다.

CONTENTS

일러두기

1. 사전에 복합명사로 등재되지 않은 경우라도 한 단어로 취급하는 게 나은 경우 한 단어로 붙여 적었다.

2. 기관명 표기 시 미국임을 뜻하는 '미'는 표기하지 않았다. 예를 들어, '미 연방 대법원'은 '연방 대법원'으로, '미 법무부'는 '법무부'로 표기했다.

3. 대괄호〔 〕로 묶인 부분은 이해를 돕기 위해 옮긴이가 첨언한 내용이다. 조금 더 자세한 내용이 필요한 경우 옮긴이주를 각주로 표기했다.

4. 참고문헌은 미주로 표기했다.

들어가는 글

"더 안전해질 수 있다면 어느 정도의 사생활은 기꺼이 포기해야 한다."

"숨길 게 없다면 정부가 감시한다고 해서 걱정할 필요가 없다."

"안보 당국이 내린 결론을 함부로 의심하거나 넘겨짚지 말아야 한다."

"국가적 위기 상황에서는 권리가 축소되어야 한다. 위기가 지나면 그 권리들은 회복될 것이다."

우리는 이런 말을 늘 듣는다. 가족이나 친구와 나누는 일상적인 대화에서도 듣고, 통합정보인식Total Information Awareness, 공항 승객에 대한 추가 검색, 국가안보국이 비밀리에 실시한 대규모 도청과 같은 사안을 보도하는 뉴스에서도 듣는다. 정치인과 안보 당국자들의 발언에서도 듣고, 국민의 헌법적 권리와 [권리 침해적인] 안보조치 사이의 이익형량*을 분석하는 법원의 판결문에서도 듣는다.

---

* 'balance(balancing)'는 법률 용어로 '이익형량'이지만, 일상어 '균형을 잡다'와 법률 용어 '이익형량'을 문맥에 따라 섞어서 사용했다.

이런 주장들은 사생활*과 안보**를 둘러싼 논쟁의 일부이며, 사회에 막대한 영향을 미치고 있다. 둘 다 포기할 수 없는 가치이기도 하거니와, 둘 사이의 균형을 어떻게 맞추느냐에 따라 자유와 민주주의의 기반 자체가 달라지기 때문이다. 그런데 현재의 균형은 안보 쪽으로 크게 치우쳐 있고, 9·11테러 이후로 이런 경향은 더 심해졌다. 정부는 국민에 대해 더 많은 정보를 모으고 있으며 더 많은 감시프로그램을 돌리고 있다. 영상감시, 위치추적, 데이터마이닝, 도청, 열 감지, 첩보 위성, 엑스레이 등 정보수집과 감시에 사용할 수 있는 기술적 수단도 엄청나게 늘었다. 또 요즘 세상에서는 보고 읽고 구매하는 것들에 대해 수천 건의 기록을 생성하지 않고는 살아갈 수가 없는데, 정부는 이 모든 기록을 쉽게 얻을 수 있다.

사생활-안보 논쟁은 정부의 이러한 활동을 규율할 방식을 정하는 데 큰 영향을 미친다. 그런데 이 논쟁에는 심각한 문제가 있다. 사생활이 안보 논리에 부당하게 밀리는 경우가 너무 많은 것이다. 안보조치가 가져올 이득은 즉각 와 닿는 반면(목숨이, 적어도 팔다리가 달린 문제 아닌가), 사생활의 권리라는 개념은 추상적이고 모호하다. 많은 사람들이, 안전해지려면 사생활은 어느 정도 포기해야만 한다고 생각한다. 그리고 안보강화론자들은 사생활과 안보가 상충관계인 것처럼 보이게 하는 강력한 논리들을 구사한다.

---

* 'privacy'는 되도록 '사생활'로 옮겼고, '사생활 권리의 영역'이라는 좀 더 추상적인 의미로 쓰여야 하는 경우에는 '프라이버시'도 사용했다.

** 'security'는 대체로 '안보'로 옮겼으며 문맥에 따라 '안전'이라고도 옮겼다.

하지만 이런 논리들은 사생활 보호가 무엇을 의미하는지, 그리고 사생활 보호에 따르는 비용과 편익이 무엇인지를 잘못 파악하고 있다. 이제껏 사생활-안보 논쟁은 논쟁의 틀 자체가 정확하게 설정되어 있지 못했다. 사생활과 안보가 절대적으로 상충한다는 잘못된 가정을 깔고서, 문제를 양자택일 구도로 만들어놓았기 때문이다. 실제로는 사생활을 보호한다고 해서 안보가 꼭 심각하게 후퇴하는 것은 아니다. 사생활을 보호하자는 것은 안보조치가 감독과 규제를 받게 하자는 말일 뿐이다. 하지만 논쟁의 틀 자체가 오류에 빠져 있기 때문에 우리는 이 논쟁을 유의미하게 진전시키지 못하고 있다.

법도 비슷한 문제를 겪고 있다. 법은 사생활과 안보 사이에서 합당한 균형을 찾고자 한다. 하지만 몇몇 구조적인 문제들 때문에 균형점을 평가하는 방식이 크게 왜곡되어 있다. 법원은 안보조치의 효과성을 평가할 때 정부가 스스로 내린 판단을 지나치게 존중하는 경향을 보인다. 또한 정부가 진행하려는 프로그램이 규제해야 할 대상인지 아닌지를 판단하려면 복잡한 법률적 기준들로 심사를 해야 하는데, 이렇게 세부사항들에 파묻히다 보니 사생활 보호가 일관성 없이 들쭉날쭉 이루어진다. 사소한 침해는 엄격하게 막으면서 중대한 침해로부터는 사생활을 보호하지 못하는 경우가 허다하다. 수정헌법 4조*는 경찰이 당신의 가방을 더듬어서 수색하는 것은 막아주겠지만, 정부

---

* "불합리한 수색, 체포, 압수로부터 신체, 가택, 서류 및 동산의 안전을 보장받는 시민의 권리는 침해될 수 없으며, 영장은 상당한 이유에 근거하고 선서 또는 확약으로 뒷받침되며 수색될 장소, 체포될 사람 또는 압수될 물품을 구체적으로 적시하지 않으면 발부될 수 없다."

가 당신의 구글 검색 기록이나 신용카드 기록을 통째로 확보하는 것은 막아주지 못할 것이다.

사생활-안보 문제에 관한 논쟁과 법체계는 서로가 서로의 문제점을 강화한다. 논쟁에 동원되는 논리는 법의 작동 방식을 잘못 파악한 데서 나오고, 법은 잘못된 논리의 영향을 받아 만들어진다.

사생활 보호의 이익을 더 올바로 이해하고 안보의 이익을 더 유의미하게 평가할 수는 없을까? 이에 답하는 것이 이 책의 목표이다. 이 책은 균형을 안보 쪽으로 쏠리게 만드는 전형적인 논리들을 반박하고, 잘못된 질문들에 법이 종종 매몰되고 있음을 지적할 것이다. 사생활을 어떻게 **보호할** 것이냐가 아니라 사생활을 **보호해야** 하느냐를 묻는 것이 그런 잘못된 질문의 사례이다. 안보를 크게 희생시키지 않고도 사생활을 보호할 수 있다. 둘이 정말로 충돌하는 경우라 해도, 양쪽 모두에게 공정한 방식으로 조정을 이루어나갈 수 있다. 우리는 더 합당한 균형점을 찾을 수 있으며, 찾아야만 한다. 그렇지 않으면 너무나 많은 것을 잃게 될 것이기 때문이다.

사생활과 안보의 간략한 역사

사생활과 안보를 다루는 법과 정책 체계는 상당히 방대하다. 여기에는 연방 헌법, 연방 법률, 주州 헌법, 주 법률과 같은 법 제도, 연방수사국FBI, 중앙정보국CIA, 국가안보국NSA, 국토안보부DHS, 교통안보국TSA과 같은 연방 정부기관, 그리고 주와 지방 단위의 수많은 경찰조직이 관련되어 있다. 사생활과 안보의 가치가 어떻게 평가되고 있는지

숨길 수 있는 권리

알아보기 위해 먼저 오늘날까지의 역사를 간략히 살펴보자.

사생활을 보호받을 권리

아주 오래전부터도 사람들은 사생활에 신경을 썼다. 함무라비법전과 고대 로마법은 무단가택침입을 금지했다.[1] 고대 히브리인들은 부당한 감시를 금지하는 법으로 보호받았다. 영국에서 "누구에게든 집은 그의 성채城砦가 되어야 한다"라는 유명한 원칙이 나온 것은 15세기 말로 거슬러 올라간다.[2] 영국의 보통법은 오래전부터 엿듣는 행위를 금지했고, 1769년 법학자 윌리엄 블랙스톤은 엿듣기를 "집의 벽이나 창문 뒤, 또는 처마 아래서 귀를 기울여 대화를 듣고, 그것을 토대로 악질적인 이야기를 만들어내는 행위"라고 정의하기도 했다.[3]

세계 각국에서, 또 다양한 맥락에서, 사생활의 권리가 제도적으로 정립되었다. 시끄러운 이웃, 가십을 쏟아내는 신문, 정부의 수색이나 압수 등으로부터 사람들을 보호하는 조치들이 생겨났다. 이를테면 영국에서는 1500년대 초에 침입적 수색으로부터 시민들이 자유로울 수 있어야 한다는 개념이 발달했다.[4]

독립전쟁 무렵의 미국에서는 정부의 과도한 수색으로부터 자유로울 권리가 사생활의 핵심 사안으로 떠올랐다. '건국의 아버지'*들은 당국이 일반영장**을 사용해 가택을 마구 수색하고 글과 문서를 압수

---

* 통상 1776년 미국 독립선언문에 서명했거나 1787년 필라델피아에서 열린 제헌회의에 참석한 사람들을 일컫지만, 이 책에서 저자는 특히 미국 헌법의 의미와 관련해 후자의 의미로 사용했다.

** general warrants. 수색이나 압수의 대상과 이유를 구체적으로 명시하지 않은 영장.

하는 것에 강하게 반발했다.[5] 패트릭 헨리는 "권리장전이나 기타 유사한 규제로 제약을 받지 않는다면, 당국자들이 당신의 창고와 방에 임의로 들어가서 당신이 먹고 마시고 입는 모든 것을 뒤지고 털고 셀수 있게 될 것"이라며 "당국자들의 활동은 적절한 범위 이내로 제한되어야 한다"라고 주장했다.[6]

이러한 개념은 미국 권리장전[수정헌법]에 반영되었다. 수정헌법 4조는 정부가 '불합리한 수색과 압수'를 하지 못하게 한다. 수색을 하려면 정부는 먼저 '상당한 이유$_{probable\ cause}$'를 제시해서 법원으로부터 영장을 받아야 한다. 또, 수정헌법 5조*는 형사상 불리한 진술을 하도록 강요받지 않을 '자기부죄거부특권'을 개인에게 부여한다.**

경찰 제도와 FBI

안보도 고대로부터 추구되어온 보편 가치이다. 오래전부터 사람들은 정부가 강도, 도둑, 외세의 침입 등으로부터 지켜주길 기대했고, 절도, 강간, 살해와 같은 범죄를 막아 사회질서를 확고히 세우길 원했다.

---

* "누구라도 대배심의 고발이나 기소에 의하지 아니하고는 사형에 해당하는 죄, 또는 그 밖의 중죄에 대해 심문당해서는 안 된다. 단, 전시나 사변 시 육해군이나 민병대에 복무 중 발생한 사건의 경우는 예외로 한다. 누구라도 동일한 범죄에 대해 생명이나 신체의 위험에 두 번 처해져서는 안된다. 누구라도 형사사건에서 자신에게 불리한 증인이 되도록 강요받아서는 안 된다. 누구라도 적법한 절차에 의하지 아니하고는 생명이나 자유, 또는 재산을 박탈당해서는 안 된다. 또한 누구라도 정당한 보상 없이 사유재산을 공공의 목적으로 수용당해서는 안 된다."

** 불리한 정보의 공개를 강요당하는 것은 불리한 진술을 강요당하는 것과 마찬가지이므로, 정부가 상당한 이유와 적법한 절차 없이 서류나 기록의 제출을 요구하는 것은 수정헌법 5조에 위배될 수 있다.

숨길 수 있는 권리

하지만 오랜 기간 동안 많은 국가들이 그럴 만한 경찰력을 갖지 못했다. 중세 영국에서는 사람들이 무리를 지어 범죄자를 쫓았고, 잡으면 즉시 처형했다. 나중에는 민간순찰대를 조직해 동네를 지켰지만, 범죄 수사까지 하는 일은 거의 없었다.[7]

20세기가 되면 경찰은 치안유지와 수사를 전담하는 전문조직 형태로 바뀐다.[8] 미국의 경찰조직은 전국 단위가 아니라 시와 주 등의 지역 단위로 발달했다. 마피아와 조직범죄가 늘면서, 경찰은 범죄집단이 무엇을 모의하고 있는지 알아낼 수 있는 수단이 필요해졌다. 도박, (금주법 시절의) 주류 제조, 마약 밀매 등 몇몇 합의적 범죄*에 대해 당국이 범법자를 잡아 기소하는 사례가 많아지기 시작했다. 경찰서로 신고가 들어와 사건이 인지되는 강도나 상해와 달리, 이런 범죄들은 지하 거래에서 발생하는 경우가 많았기 때문에 위장잠입과 감시가 범죄를 적발하는 주요 수단으로 쓰였다.

그러던 중 20세기 초에 FBI가 생겨났다. FBI는 찰스 보나파르트 법무장관의 작품이었다. 보나파르트는 수사권이 있는 기관을 법무부 직속으로 신설하도록 승인해달라고 의회에 두 번이나 요청했지만 모두 거부된 바 있었다.[9] 그때 의회는 비밀경찰이 시민의 사생활을 침해할 가능성이 있다고 우려했다. 한 의원은 이렇게 말했다. "역사를 통해 보건대, 정부가 비밀경찰이 없어서 망한 경우는 없어도 비밀감시체제 때문에 망한 경우는 많다."[10]

---

* 연루된 사람들이 사전에 불법임을 인지하고 가담에 합의한 범죄

〈표1〉 FBI의 규모

연도(년)	요원 수(명)	비요원 직원 수(명)
1933	353	422
1945	4,380	7,422
2008	12,705	17,871

하지만 보나파르트는 물러서지 않았다. 그는 법무부 안에 수사국 Bureau of Investigation이라는 팀을 만들고 다른 기관에서 인원을 끌어모아 조직을 꾸렸다. 그리고 1908년, 시어도어 루스벨트 대통령이 대통령령으로 수사국을 승인했다. 곧이어 J. 에드거 후버가 수사국의 수장이 되었고 1935년에 FBI로 이름이 바뀌었다.[11]

20세기를 거치면서 FBI는 놀랄 만큼 규모가 커졌다.(〈표1〉 참조) 프랭클린 루스벨트 대통령 시절만 보더라도 10배 이상 성장했으며,[12] 이후로도 계속 커져서, 지난 60년 사이 규모가 세 배로 증가했다.[13] 이토록 방대한 규모, 폭넓은 업무, 막강한 기술적 역량을 가지게 되었는데도, FBI는 다른 연방기관들과 달리 아직 그 존재를 의회로부터 법률로 승인받은 바가 없다.

전자감시의 증가

FBI가 생긴 때는 통신감시와 관련해 새로운 논란이 대두되던 시기였다. 1876년에 전화가 발명되고 뒤이어 도청기술이 나오면서, 통화 내용의 사생활이 침해될 가능성을 우려하는 목소리가 높아졌다. 각 주의 의회들은 도청을 불법화하는 법률을 만들어 나름대로 이에 대

숨길 수 있는 권리

처했다.

　그러나 1928년에 연방 대법원은 도청이 수정헌법 4조의 규제 대상이 아니라고 결론 내렸다.「옴스테드 대 미국Olmstead v. United States」사건에서 대법원은 이렇게 밝혔다. "본 사건의 경우, 수색이나 압수는 발생하지 않았다. 증거는 청각에 의해, 오로지 그것만에 의해 수집되었고, 경찰이 피고의 가택이나 사무실에 물리적으로 들어가지는 않았다."[14] 이때 루이스 브랜다이스 대법관이 매우 설득력 있는 반대의견*을 개진했다. 브랜다이스는 새로운 기술이 나온 만큼 수정헌법 4조에 대한 기존의 해석이 재검토되어야 한다고 주장했다. "정부는 시민의 사생활을 더 심각하고 더 정교하게 침해할 수 있는 수단을 갖게 되었다. 발명과 발견에 힘입어, 이제 정부는 서랍을 뒤지는 것보다 훨씬 효과적인 수단을 가지고서, 내밀하게 속삭여진 내용을 확보해 법정에 드러낼 수 있다." 그는 또, 헌법의 기초를 닦은 선조들이 "정부의 간섭 없이 '내버려두어질 권리right to be let alone'라는, 모든 권리 중 가장 포괄적인 권리이자 문명인이 가장 소중히 여기는 권리"를 주었다며 "그 권리를 보호하려면 정부의 부당한 사생활 침해는 활용된 수단이 무엇인지와 상관없이 모두 수정헌법 4조를 위반한 것으로 보아야 한다"라고 주장했다.[15]

　「옴스테드」판결 6년 뒤인 1934년에 의회는 도청을 규제하는 법을 통과시켰다.[16] 하지만 이 법은 도청으로 확보한 증거를 법원에 제출하

---

* dissenting opinion. 판결에 동의하지 않은 재판관의 의견.

는 것만 금지하는 것으로 해석되었기 때문에 거의 효력이 없었다.[17] 재판에서 증거로 사용하려는 것만 아니면 얼마든지 도청을 할 수 있었던 것이다.

2차 대전과 냉전을 거치면서 대통령들은 FBI에 도청 권한을 부여했다.[18] J. 에드거 후버(여전히 그가 FBI의 국장이었다)는 반체제 인사, 대법관, 교수, 유명인, 작가 등 수백 명을 도청하도록 지시했다. 여기에는 존 스타인벡, 어니스트 헤밍웨이, 찰리 채플린, 말런 브랜도, 무하마드 알리, 알베르트 아인슈타인, 그리고 수많은 대통령과 의원들이 포함되어 있었다.[19] 윌리엄 더글러스 대법관은 대법원이 도청되고 있다고 몇 년 동안이나 불평했었는데, 당시에는 강박증으로 보였지만 알고 보니 그의 말이 사실이었다.[20]

더 많은 정부기관과 더 많은 감시

1940년대와 1950년대에는 국가안보 위협에 대한 공포가 널리 퍼져 있었다. 공산주의 확산에 대한 우려와 냉전 시기 소련과의 경쟁 때문에 비밀정찰과 해외첩보를 강화해야 할 필요성이 커졌다. 1942년, 루스벨트 대통령은 전략사무국OSS을 만들어 이런 활동을 담당하게 한다. 이 기구는 2차 대전 후에 없어졌지만 곧 트루먼 대통령이 1947년 제정된 국가안보법National Security Act을 근거로 CIA를 만들어서 OSS의 기능을 되살렸다.

1952년에 트루먼은 암호를 담당하는 국가안보국National Security Agency, NSA도 신설했다. 수집된 해외첩보를 분석하기 위해 암호를 해독하는 것이 주 업무였다. 오랫동안 NSA는 외부에 알려지지 않은 채로 활동

숨길 수 있는 권리

했으며, 이 기관의 존재를 아는 극소수의 사람들은 NSA가 '그런 기관은 없다No Such Agency'의 약자라고 농담하기도 했다.

한편, 공산주의의 위협이 국외뿐 아니라 국내에도 존재한다는 공포 또한 커지고 있었다. 1950년대에 FBI는 방첩프로그램인 '코인텔프로Counter Intelligence Program, COINTELPRO'를 시작해 국가안보에 위협이 된다고 여겨지는 정치단체들에 대한 정보를 수집했다. FBI는 대상자의 회사에 은밀히 연락해 그를 해고하도록 종용하거나, 아내에게 남편의 외도 사실을 흘려서 가정을 깨뜨리거나, 국세청을 통해 세무조사를 하겠다고 위협해 모임이나 회합에 참여하는 것을 꺼리게 만드는 등 다양한 전략을 구사했다.[21] 주요 대상은 미국공산당이었지만 1950년대 말과 1960년대 초 무렵이면 코인텔프로의 대상이 베트남전 반대자들과 민권운동가들로까지 확대된다.[22] 이중에는 흑인민권운동 지도자 마틴루터 킹도 있었다. 킹을 샅샅이 감시하던 FBI는 그의 외도 사실을 알아냈고, 그 기록을 킹과 킹의 아내에게 보내서 특정 날짜까지 킹이 자살하지 않으면 대중에 공개하겠다고 협박했다.[23]

형사소송절차의 변화

1960년대에 얼 워런 대법원장이 이끌던 연방 대법원은 형사소송절차에 획기적인 변화를 가져왔다. 전국에 걸쳐 경찰 제도와 조직이 크게 성장했고 FBI 같은 연방기관들의 활동도 대거 확대되었는데, 이런 기관들의 정보수집 방식을 규율하는 법은 많지 않았던 것이다.

이 공백을 메우기 위해 대법원은 수정헌법 4조와 5조를 대담하게 재해석함으로써 피의자 심문은 어떤 방식으로 해야 하며 압수나 수색을 할 수 있는 대상은 무엇인지 등을 규율하기 시작했다. 1961년 「맵 대 오하이오Mapp v. Ohio」 사건에서 대법원은 수정헌법 4조를 위반해가며 수집한 증거는 형사재판에서 제외되어야 한다고 판시했다.[24] 1967년 「미국 대 카츠United States v. Katz」 사건에서는 「옴스테드」 사건 때의 판결을 뒤집으면서 도청도 수정헌법 4조의 적용을 받는다고 밝혔다.[25] 여기에서 대법원은 수정헌법 4조의 보호 범위에 대해 상당히 포괄적인 기준을 제시했다. 당국이 누군가의 '사생활에 대한 합리적 기대reasonable expectation of privacy'를 깨뜨리는 경우에는 언제나 수정헌법 4조가 적용된다는 것이었다. 한편, 의회는 「카츠」 판결 1년 뒤인 1968년에 전자감시를 더 효과적으로 규율할 법률을 통과시켜서 정부의 감청이 엄격한 통제하에 이루어지게 했다.[26]

이렇게 1960년대에 대법원이 새로운 헌법 해석을 이끌어내고 의회가 새로운 법률들을 제정하면서, 정부의 정보수집에 대한 법적 규제가 크게 강화되었다.

국가안보 명목으로 이루어지는 감시에 대한 규제

하지만 국가안보와 관련해서는 해결되지 않은 문제가 하나 있었다. '국가안보 사안은 일반범죄 수사와 다르게 취급되어야 하는가?' 1972년에 연방 대법원은 이 문제를 언급했지만 명쾌한 답을 내리지는 않았다. 국가안보상의 감시활동도 일반범죄 수사와 마찬가지로 수정헌법 4조의 적용을 받는다고는 했지만, 규율의 구체적인 내용은 다를 수도 있을 것이라고 모호하게 언급한 것이다.[27]

그해에 50년 가까이 FBI의 국장직을 차지하고 있던 J. 에드거 후버가 사망했다. 그동안 많은 대통령과 의원들이 후버를 두려워해서 그에게 맞설 엄두를 내지 못하고 있었다. 후버가 사망하고 얼마 뒤, 드디어 의회는 FBI를 조사해보기로 했다. 조사를 촉발한 것은 닉슨 대통령이 감시 권한을 남용했음이 드러난 워터게이트 사건이었다. 여기에서 문제가 된 것은 전자감시였다. [민주당 선거운동본부가 있던] 워터게이트 호텔에 전화 도청장치를 설치하려 했던 것이다. 곧 닉슨 탄핵안이 발의되는데, FBI와 비밀경호국Secret Service 같은 정부기관을 활용해 부적절한 목적으로 전자감시를 남용했다는 것이 주된 탄핵 사유 중 하나였다.

닉슨은 1974년 8월 9일에 사임했고,* 의회는 정부기관들이 어떻게 감시활동을 벌이고 있는지를 더 철저히 조사할 필요가 있다고 깨달았다. 1975년, 11명으로 구성된 특별조사위원회가 꾸려졌고, 이전 40년간 정부의 감시활동이 남용되었는지 알아보는 조사가 실시되었다.[26] 프랭크 처치 상원의원이 이끈 특별위원회는 조사 결과를 14권의 보고서로 제출했다.

처치 위원회Church Committee는 정부가 숱하게 감시를 남용해왔으며, 특정한 정치적 신념을 가졌다는 이유만으로 감시를 당한 사람도 많았음을 밝혀냈다. "너무나 많은 정부기관이, 너무나 많은 사람을 감시해서, 너무나 많은 정보를 수집했다. 상당히 많은 경우에 정부는 대상자의 정치적 신념만을 이유로 불법적인 감시를 자행했다. 그 신념이

---

* 탄핵안은 하원을 통과했고 닉슨은 상원 표결을 앞두고 사임했다.

어떤 폭력의 위협도 제기하지 않았고 적대국을 돕는 불법행위와 전혀 연루되지 않았을 때에도 그러했다."[29] 위원회가 지적했듯이, 프랭클린 루스벨트부터 리처드 닉슨까지 모든 대통령이 정부의 감시 역량을 부당하게 사용해서 비판 세력과 반대파에 대한 정보를 획득했다.[30]

처치 위원회가 드러낸 충격적인 사실에 영향을 받아, 의회는 1978년에 해외정보감시법Foreign Intelligence Surveillance Act, FISA을 마련했다.[31] FISA의 목적은 "정부가 해외첩보를 목적으로 전자감시를 행할 때, 미국이 개인의 권리와 사생활을 보호하는 데 헌신하는 국가라는 맥락하에서 적법하고 합당한 방식으로 감시활동을 진행할 수 있도록 확고한 틀을 마련하는 것"이었다.[32] 1976년에는 법무장관이 FBI수사지침을 만들었고,[33] 후버 국장 시절과 같은 남용을 막기 위한 굵직한 개혁들이 이루어졌다. 이제 FBI 국장직은 최대 10년까지만 맡을 수 있게 되었다.

수정헌법 4조의 후퇴와 정보사회

그러나 1970년대와 1980년대에 연방 대법원은 수정헌법 4조의 보호 범위를 좁히는 판결을 몇 차례 내린다. 이를 테면, 경찰이 누군가의 전화번호 목록이나 은행 기록을 수집한 경우, 헬리콥터를 타고 상공에서 집을 내려다본 경우, 집 밖에 내어놓은 쓰레기를 뒤져 정보를 수집한 경우 등에서는 사생활에 대한 합리적 기대가 존재하지 않는다고 판단했다.[34]

1990년대에 컴퓨터, 인터넷, 이메일이 확산되고 디지털 기록의 사용이 늘면서는 도·감청을 규율하는 연방 법률들에 심각한 문제가 제

숨길 수 있는 권리

기되었다. 이러한 신기술들을 염두에 두고 만든 법률들이 아니었기 때문이다. 1986년에 의회는 컴퓨터의 확산을 예상하고 전자통신사생활보호법Electronic Communications Privacy Act, ECPA을 제정해 기존의 전자감시법을 보완했다.[35] 이메일, 컴퓨터에 저장된 파일, 통신 기록 등을 보호하는 것이 ECPA의 목적이었다. 하지만 안타깝게도 ECPA는 제정된 이후에 구조가 별로 변경되지 못했다. 군데군데 개정되기는 했지만 대체로는 제정 당시와 동일해서, 25년이 지나자 시대에 매우 뒤떨어진 상태가 되었다.

테러와의 전쟁

그러던 중, 2001년 9월 11일, 뉴욕에서 테러공격이 일어났다. 미국 사람들은 미국 내에도 위험한 테러리스트들이 존재한다는 것을 알게 됐고, 의회는 매우 서둘러 애국법USA PATRIOT Act 을 통과시켰다. 애국법은 ECPA와 FISA가 일련의 개정을 거치도록 했는데, 대체로 정부에 더 많은 감시 권한을 주는 방향으로의 개정이었다.[36] 또, 연방기관들 사이에 정보 공유를 촉진하기 위해 많은 기관들이 국토안보부로 통합되었다.

이 시기에 정부는 비밀리에 여러 개의 정보수집프로그램을 가동했다. NSA는 미국인의 국제전화 통화를 대거 도청했으며, 많은 정부 기관이 데이터마이닝을 위해 항공사 등의 민간기업들로부터 방대한 고객정보를 수집했다.

사생활, 안보, 법

정보사회로 접어들면서, 지난 한 세기 동안 정부가 수사와 안보활동에 쓸 수 있는 기법이 크게 확대되었다. 예전에는 가택, 사람, 서류를 수색, 체포, 압수하는 방식으로 수사가 이뤄졌지만, 이제는 각종 기술들을 이용해 데이터를 수집하고, 음성감시와 영상감시를 활용하며, 동선과 위치를 추적한다. 사생활 침해를 일으키는 수사활동은 대개 '정보수집'과 관련이 있다. 이 책에서 '정보수집'이라는 말은 사람들의 행동과 생각과 계획을 알아내기 위해 정부가 사용하는 여러 방법을 두루 포괄하는 의미로 사용했다. 정부는 정보를 수집하는 데에서 그치지 않고 그 정보를 저장·분석·결합하며, 때로는 대중에게 공개하기도 한다. 이 모든 활동이 사생활을 침해할 소지가 있다.

앞에서 약술한 역사에서 알 수 있듯이, 법은 사생활과 안보의 충돌에 다양하게 대처해왔다. 오늘날의 정부는 수사와 안보활동에 동원할 수 있는 기술적 역량과 권한이 막대하다. 그리고 법은 사생활을 보호하는 조치들을 만들어 정부가 권력을 남용하지 못하게 한다. 미국에서 정부의 정보수집을 규율하는 가장 기본적인 법은 수정헌법 4조이다. 미국의 법체계에서 헌법은 사생활 보호의 하한선을 설정하며, 따라서 [헌법보다 하위인] 연방 법률이나 각 주의 법이 보장하는 사생활 보호 수준은 수정헌법 4조의 보호 수준보다 낮을 수 없다. 또, 수정헌법 5조와 수정헌법 1조*도 몇몇 측면에서 사생활을 보호한다.

일부 특정한 유형의 정보수집은 헌법 이외에 연방 법률로도 규제를 받는다. ECPA는 감청이나 컴퓨터 수색 등을 규제하며, FISA는 미국에서 활동하는 외국요원들을 상대로 한 해외첩보활동을 규율한다. 통신 기록이나 의료 기록 등 일상에서 발생하는 데이터의 획득을 규제하는 법률도 있다.

또한 주마다 주 헌법과 주 법률로 사생활을 보호한다. 주 헌법과 주 법률은 연방 헌법과 연방 법률이 보장하는 수준에 더해 추가적으로 사생활을 보호할 수 있다. 물론 각 주의 법은 해당 주에서만 효력이 있으며, 그 주에서 벌어지는 일이라 해도 연방기관의 활동을 제한할 수는 없다. 연방기관은 연방 헌법과 연방 법률의 규제만 받는다. 이 책에서는 연방 헌법과 연방 법률을 중심으로 논의를 전개할 것이다.

법은 사생활과 안보 사이의 균형을 잘 잡고 있을까? 그렇지 않아 보인다. 정부가 감시 역량을 심각하게 남용했던 과거의 교훈은 잊혔고, 그러한 남용에 맞서기 위해 법에 도입되었던 보호조치들도 사라졌다. 이 책을 통해 사생활과 안보를 다루는 법체계의 작동 원리를 알아보고, 오늘날 법체계가 왜 제대로 작동하지 않는지, 어떻게 하면 이를 개선할 수 있을지 살펴보고자 한다.

---

* "의회는 국교國敎를 수립하거나 자유로운 종교활동을 금지하는 내용의 법을 제정할 수 없다. 또한 의회는 언론이나 출판의 자유, 사람들이 평화롭게 집회할 권리, 불만 및 침해 사항을 바로잡기 위해 정부에 탄원할 권리를 제한하는 내용의 법을 제정할 수 없다."

이 책의 구성

이 책은 네 가지 주제에 따라 네 부분으로 구성되어 있다. 1부는 사생활의 가치와 안보의 가치를 어떻게 평가할지, 또 둘 사이의 균형을 어떻게 잡을지에 대해 살펴본다. 2부는 법이 국가안보 문제를 어떻게 다뤄야 하는지 알아본다. 3부는 헌법이 사생활을 어떻게 보호해야 하는지를 다룬다. 마지막 4부는 변화하는 기술들에 법이 어떻게 대응해야 할지를 살펴본다. 각 부는 하위 주제들을 다루는 장들로 구성되어 있으며, 관심사에 따라 각 장을 별도로 읽어도 무방하다.

사생활과 안보의 가치

1부는 사생활의 가치와 안보의 가치를 논의한다. 이 가치들을 우리는 어떻게 평가하고 이해해야 하는가? 둘은 조화될 수 있는가? 상충할 때에는 어떻게 균형을 잡아야 하는가? 사생활을 보호한다는 것이 무슨 의미인지, 어떻게 하면 안보조치의 비용과 편익을 더 유의미하게 평가할 수 있을지, 어떻게 하면 안보 쪽으로 너무 쏠리지 않도록 사생활과 안보의 이익을 형량할지 등이 1부의 내용이다. 사생활은 개념이 잘못 알려져 있는 경우가 많고 안보와 비교할 때 부당하게 가치 절하되곤 한다. 하지만 사생활을 보호하면서 강력한 안보조치를 도입하는 것은 불가능하지 않다. 사생활을 보호하자는 것은 안보조치를 감독과 규제하에 두자는 것이지 없애자는 게 아니기 때문이다.

1장은 '숨길 게 없으면 된다'는 논리를 분석한다. 매우 흔한 논리로, 이를 주장하는 사람들은 자신은 정부에 숨길 게 없다고 말한다.

1장은 이 논리의 오류를 살펴볼 것이다.

2장은 안보를 강화하려면 사생활을 희생해야 한다는 양자택일의 논리를 반박한다. 양자택일의 논리는 사생활과 안보가 완전히 배타적이라고 전제하는데, 이것은 잘못된 전제이다.

3장은 법원이 행정부의 판단을 과도하게 존중할 때 발생하는 문제점을 다룬다. 행정부 존중론은 행정부의 안보 당국자가 사법부의 판사나 입법부의 의원보다 안보 문제에 더 전문가이므로 그들의 판단을 함부로 의심하거나 넘겨짚지 말아야 한다는 주장이다. 대체로 법원은 이 논리를 받아들여서 행정부의 판단을 따르곤 하는데, 이런 관행은 균형이 안보 쪽으로 크게 쏠리게 만든다.

4장에서는 사생활 보호가 단지 개인의 권리에만 그치는 것이 아님을 살펴볼 것이다. 흔히 안보는 모든 이에게 득이 되는 반면 사생활은 해당 개인에게만 득이 된다고 여겨진다. 이런 생각 역시 사생활-안보의 균형을 왜곡한다. 사생활 보호도 사회적 가치로 인정받아야 한다.

비상 시기

2부는 국가 위기 상황에서의 법에 대해 논의한다. 안보상의 위협이 닥칠 때면 정부는 종종 시민의 권리를 제한하고, 법을 위반하거나 피해가며 더 많은 재량권을 요구한다. 또 정부가 비밀리에 일을 진행할 수 있어야 하며 정부활동에 대한 감독이 축소되어야 한다고 주장한다. 하지만 이런 식으로 도입된 특권과 예외규정들은 불필요하거나 부당한 것일 때가 많다.

5장은 '시계추 논리'를 반박한다. 비상 시기에는 시민의 자유가 희생되어야 하고 위기가 지나면 자유가 다시 회복될 것이라는 주장인데, 오히려 이와 반대여야 한다. 비상 시기에야말로 시민의 자유를 지키기 위해 가장 결연한 노력이 필요하다.

6장은 '국가안보 논리'를 비판한다. 국가안보를 목적으로 정보를 수집할 때는 일반범죄를 수사할 때보다 규율과 감독을 덜 받아야 한다는 논리인데, [정부가 주장하는] 국가안보 사안과 일반범죄 사안의 구분은 매우 모호하며 일관성이 없다.

7장은 범죄-첩보 구분의 중요성을 설명한다. 범죄-첩보의 구분은 범죄 수사에 대한 규율과 첩보활동에 대한 규율을 분리하는 것이다. 그런데 9·11 이후로 이 구분이 상당히 흐려졌다. 이 장에서는 이 둘 사이의 구분이 확고하게 유지되어야 하는 이유를 설명할 것이다.

8장에서는 안보 위협이 커질 때마다 정부가 자유와 사생활을 보호하는 법을 수시로 위반해왔음을 보일 것이다. 일례로, NSA가 진행한 감시프로그램은 영장 없이 진행된 불법적인 도청프로그램이었다. 국가기관이 법을 지키도록 강제하지 못한다면 '법치'는 의미를 상실하고 말 것이다.

헌법적 권리

3부는 헌법적 권리를 다룬다. 헌법은 어떤 권리들을 담고 있는가? 그 권리들은 어떻게 시민을 보호하는가? [미국의 경우] 현재로서 헌법에 보장된 권리들은 생각보다 강력한 보호를 해주지 못하며, 정부의 정보수집활동 중 상당 부분이 헌법의 규제 범위를 완전히 벗어나 있다. 정보사회에서 헌법이 정부의 활동을 의미 있게 규율할 수 있으려면 대법원의 헌법 해석에 대대적인 재점검이 필요하다.

9장은 정부가 정보수집에 활용하는 최신 기술들을 다룬다. 이들 중 상당수는 수정헌법 4조의 적용을 받지 않는다. 수정헌법 4조가 적용되는 범위, 즉 정부활동이 사생활을 침해했다고 여겨지는 범위는 매우 좁은데, 이는 대법원이 사생활을 일종의 비밀로 보기 때문이다. 이러한 '사생활=비밀'의 패러다임은 시대에 뒤떨어진 오류이다.

10장은 '제3자 원칙'의 문제를 분석한다. 제3자 원칙에 따르면, 자신의 정보를 제3자에게 넘겼을 때에는 '사생활에 대한 합리적 기대'를 상실한 것으로 간주되어서 수정헌법 4조의 보호를 받지 못한다. 정보 사회에 들어선 오늘날에는 전례 없이 많은 양의 개인정보가 [통신회사, 금융회사 등의] 제3자에게 넘어가기 때문에, 제3자 원칙은 이런 데이터에 대해 수정헌법 4조의 보호를 효과적으로 제거한다.

11장은 수정헌법 4조의 해석에 대대적인 개혁이 필요한 이유를 설명한다. 정부의 활동이 규제에서 벗어나 있는 경우들을 보면, 대법원이 '사생활'과 관련 없다고 해석해서 그렇게 된 경우가 많다. 역설적으로 들리겠지만, 수정헌법 4조가 사생활에만 초점을 두는 데서 벗어나야 사생활을 더 잘 보호할 수 있다.

12장은 '혐의 없이 벌이는 수색'이 필요하다는 논리를 반박한다. 수상한 점이 있어야만 수색이 허용되는 법적 요구사항(예를 들어, 수사 당국이 수색영장을 청구할 때는 '상당한 이유'를 제시해야 한다)이 대테러 활동에는 적합하지 않다는 논리이다. 하지만 그런 요구사항이 없다면 수사 당국은 지나치게 많은 권한을 가지면서도 그에 대한 규제는 거의 받지 않게 될 것이다.

13장은 '증거 배제 원칙'이 갖는 문제점을 다룬다. 수정헌법 4조를 위반하면서 수집한 정보는 법정에 증거로 제출할 수 없다는 원칙인데, 이것이 수정헌법 4조 위반에 대한 제재로 적절한지(특히 극악 범죄나 테러 행위의 경우) 문제를 제기하고, 수정헌법 4조 준수를 강제할 다른 방법들은 없는지 알아볼 것이다.

14장에서는 정부가 사람들의 발언, 회합, 신념, 독서 등에 대한 정보를 수집하려 할 때에는 수정헌법 1조에 의거해서도 사생활이 보호되어야 한다고 주장할 것이다.

새로운 기술들

4부는 새로운 기술들의 등장으로 법체계가 직면하게 된 어려움을 다룬다. 빠르게 변화하는 기술에 법은 어떻게 대처할 것인가? 성문화된 법률이 어떻게 정부의 정보수집을 규율하는지 살펴보고, 변화하는 상황에 맞춰 법률을 조정해가는 일의 어려움을 설명할 것이다. 사생활을 보호하는 가장 좋은 방법은 일반 원칙들을 놓치지 않는 것이다. 새로운 기술이 나왔을 때 낡은 법이 되어버리지 않으려면, 법은 기술들 각각에 대해서 구성되기보다는 일반 원칙들을 위주로 구성되어야 한다.

15장은 많은 이들이 폐지를 주장하고 있는 애국법에 대해 논의한다.* 그런데 애국법이 폐지된다고 많은 것이 달라질까? 아마 애국법

---

* 애국법은 2015년에 폐지되었고, 대신 미국자유법The USA Freedom Act이 제정되었다.

폐지만으로는 별로 달라지는 게 없을 것이다.

16장은 입법부 위임론을 비판한다. 입법부 위임론은 신기술과 관련해 규칙을 만드는 일이라면 의회가 법원보다 전문성이 있으므로 의회에 맡기자는 논리이다. 그러나 법이 기술 발달에 뒤쳐지지 않게 하려면 법원이 계속 적극적으로 관여할 필요가 있다.

17장은 정부가 수행하는 데이터마이닝의 문제를 다룬다. 정부는 방대한 양의 개인정보를 수집·분석해 의심스런 행동패턴을 포착하려 하는데, 현재 수정헌법 4조는 이에 대해 사생활을 거의 보호하지 못한다. 이 장에서는 정부의 데이터마이닝이 허용되어도 좋은 경우와 허용되어서는 안 되는 경우에 대해 설명할 것이다.

18장은 공공장소에서의 영상감시를 법이 규제하지 못하고 있는 현실을 지적한다. 영국에서는 수백만 대의 감시카메라가 사람들의 행동을 모조리 관찰한다. 미국에도 얼마든지 도입될 수 있는 시스템이고, 많은 도시에 실제로 도입되고 있다. 법이 영상감시를 더 효과적으로 규제할 수 있는 방법이 필요하다.

19장은 '러다이트 논리'를 반박한다. '러다이트 논리'는 (생체인식 식별과 같은) 새로운 안보기술의 도입에 반대하는 것이 신기술에 대한 혐오일 뿐이라는 주장인데, 나는 그런 신기술들에 대한 우려가 충분히 타당하다는 점을 설명할 것이다. 이런 기술들에는 놀라운 장점도 있겠지만, 잘못 쓰일 경우 재앙적인 결과가 초래될 수 있다.

1부

사생활과 안보의 가치

1장 숨길 게 없으면 된다

　정부가 개인정보를 수집하거나 분석할 때, 많은 사람들이 자기는 걱정하지 않는다고 이야기한다. "나는 숨길 게 없거든요." 이들은 "잘 못한 것이 있는 사람이나 걱정할 일이고, 그런 것은 사생활로서 보호될 가치가 없다"라고 말한다.

　'숨길 게 없으면 된다'는 논리는 사생활 논의에 굉장히 만연해 있다. 데이터보안 전문가 브루스 슈나이어는 이것이 "사생활 보호가 필요하다는 주장을 반박할 때 가장 흔하게 나오는 논리"라고 언급했고,[1] 법학자 조프리 스톤도 이 논리가 "너무나 흔한 후렴구"라고 말했다.[2] 이 논리의 가장 강력한 형태는 사생활 보호의 이득이 아주 미미하다고 말하는 것인데, 그렇게 되면 사생활과 안보의 경중을 따질 때 당연히 안보 쪽이 승리하게 된다. 하지만 '숨길 게 없으면 된다'는 논리는 사생활의 의미와 가치에 대해 잘못된 가정을 깔고 있다.

"나는 숨길 게 없어요"

'숨길 게 없으면 된다'는 논리는 도처에서 발견된다. 영국은 도시의 공공장소에 수백만 대의 CCTV카메라를 설치했는데, 이 프로그램의 홍보문구는 다음과 같았다. "숨길 게 없다면 두려워할 것도 없습니다."[3] 어떤 미국인은 이에 대해 다음과 같이 말했다. "당국자가 내 이메일을 읽을 필요가 있다면 (…) 그렇게 해도 좋다. 나는 숨길 게 없다. 당신은 숨길 게 있는가?"[4] 이 논리는 이런저런 형태로 블로그, 독자 투고, 뉴스 인터뷰 등 여러 공론장에 모습을 드러낸다. 어느 블로거는 국가안보를 위해 사람들을 프로파일링*하자는 주장과 관련해 이렇게 언급했다. "얼마든지 그렇게 해도 좋고 내 프로파일을 포함시켜도 좋다. 나는 숨길 게 없다."[5] 또 다른 블로거는 이렇게 주장했다. "사람들이 나에 대해 알아내고 싶어 하든 말든 상관없다. 숨길 게 없기 때문이다. 따라서 정부가 우리의 통화 내용을 확인해 테러리스트 추적에 활용하는 것에도 찬성한다."[6] 몇 가지 사례를 더 소개하면 다음과 같다.

- 나는 정부에 숨길 게 없다. 애초부터 내 생활 중 정부에 대해 숨겨진 것이 많이 있었다고 생각하지 않는다. 그리고 내가 성가신 이웃에 대해 구시렁거려도 정부는 별 관심을 갖지 않을 것이다.[7]

---

* 인종, 연령, 행동 패턴 등의 특징을 분석해 해당 인물에 대해 범죄 관여 가능성과 같은 특성을 추정하는 것.

- FBI가 내 전화통화를 듣는다면 신경이 쓰일까? 나는 숨길 게 없다. 99.99퍼센트의 사람들 역시 마찬가지일 것이다. 전화를 감청해 9·11 같은 일을 막을 수 있다면 이는 수천 명의 생명을 구하는 일이다.[8]

- 나는 숨길 게 없다. 대다수의 미국인들이 그럴 것이다. 숨길 게 있는 사람이라면 그가 누구인지, 숨기려는 게 무엇인지 드러나야 한다.[9]

'숨길 게 없으면 된다'는 논리는 최근에 생긴 것이 아니다. 1888년에 나온 헨리 제임스의 소설 「반향」에 나오는 한 등장인물은 이렇게 생각한다. "이 사람들이 나쁜 일을 했다면, 망신을 당해 마땅하므로 그들이 안됐다는 생각은 들지 않을 것이다. 이 사람들이 나쁜 짓을 하지 않았다면, 남들이 알게 되었다고 해서 그렇게 크게 불평할 필요가 없을 것이다."[10]

뉴스 인터뷰, 토론 할 것 없이 이 논리가 너무나 자주 보이기에, 조금 더 파고들어보기로 했다. 내가 운영하는 블로그 '별개의견' 방문자들에게 '숨길 게 없으면 된다'는 논리에 맞설 좋은 방법을 남겨달라고 했더니[11] 댓글들이 쏟아졌다.

- 나라면 이렇게 대응하겠어요. "집에 커튼은 두고 사시나요?" "지난해 당신의 신용카드 사용 내역을 내가 좀 봐도 될까요?"

- "숨길 게 없다면" 운운하며 [내 정보를 보여달라는] 사람에게 나는 그냥 이렇게 말하겠어요. "내가 왜 내 입장을 설명해야 하죠?

당신이 당신 입장을 설명해야죠. 영장 가지고 다시 오세요."

– 숨길 것도 없지만 당신한테 보여주고 싶은 것도 없군요.

– 숨길 게 없는 사람은 삶이 없는 사람 아닌가요?

– 당신이 먼저 보여주면 나도 보여드리죠.

– 이건 숨길 게 있는가 없는가의 문제가 아니에요. 내 삶이 누군가
   가 상관할 일인가 아닌가의 문제이죠.

– 스탈린이라면 아주 좋아하겠군요. 더 이야기할 필요가 있나요?[12]

　얼핏 보면 '숨길 게 없으면 된다'는 논리를 누르기는 그리 어렵지 않아 보인다. 누구나 숨기고 싶은 무언가가 있는 법이다. 작가 알렉산드르 솔제니친이 말했듯이, "누구든 무언가에 대해서는 유죄이고 무언가는 숨길 것이 있다. 유심히 보기만 하면 그런 점은 얼마든지 찾아낼 수 있다".[13] 프리드리히 뒤렌마트의 소설『사고』에서는 어떤 사람이 전직 법조인들과 모의재판 놀이를 하면서 기소당하는 역할을 맡게 되는데, 자기를 어떤 범죄로 기소할 것이냐고 묻자 검사 역할의 사람이 이렇게 대답한다. "전적으로 사소한 것들입니다. (…) 범죄는 언제나 찾아낼 수 있어요."[14]

　아무리 개방적인 사람이라도 숨기고 싶을 법한 것들은 많다. 별개의견에 올라온 댓글 중 하나는 이렇게 언급했다. "숨길 게 없으시다니, 내가 당신의 나체 사진을 찍어도 된다는 말인가요? 그리고 내가 그 사진의 처분권을 갖고서 내 맘대로 친구들에게 보여줘도 된다는 말인가요?"[15] 캐나다의 사생활 보호 전문가 데이비드 플래허티도 비슷한 주장을 폈다. "서구 사회에서 사적인 생활이 공개되는 것에 전혀

혹은 거의 신경 쓰지 않을 사람은 없다. 신경 쓰지 않는다고 말하는 사람도 내밀한 면들을 묻는다면 1, 2분도 지나지 않아 과도하게 사생활을 침해받는다고 인정하게 될 것이다."[16]

그런데 이런 대응들은 '숨길 게 없으면 된다'는 논리 중에서 가장 극단적인 형태만을 문제 삼는다. 게다가 극단적인 형태의 논리는 어차피 그리 강력한 논리도 아니다. 하지만 이 논리가 조금 덜 극단적인 형태로 개진될 때는 이야기가 다르다. 이 경우에는 모든 종류의 정보가 아니라 정부가 모을 법한 정보만으로 논의가 한정된다. "사람들은 나체 사진을 보여주고 싶어 하지 않는다"라거나 "사람들은 비밀을 드러내고 싶어 하지 않는다"라는 식의 반박은 정부가 얻으려는 정보가 그런 종류일 때만 성립한다. 그런데 대개 이런 정보는 남이 보거나 대중에게 유출되지 않으므로, 사생활 침해는 미미하며 테러 방지와 같은 안보상의 이득이 훨씬 중요하다는 주장이 가능해진다. 이렇게 극단적이지 않은 형태로 개진될 때, '숨길 게 없으면 된다'는 논리는 매우 강력하다.

사생활의 의미

'숨길 게 없으면 된다'는 논리의 타당성을 따지려면 이 논리를 펴는 사람들이 사생활을 어떻게 여기고 있는지 살펴봐야 한다. 사생활과 관련된 거의 모든 법과 정책이 사생활에 대한 하나의 특정한 견해에 기초하고 있다. 문제가 어떻게 구성되는지는 해결책이 어떻게 구성되는지에 막대한 영향을 미친다. 철학자 존 듀이가 말했듯이, "잘 설

정된 문제는 반쯤 풀린 것이나 마찬가지이다".[17]

사생활이란 무엇인가? 이에 답하려는 시도는 대부분 사생활의 '본질'을 파악하는 데 초점을 맞춰왔다. '사생활'이라고 불리는 다양한 것들을 하나로 엮어줄 핵심 특성이나 공통분모를 찾으려 한 것이다. 하지만 사생활은 하나의 본질로 환원될 수 없는 복잡한 개념이다. 사생활이라는 범주에는, 무언가 유사성은 있지만 단 하나의 공통된 요소를 추출하기는 어려운 다양한 것들이 포함된다.[18] 사생활은 비밀이 드러났을 때에도 침해될 수 있고, (비밀이 드러나지 않더라도) 누군가 당신을 엿본다는 사실만으로도 침해될 수 있다. 비밀이 드러난 경우에는 당신이 숨기려던 정보가 남들에게 퍼진 것이 당신이 입은 피해이다. 누군가 당신을 엿본 경우에는 그런 일을 당했다는 사실 자체가 당신이 입은 피해이다. 민감한 정보를 하나도 알아내지 못했고 알아낸 것을 남들에게 전혀 퍼뜨리지 않았다 해도, 누군가가 엿보았다는 사실 자체가 불쾌감을 주는 것이다.

그 밖에도 사생활 침해는 매우 다양한 형태를 띨 수 있다. 협박을 하거나 당신의 개인정보를 부적절하게 사용하는 것도 사생활 침해이고, 정부가 당신에 대해 방대한 정보를 모아두는 것도 사생활 침해이다. 이렇듯 사생활은 하나의 간단한 개념으로 환원할 수 없는 다양하고 다원적인 것들을 포함하고 있다. 그리고 우리는 이런 것들을 하나로 환원해서도 안 된다.

서로 경합하는 여러 가지 이해관계들 사이에서 이익을 형량할 때, 사생활 침해는 아예 고려되지도 못하는 경우가 비일비재하다. 그 사안에 사생활이 관련되어 있다는 것 자체를 법원이나 의회가 인지하지

1부 사생활과 안보의 가치

못하기 때문이다. 하나의 개념으로 단순화시킨 사생활의 의미에 맞아떨어지지 않으면 그 사안은 사생활 문제가 아니라고 여겨진다. 하지만 '사생활 문제'라 부르든 부르지 않든 그것은 여전히 문제이며, 무언가가 문제라면 간과되지 않아야 한다. 우리는 사적인 생활을 지키고 싶은 열망을 일으키는 다양한 문제 모두에 관심을 기울여야 한다.

개인정보의 수집과 사용이 일으키는 문제점을 묘사할 때 많은 논평가들이 조지 오웰의 소설 『1984』를 비유로 든다.[19] 오웰은 '빅브라더'라 불리는 정부가 사람들을 촘촘하게 감시하고 엄격하게 통제하는 전체주의국가를 묘사했다. 감시의 해악(억압과 사회통제 등)에 초점을 맞추고 있어서, 정부가 시민을 상대로 벌이는 감시활동을 묘사하기에는 알맞은 비유일 것이다. 하지만 컴퓨터 데이터베이스를 통해 수집되는 정보들(인종, 생일, 성별, 주소, 결혼 여부 등) 대부분은 딱히 민감하다고 할 만한 것들이 아니다. 대개 사람들은 묵었던 호텔이나 소유한 자동차, 좋아하는 음료나 술 같은 것을 굳이 숨기지 않는다. 남들이 그런 정보를 알게 된다 해도 그 때문에 어떤 행동을 꺼리거나 난처해하지는 않을 것이다.

데이터베이스와 사생활의 문제를 더 잘 포착하는 비유를 프란츠 카프카의 『소송』에서 찾아볼 수 있다. 『소송』의 주인공은 어느 날 영문도 모르고 체포된다. 그는 이유가 무엇인지, 앞으로 어떤 일이 닥칠지 알아내기 위해 필사적으로 노력한다. 그러나 종잡을 수 없는 법원 시스템이 그에 대한 서류들을 가지고 그를 조사하고 있다는 것 외에는 아무것도 더 알아내지 못한다. 알 수 없는 목적을 가진 거대한 관료시스템이 사람들의 정보를 이용해서 그 사람들의 삶을 크게 좌우

할 수 있는 결정들을 내린다. 그런데 정작 당사자들은 그런 과정에 아무런 개입도 하지 못한다. 『소송』이 보여주는 상황은 이런 것이다.[20] 카프카적 비유가 드러내는 문제는 감시가 일으키는 문제와는 종류가 다르다. 여기에서는 정보의 수집보다는 정보의 처리(데이터의 저장·사용·분석)가 문제이다. 카프카적 문제들은 국가기관과 국민 사이의 권력관계에 영향을 미친다. 개인을 무력감에 빠뜨려 절망하게 할 뿐 아니라, 국민의 삶을 뒤흔들 만한 결정을 내릴 수 있는 국가기관이 국민과 맺고 있는 관계의 속성을 바꿔서 사회구조 자체에도 영향을 미친다.

사생활 침해에 대한 법·정책적 대응은 오웰적 문제(감시)에만 치중하느라 카프카적 문제(정보의 처리)를 제대로 다루지 못하는 경향이 있다.[21] 많은 이들이 데이터베이스가 야기하는 문제를 감시 문제의 틀로 접근하곤 하는데, 이 둘은 종류가 다르다.

'숨길 게 없으면 된다'는 논리의 문제점

'숨길 게 없으면 된다'는 논리를 반박하는 일반적인 방식은 사람들이 숨기고 싶을 법한 것들을 열거하는 것이다. 하지만 이 논리의 진짜 오류는 [숨길 게 있는지 없는지를 떠나] 사생활이 '나쁜 것'을 숨기는 것이라고 보는 데 있다. 이 가정을 받아들이는 바람에 우리는 논쟁에서 유리한 기반을 잃고 사람들이 숨기고 싶어 할 법한 정보가 무엇일지에만 초점을 맞추는 비생산적 논의에 빠져버렸다. 브루스 슈나이어가 지적했듯이, '숨길 게 없으면 된다'는 논리의 기반에는 "사생활이란 잘못을 숨기는 것이라는 틀린 전제가 깔려 있다".[22] 감시활동은 자유로운 발언이나 회합 등 수정헌법 1조가 민주사회에 필수불가결한 권리로서 보장하는 '합법적' 행동도 위축시킬 수 있다.

'숨길 게 없으면 된다'는 논리의 더 근본적인 문제는 사생활을 일종의 '비밀'로 여긴다는 점이다. 하지만 '사생활=비밀'이라는 협소한 틀을 벗어나 사생활의 다원성을 인정하고 나면, 안 좋은 일이 억지로 드러나는 것은 정부의 안보조치가 야기하는 수많은 문제 중 하나에 불과하다는 것을 깨닫게 된다. 문학의 비유를 다시 들자면, 여기에는 오웰적인 문제뿐 아니라 카프카적인 문제도 있다. 정부의 정보수집은 사람들이 숨기고 싶은 정보를 드러내지 않아도 문제이다. 『소송』의 주인공이 처한 문제는, 그의 행위가 부당하게 억압되는 것이라기보다 법원시스템이 정보를 사용하는 방식 때문에 그가 질식할 듯한 무력감과 불안감을 느낀다는 것이다. 그리고 이런 좌절감은 정보가 사용되는 과정에 참여하는 것은 고사하고 진행 상황조차 알 수 없다는 점 때문에 가중된다. 무관심, 오류, 남용, 좌절, 투명성과 책임감의 부족 등 카프카의 주인공이 겪는 피해는 관료제적인 피해이다.

이러한 피해를 일으키는 한 가지 요인은 통합이다. 문제될 것 없어 보이는 작은 정보들이 결합되는 상황을 일컫는다. 사소한 정보라도 여러 개가 합쳐지면 많은 내용이 노출될 수 있다. 정부는 우리가 별로 보호하려고 애쓰지 않을 법한 정보 조각들을 가지고 우리가 숨기고 싶어 하는 정보들까지 알아낼 수 있다. 당신이 암에 대한 책을 구매했다고 해보자. 이것만으로는 암에 관심 있다는 정도 외에는 별다른 정보가 드러나지 않는다. 당신이 가발도 하나 샀다고 해보자. 가발을 구매하는 데에도 여러 이유가 있을 수 있다. 하지만 두 정보를 합치면 당신이 암에 걸려 항암치료를 받고 있을 것이라는 추론이 가능하다.

피해를 일으키는 또 다른 요인은 배제이다. 사람들이 자신의 정보가 어떻게 사용되는지를 알지 못하게 하고 데이터의 오류를 평가하고 바로잡는 과정에도 참여하지 못하게 하는 것을 말한다. 정부의 안보 프로그램들은 개인들이 접근할 수 없는 방대한 데이터베이스를 운영한다. 접근은커녕, 이런 프로그램들은 존재 자체가 기밀인 경우가 많다(국가안보 사안이니까). 이와 같이 대상자가 알지도 못하고 참여하지도 못하는 방식의 정보처리는 '적법절차'를 피해간다는 문제도 있다. 이는 구조적인 문제이다. 정부기관이 국민을 대하는 방식과 관련된 문제이자, 정부와 국민 간 권력의 불균형을 야기하는 문제인 것이다. 시민을 상대로 당국자가 이토록 막강한 권력을 갖는 것이 얼마나 허용되어야 하는가? 여기에서의 쟁점은 정부의 구조와 권력이지, 사람들이 숨기고 싶어 할 법한 정보가 무엇이냐가 아니다.

배제와 관련된 문제로 2차적 사용의 위험성도 들 수 있다. 2차적 사용은 어떤 목적으로 취한 데이터를 대상자의 동의 없이 다른 목적에 활용하는 것을 말한다. 개인정보 자료는 얼마동안 보관되어야 하는가? 또 어떻게 사용되어야 하는가? 차후에는 어떤 목적으로 사용될 수 있는가? 개인정보는 미래에 쓰일 수 있는 잠재적인 용도가 많다. 사용처에 대해 합당한 제약과 책무가 부과되지 않는다면, 우리는 정부가 우리에 대한 데이터를 확보할 때 생길 수 있는 위험을 제대로 판단할 수 없게 된다.

왜곡도 정부가 개인정보를 수집하고 사용할 때 발생하기 쉬운 문제이다. 개인정보들이 당사자의 성격이나 행동에 대해 많은 것을 알려

1부 사생활과 안보의 가치

주기는 하지만, 그 사람 전체를 온전히 드러내주지는 못한다. 따라서 대상자에 대해 왜곡된 상을 그리기 쉽다. 특히 정부의 정보수집이 여러 상세사항들은 생략한 채, 표준화된 양식에 따라 정보를 포착하는 방식으로 이루어지기 때문에 더욱 그렇다.

어떤 사람이 메스암페타민[필로폰] 제조에 대한 책을 여러 권 구매했다고 치자. 이 사실을 알게 된 당국은 그가 마약을 제조하려는 것이라고 의심한다. 하지만 그의 도서 구매 기록이 전체 이야기를 다 담고 있지는 않다. 이 사람은 필로폰 제조자가 등장하는 소설을 쓰고 있었다. 그는 필로폰 제조법에 대한 책을 구매하는 것이 당국자에게 의심스럽게 비칠지 모른다는 점을 미처 생각하지 못했고, 그의 구매 기록은 구매 이유까지 설명해주지는 않았다. 그렇다면, 그는 무언가를 구매할 때마다 정부의 눈에 어떻게 보일지 염려해야 하는 것인가? 요주의 인물 목록에 오를 수도 있다는 것을 우려해야 하는 것인가? 아무런 잘못도 저지르고 있지 않지만 그는 당국이 자신의 기록을 보는 것은 원치 않을 것이다. 잘못된 추론을 내릴 수도 있으니 말이다. 범법 행위를 찾아내고자 불을 켜고 들여다보는 당국의 눈에 자신의 행동이 어떻게 비칠지 매번 걱정하며 살고 싶지도 않을 것이다. 또, 특이한 행동패턴을 가지고 있다는 이유만으로 경고를 울려대는 컴퓨터를 갖고 싶지도 않을 것이다.

'숨길 게 없으면 된다'는 논리는 한두 가지의 특수한 문제(내밀한 정보가 노출되는 문제와 감시의 문제)에만 초점을 맞추고 다른 것들을 간과해버린다. 사생활의 의미를 협소하게 규정하고서, 여기에 맞지 않는 문제들은 배제해버리는 것이다.

개인정보를 활용하는 안보프로그램의 지지자들은 두 가지 방식으로 정당화 논리를 편다. 하나는 문제 자체를 인지하지 않는 것이다. 이것이 바로 '숨길 게 없으면 된다'는 논리가 작동하는 방식으로, 문제의 존재 자체를 부인해버린다. 다른 하나는 문제의 존재는 인정하되, 안보프로그램의 편익이 사생활의 피해보다 훨씬 크다고 주장하는 것이다. 첫 번째 방식은 두 번째 방식에 일조한다. 사생활의 의미를 협소하게 규정하면 사생활의 피해 정도를 낮게 평가하게 되기 때문이다. '숨길 게 없으면 된다'는 논리는 사생활을 일종의 '비밀'로, 사생활의 권리를 무언가를 숨길 권리로 본다는 점에서 큰 오류가 있다. 비밀이 노출될 때 말고도 사생활이 침해되는 경우는 많다.

폭력, 죽음, 사생활

'숨길 게 없으면 된다'는 논리를 깨기 어려운 이유 중 하나는 이 논리가 본능적으로 강렬하게 와 닿는 종류의 피해만을 피해라고 인정하기 때문이다. 그런데 사생활보호론자들도 '피해'에 대해 이와 비슷한 가정을 하곤 한다. 법학자 앤 바토우는 사생활 문제가 경각심을 일으키려면 "단지 불편한 감정을 야기하는 정도가 아니라 사람들의 삶과 생명에 실질적으로 심대한 피해를 끼치는 것"이어야 한다고 언급했다. 그리고 "폭력, 죽음, 하다못해 부러진 뼈나 돈 가방 이야기도 나오지 않기 때문에 사람들이 사생활 침해의 피해를 여타의 피해와 다르다고 여기게 된다"라며 사생활 보호를 주장하는 논리에 '시체'가 더 많이 필요하다고 주장했다.[23]

1부 사생활과 안보의 가치

바토우의 주장은 '숨길 게 없으면 된다'는 논리와 사실상 일맥상통한다. '숨길 게 없으면 된다'는 논리를 펴는 사람들도 경악할 만한 종류의 피해가 있을 때만 이를 사생활 침해로 인정한다. 당사자를 심각하게 난처하게 만들거나 신뢰를 크게 떨어뜨릴 만한 정보가 노출되어야 사생활 침해를 이야기할 수 있다는 것이다. 폭력이나 살해와 같은 [가시적인] 피해만 상정하는 바토우의 견해도 이와 다르지 않다.

사람들이 추상적인 피해보다 폭력이나 사망 같은 피해에 더 강하게 반응하는 것은 사실이다. 하지만 이것이 문제를 인식하는 표준 방식으로 자리 잡는다면, 사생활 침해는 문제로 인지되지도 못할 것이다. 사생활 문제는 공포 영화가 아니고 대부분의 사생활 침해 사례에는 피와 시체가 나오지 않는다. 가시적인 유형의 피해를 근거로 들기 어려운 것이다.

사생활은 한 번의 끔찍한 사건으로 위협받기보다는 비교적 사소한 일들이 쌓이면서 위협받는다. 하나의 대형 사건으로 발생하는 환경파괴보다 여러 행위자들의 작은 행동들이 누적되어 발생하는 환경파괴와 비슷하다. 사람들의 관심은 대규모 원유 누출 사고에 더 쏠리겠지만, 여러 행위자들이 일으키는 점진적인 오염이 더 심각한 환경파괴를 가져올 수도 있다.

사생활은 일거에 잃게 되기보다는 서서히 잠식된다. 모르는 사이에 조금씩 잠식되다가, 어느 날 문득 너무 많이 잃었음을 깨닫게 되는 것이다. 정부가 사람들이 거는 전화번호 목록을 수집하기 시작했다고 해보자. 많은 이들이 대수롭지 않게 여길 것이다. "번호만 모으는 건데 뭐." 하지만 그 이후에는 일부 전화 통화를 감청하기 시작할지도 모른다. "일부만 하는 건데 뭐." 그러다가 정부는 공공장소에 감시카메라를 더 설치할지도 모른다. "한두 군데에 카메라 몇 개가 더 생기는 것뿐인데 뭐." 카메라가 점점 더 많이 설치되다가 촘촘한 영상 감시망으로 발전하고, 여기에 위성감시와 위치추적까지 더해질지 모른다. 그리고 정부는 사람들의 은행 기록을 분석하기 시작할지도 모른다. "예금 내역이랑 고지서들일 뿐인데 뭐." 여기에 곧 신용카드 기록을 결합하고 인터넷서비스제공업체의 기록, 의료 기록, 고용 기록 등도 추가할지 모른다. 각각의 조치는 큰 변화를 일으키는 것처럼 보이지 않지만, 얼마 지나지 않아 정부는 우리의 모든 것을 관찰하고 파악하게 될 것이다.

"내 삶은 펴놓은 책이나 마찬가지예요. 나는 숨길 게 없어요." 이렇게 말하는 사람들도 있을 것이다. 하지만 이제 정부는 개인의 행동, 일정, 독서 이력, 재정 상황, 건강상태 등에 대해 방대한 자료를 가지고 있다. 정부가 이런 정보를 유출한다면 어떻게 되겠는가? 당신의 행동패턴을 보고 당신이 범죄를 저지르고 있다고 잘못 판단한다면? 그래서 비행기 탑승을 금지시킨다면? 아무 잘못도 없는데 정부가 당신의 금융거래 내역이 의심스럽다며 계좌를 동결시킨다면? 정부가 당신의 정보를 적절한 보안장치로 보호하지 않는다면? 그 허술함을 틈타 사기꾼들이 정보를 빼내고 당신을 사칭한다면? 당신이 숨길 게 없더라도 정부는 당신에게 많은 피해를 유발할 수 있다.

"하지만 정부가 굳이 나에게 피해를 입힐 의도는 없을 거예요." 이렇게 생각할 수도 있다. 이 말은 대체로 사실일 것이다. 하지만 정부는 실수나 부주의로 의도치 않게 피해를 입히기도 한다.

　　　　　　　　　1부 사생활과 안보의 가치

'숨길 게 없으면 된다'는 논리에 대처하기

'숨길 게 없으면 된다'는 논리의 전제를 파악하고 나면, 이 논리가 사생활-안보 논쟁의 틀을 부당하게 이동시킴으로써 안보 쪽 주장을 옹호하는 데 강력한 효과를 발해왔음을 알 수 있다. 이 논리는 사생활의 어떤 문제는 다루고 어떤 문제는 다루지 않는다. 사생활의 의미를 특수하고 협소하게 해석해서, 안보조치가 일으킬 수 있는 많은 문제들을 아예 배제함으로써 승리하는 것이다. 여기에 엮이면 올가미에 걸린 것처럼 사생활의 협소한 개념으로 끌려 들어갈 수 있다. 하지만 억압적인 감시와 비밀의 노출이라는 문제를 넘어서 정부의 정보수집과 사용이 야기할 수 있는 사생활 문제의 다원성에 마주하게 하면 '숨길 게 없으면 된다'는 논리는 힘을 쓰지 못한다.

2장 양자택일 논리

"테러 위협에서 더 안전해질 수 있다면 기꺼이 사생활을 포기하겠어요." 수도 없이 듣는 말이다. 사생활-안보 논의는 흔히 양자택일의 문제로 이야기된다. 자, 이 안보조치를 선택하겠는가, 아니면 사생활을 선택하겠는가? 정부가 NSA의 감시프로그램을 변호하며 전개한 논리를 보자. NSA의 감시프로그램은 아무런 감독이나 규제도 받지 않고 사람들의 통화를 대거 도청했는데, 앨버토 곤잘레스 법무장관은 청문회에서 이렇게 말했다. "적들은 지금 이것도 듣고 있습니다. 적들은 우리가 이 민감한 기밀프로그램의 존재를 노출시켜서 그것을 망쳐놨다는 사실에 어이없어할 것입니다. 그것도 모자라 우리가 그 프로그램의 내용을 추가로 노출하려 하고, 심지어는 테러와의 전쟁 중에 주요 무기를 버리면서 혼자 무장해제하려는 것을 보고 즐거워할 것입니다."

곤잘레스의 화법에 주목하기 바란다. 사생활을 보호하려면 너무나 유용한 무기를 버리고 '무장해제'해야만 하는 것처럼 이야기하고 있다. 그는 테러리스트마저 우리가 이러는 걸 정신 나간 짓으로 여길 것이라고 말한다.

이런 논리는 당국자들이 안보조치의 도입이 필요하다고 주장할 때, 또는 안보조치가 규제를 받지 않아야 한다고 주장할 때 단골로 등장한다. 그들은 감시프로그램이 가져다 줄 이득과 그 프로그램이 없을 때 겪게 될 위험을 강조한다. "우리는 테러공격에 대해 상당히 많은 정보를 듣고 있다. 이런 정보를 그만 들으라는 것인가? 그렇게 되면 테러리스트들은 비행기를 폭파시킬 방법에 대해 이야기를 나눌 수 있게 될 것이고, 우리는 그 정보를 파악하지 못하게 될 것이다. 사생활 좀 보호하자고 그 정도의 비용을 치러야 하는가?"

안보 쪽 논의를 펴는 사람들은 안보와 자유를 제로섬의 상충관계로 본다. 법학자 에릭 포스너와 에이드리언 버뮬은 "안보를 높이려면 반드시 자유가 축소되어야 한다"라고 언급했다.[2] 이 논리에 따르면 (사생활 등의) 시민적 자유는 결코 안보와 함께 갈 수 없다. 사생활을 더 보호하려면 안보가 희생되어야만 하며, 안보상의 이득을 더 얻으려면 사생활이 희생되어야 한다.

사생활과 안보가 완전히 배타적이라는 이런 주장은 '양자택일 논리의 오류'에서 기인한 것이다. 실제로는 사생활을 희생시킨다고 우리가 더 안전해지는 것도 아니며, 모든 안보조치가 사생활 침해를 유발하는 것도 아니다. 그리고 안보조치의 효과분과 그것에 수반되는 자유의 감소분 사이에는 상관관계가 밝혀진 바가 없다. 즉, 가장 효과가 큰 안보조치가 자유를 가장 크게 침해하라는 법은 없는 것이다.

양자택일 논리의 오류는 너무 널리 퍼져 있어서, 많은 이들이 정부로부터 사생활을 더 침해당할수록 더 안전하다고 느낄 정도이다. 가라앉는 배에서 사람들이 보이는 반응에 빗대어 생각해볼 수 있을 것이다. 배를 떠 있게 하려고 사람들은 닥치는 대로 물건을 배 밖으로 던지기 시작한다. "물건들을 버리면 배가 가라앉는 것을 멈출 수 있을 거야." 이런 생각에서 나온 행동이지만, 공포에 빠진 사람들은 식량과 물마저 던져버린다. 그러는 동안, 쉽게 막을 수도 있었을 구멍 때문에 배는 가라앉고 만다.

안보와 사생활이 늘 배타적인 것은 아니다. 예를 들어, 9·11테러 당시 비행기에서 취할 수 있었던 대응 하나는 조종실 문을 잠그는 것이었다. 테러리스트가 비행기를 통제하는 상황을 막는 조치이다. 이것이 사생활을 침해하는가? 그렇지 않다. 마찬가지로, 해외에 은닉되어 있는 핵무기를 추적하는 것도 사생활을 거의 침해하지 않을 것이다.

양자택일 논리의 오류가 널리 퍼진 이유 중 하나는, 사람들이 '불편해지는 것'과 '안보조치가 [불가피하게] 유발하는 침해를 감수하는 것'을 혼동하기 때문이다. 그러니까, 사람들이 체감하는 안전도를 높이고 싶다면 정부는 그저 사람들을 더 불편하게, 더 많이 노출된 것처럼 느끼게만 만들면 된다. 하지만 사생활을 포기한다고 해서 우리가 꼭 더 안전해지는 것은 아니다.

양자택일 논리는 사생활과 안보 사이의 균형점을 심각하게 왜곡한다. 많은 법원과 법조 전문가들이 시민의 사생활 권리와 정부의 안보조치 사이에서 이익형량을 잘못 판단하는 이유가 바로 여기에 있다. 이들은 정부가 진행하는 특정한 안보조치가 금지되어야 하는지 아닌지를 판단한다. 이를 위해 저울의 한쪽에는 그 안보조치의 이득을, 다른 쪽에는 사생활의 가치를 올린다.

얼핏 보면 합리적으로 보이지만 사실 상당히 잘못된 접근법이다. 저울의 안보 쪽에 해당 안보조치가 통째로 올라오기 때문이다. 이 안보조치를 전적으로 금지할지, 전적으로 허용할지의 양자택일 상황이 되는 것이다. 그러나 이것은 양자택일을 할 문제가 아니다. 사생활을 보호한다고 해서 어떤 안보조치를 완전히 금지해야 하는 경우는 거의 없다. 수정헌법 4조를 적용하거나 사법적인 감독을 받게 한다고 해서 정부가 감시활동을 아예 못하게 되지는 않는다. 적절한 감독과 제한하에서라면 정부의 감시활동은 얼마든지 허용될 수 있다.

헌법과 법률은 대부분 이런 식으로 시민적 권리를 보장한다. 예를 들어, 수정헌법 4조는 모든 종류의 침입적인 수색을 허용한다. 정부는 당신의 집을 수색할 수 있고 컴퓨터를 뒤질 수도 있고 체강검색도 할 수 있다. 거의 무엇이든 수색할 수 있고, 거의 어떤 종류의 감시방식이든 쓸 수 있다. 어떻게 그럴 수 있을까? 수정헌법 4조의 사생활 보호가 정부의 수색을 아예 금지하는 방식으로 작동하는 것이 아니기 때문에 그럴 수 있다. 수정헌법 4조는 정부의 조치가 사법적인 감독을 받도록 하고 정부가 그 조치의 필요성을 입증하도록 만드는 방식으로 작동한다. 따라서 법원에서 필요성을 납득시키기만 하면 매우 침입적인 수색도 얼마든지 할 수 있다.

마찬가지로, 전자감시법도 감청을 허용한다. 법원의 감독하에 감청을 진행하고, 감청의 범위를 최소화하며, 남용을 막기 위해 사후에 법원에 재보고하도록 하는 식으로 일정한 제한을 두고 있을 뿐이다. 요컨대, 사생활을 보호한다는 것은 안보조치에 감독과 규율을 요구하는 것이지 안보조치를 없애도록 요구하는 게 아니다.

저울의 사생활 쪽에 '이 안보조치로 사생활이 어느 정도만큼 침해되는지'가 올라온다면, 반대쪽에 안보조치가 통째로 올라와서는 안 된다. '사생활 보호'는 도입하려는 조치에 감독과 규율을 부과하는 것을 의미하므로, 안보 쪽에는 '감독과 규율로 이 안보조치의 효과성이 어느 정도만큼 줄어들 것인지'가 올라와야 한다. 감독과 규제가 서류 작업이나 일정 지연 등으로 효과성을 10퍼센트 떨어뜨린다면, 안보조치 전체가 아니라 10퍼센트만 저울에 올라와야 하는 것이다.

하지만 안보와 자유가 합당하게 평가되는 경우는 너무나 드물다. 여론조사 문항만 봐도 으레 양자택일로 구성되어 있다. 2002년 퓨 리서치가 진행한 여론조사에는 다음과 같은 문항이 있었다.

테러와 싸우기 위해 정부가 사람들의 통화 내용을 듣거나 이메일을 읽는 것이 허용되어야 한다고 생각하십니까?[3]

2005년에 라스무센 리포츠가 수행한 여론조사에도 다음과 같은 문항이 있었다.

국가안보국이 해외에 있는 테러의심자와 미국에 있는 사람들 사이의 통화를 감청하는 것이 허용되어야 한다고 생각하십니까?[4]

두 질문 모두 영장이나 법원명령 등은 언급하지 않았다. 영장이나 법원명령을 받아도 안 된다고 할 사람은 없을 것이다. 따라서 질문은 다음과 같이 수정되어야 마땅하다.

테러와 싸우기 위해 정부가 수정헌법 4조에서 요구하는 **수색영장이나 적절한 법원명령 없이** 사람들의 통화를 듣거나 이메일을 읽는 것이 허용되어야 한다고 생각하십니까?

법원명령이나 사법적 감독 없이 국가안보국이 해외에 있는 테러의 심자와 미국에 있는 사람들 사이의 통화를 감청하는 것이 허용되어야 한다고 생각하십니까?

선택지에 놓인 것은 어떤 조치를 도입할지 말지가 아니라, 감독과 규율의 적용을 받는 조치를 도입할지 안보 당국의 재량에만 맡겨진 조치를 도입할지이다. 감독과 규제를 적용한다고 해서 안보조치가 크게 제약되는 경우는 많지 않다. 따라서 사생활 보호에 따르는 비용은 그리 높지 않을 것이다. 안타깝게도 이런 점이 제대로 평가되는 경우는 별로 없다. 양자택일 논리의 오류에 빠져 있는 한, 사생활 보호의 비용은 부풀려지고 안보조치의 중요성은 과장되어서 저울은 항상 안보 쪽으로 기울어지게 된다.

3장 행정부 존중의 위험

2005년에 런던에서 지하철 테러가 발생하자 뉴욕 당국자들은 뉴욕에서도 그런 공격이 벌어질까 봐 우려했다. 뉴욕 경찰은 지하철에서 승객의 가방을 무작위로 수색하는 검문프로그램을 시작했다. 수색은 영장도, '상당한 이유'도, '합리적인 의심'도 없이 이루어졌다.

곧 이 조치가 수정헌법 4조를 위반한 것이라는 비난이 일었다. 수정헌법 4조는 '합리적'일 경우에만 무작위 수색을 허용한다. 합리적인지의 여부는 정부가 얻는 안보 이익과 국민의 사생활 이익을 가늠해 판단한다. 저울의 안보 쪽에는 무작위 수색이 지하철 안전을 효과적으로 높일 수 있는지가 올라간다. 지하철 안전이 중요하지 않다고 생각하는 사람은 없다. 따라서 쟁점은, 무작위 수색이 시민들에게 사생활과 자유의 침해를 감수하라고 요구할 수 있을 만큼의 안보 효과를 달성하느냐이다.

「맥웨이드 대 켈리MacWade v. Kelly」 사건에서 제2항소법원이 이 문제를 분석했다. 결론은 뉴욕 지하철의 무작위 수색이 수정헌법 4조에서 말하는 합리적 조치에 해당한다는 것이었다. 그런데 제2항소법원의 분석 방식에는 문제가 있었다. 지하철 검문의 효과성에 대한 판단을 행정부에 맡겨버린 것이다. "경찰관의 수 등 한정된 공공자원에 대한 책임과 이해가 누구보다 깊은 쪽에 맡기는 것이 타당하다"라는 이유에서였다. 제2항소법원은 '지하철 테러공격을 포착하고 방지한다는 정부의 목적을 달성하는 데 [무작위 수색이] 합리적으로 효과적인 수단인지'를 분석할 때, 자료를 직접 읽으며 따져보는 절차를 생략했다

본 법원은, 날마다의 경찰력을 운용하는 데 있어서 뉴욕에 검문지점이 몇 개여야 하는지를 가늠하기 위해 4개월 치의 자료를 직접 숙독하고 분석하고 추정하지는 않을 것이다. 가용 자원을 어떻게 운용할지에 대해서는, 대테러 전문가들과 정치적 책무를 지는 행정 당국자들이 각 날짜와 요일의 여건에 비추어 외부인이 하기 어려운 정밀조사를 이미 수행했기 때문이다. 본 법원은 그들이 여러 가지를 종합적으로 고려해 내린 결정의 세부사항을 의심하지 않을 것이고, **의심하지 않아도 무방할 것이다.**[1]

지하철 검문은 효과가 있었는가? 그랬을 것 같지는 않다. 평일 뉴욕 지하철의 이용자 수는 450만 명이나 되며, 뉴욕에는 지하철역이 450개가 넘는다.[2] 이 중 몇 군데서 진행하는 무작위 검문은 효과적이라기보다는 상징적이다. 이런 방식으로 경찰이 정말 테러리스트를 찾

아낼 가능성은 매우 희박하다.

검문을 피하고 싶으면 검문 중인 지하철역에서 나와버리면 그만이다. 테러리스트가 바보가 아닌 이상 조금 걸어서 다른 역으로 이동할 것이고, 검문은 일부 역에서만 이루어지므로 그 역은 검문 중이 아닐 것이다.

정부는 이 조치가 지하철에 폭발물을 가지고 들어오려는 시도를 막는 데 효과가 있을 것이라고 주장했다. 왜 아니겠는가. 거의 어떤 안보조치라도 어느 정도의 테러 억제 효과는 주장할 수 있는 법이다. 짚어야 할 핵심 문제는 침해된 시민의 자유를 상쇄할 만큼 유의미한 테러 억제 효과가 있는지인데, 제2항소법원은 이에 대해 이야기하지 않았다.

행정부의 판단을 존중하는 관행은 사생활과 안보의 이익형량 분석에 커다란 문제를 야기한다. 법원이 자기가 다 안다는 태도를 취하는 것도 문제겠지만, 안보조치의 효과성 같은 중대한 문제에 대해 행정부에 판단을 위임해서는 안 된다. 많은 안보조치들이 효과에 비해 자원이 과다하게 투입된다. 시민들의 자유와 사생활이 침해되는 비용도 감안해야 한다. 이런 점들을 면밀히 조사하는 것은 우리가 진정으로 효과 있는 안보조치를 가지기 위한 한 가지 방법이다. 하지만 많은 법원이 안보 당국의 판단에 이의를 제기하지 않으려 한다. 법원이 이렇게 행정부에 판단을 넘겨버리는 관행에는 큰 문제가 있다.

행정부가 안보 문제를 더 잘 판단하는가

리처드 포스너 판사는 "국가안보에 대해서는 판사들이 많이 알 만한 위치가 아니므로" 안보조치에 대한 평가는 행정부의 판단을 존중해야 한다고 주장했다.[3] 법학자인 에릭 포스너(리처드 포스너의 아들)와 에이드리언 버뮬도 "안보와 자유 사이에 주고받게 될 교환은 의회나 법원이 아니라 행정부가 평가해야 한다"라고 주장했다.[4]

이러한 '행정부 존중론'은, 과거의 행적을 볼 때 행정부가 늘 현명한 안보상의 결정을 내렸다고는 할 수 없다는 점에서 일단 문제가 있다. 포스너와 버뮬은 예전에 실수가 있었다 하더라도 이런 결정을 내리는 데는 여전히 행정부가 입법부나 사법부보다 낫다고 주장한다. "판사는 제너럴리스트이다. 또한 판사들은 정치적 독립성을 위해 행정 당국과 유리되어 있기 때문에, 필요한 정보를 확보하는 데 어려움이 있다. 특히, 결정해야 할 사안이 새롭게 대두된 안보 위협과 그에 대한 대처 방안인 경우에는 더욱 그렇다." 포스너와 버뮬은 "[안보 위기 시] 당면한 위협과 그에 필요한 대응이 모두 새로운 것이라는 점을 생각할 때, 통상적인 사법절차와 느리게 진화하는 법적 규칙들은 적절치 않거나 방해가 될 수 있다"라고 주장했다.[5]

하지만 '통상적인 사법절차'와 '법적 규칙'은 [행정권의 남용을 막고 시민의 권리를 지키기 위한] 법치와 적법절차의 기본이다. 이것이야말로 자유롭고 민주적인 사회의 근간인 것이다. 포스너와 버뮬처럼 안보를 강력하게 주장하는 사람들은 안보 강화에 가장 좋은 것이 무엇인지에만 초점을 둔다. 하지만 우리의 목표는 안보와 자유 사이에서 최적의 균형을 찾는 것이어야 한다. 그에 따라 최대치의 안보가 달성되지 않을 수도 있지만, 이는 권위주의체제가 아닌 민주사회에서 살고자 할 때 감수해야 할 비용이다. 행정부가 안보조치를 만드는 데에는 가장 적합한 곳일지 몰라도, 안보와 자유의 균형을 확립하는 데에도 가장 적합한 곳이라고는 할 수 없다.

헌법에 기초한 민주사회에서 입법부, 사법부, 행정부는 각기 맡은 역할이 있다. 법원은 헌법적 권리를 보호하는 역할을 맡는다. 헌법적 권리는 행정부나 입법부가 개발한 정책에 대한 '절대적 제약'을 의미하는 것이 아니라, 그 정책의 가치를 견주어 평가할 기준으로서 '또 다른 중요한 가치'를 의미한다. 판사들은 여러 형태의 '사법적 검토'를 통해 이러한 균형을 판단하며, 정책의 목표, 목표를 달성하는 데 해당 조치가 갖는 효과, 헌법적 권리를 부당하게 침해하지 않을 범위 등을 두루 살핀다. 이러한 평가가 제대로 이루어지려면 법원은 안보와 자유 양쪽의 고려 사항을 모두 조사해야 한다.

법원이 안보조치의 효과성을 제대로 묻지 못하면 안보의 이해관계가 거의 언제나 승리하게 된다. 테러를 막는다는 목표에는 막대한 무게가 실리기 마련이며, 어떤 안보조치라도 이런 목표에 조금이라도 기여하기 마련이다. 이렇게 되면 저울의 자유 쪽을 따져보는 것이 무의미해진다. 안보 쪽이 이미 이겼기 때문이다.

행정부 존중론을 지지하는 사람들은, 안보 분야에 전문성이 있는 당국자의 판단을 제쳐놓고 법원이 자신의 판단을 끼워 넣을까 봐 우려한다. 하지만 안보와 자유 사이의 균형을 따질 때 꼭 세부적인 전문성이 필요한 것은 아니다. 법원과 의회가 행정부 전문가들에게 그들이 주장하는 안보조치의 필요성을 입증하도록 요구하면 되는 것이다. 로켓 과학 분야라면 비전문가가 이해하기 어렵겠지만 안보는 로켓 과학이 아니다.

판사는 전문가들이 당연히 제일 잘 알 것이라고 생각해서는 안 된다. 그들이 엄정한 조사를 거치지 않은 가정이나 관행에 기반을 두고 판단하고 있을지도 모를 일이다. 따라서 정부 전문가들이 스스로가 내린 결정에 대해 법원과 의회에서 정당성을 밝히도록 하는 과정은 매우 중요하다. 판사에게 정당성을 납득시키지 못하는 결정이라면 현명한 결정이 아닐 가능성이 크기 때문이다. 건전한 정책에는 타당성을 확인받는 건전한 과정이 필요하다.

또, 행정부 존중론은 어떤 조치를 만드는 것과 평가하는 것을 혼동하고 있다. 법원에서 안보조치를 검토한다는 것은 판사가 새로운 조치를 만들어 제안한다는 뜻이 아니다. 정부 당국자에게 해당 정책의 타당성을 설명하도록 요구한다는 뜻이다. 핵심은, 당국의 판단이 당연시되지 않고 엄밀한 조사를 거치게끔 만드는 것이다.

안보조치의 효과성에 대한 판단을 법원이 정부에 넘기면, [기술적이고 전문적인 사항에 대한 판단만이 아니라] 그 조치가 헌법적 기준에 부합하는지에 대한 궁극적인 판단까지 한꺼번에 넘어가게 된다. 이는 헌법 해석이라는 사법부 고유의 역할을 포기하는 것이나 마찬가지이다.

안보 위협에 대한 평가

안보와 자유의 이익을 형량하려면 안보상의 이득을 평가해야 한다. 이때 평가해야 할 것은 두 가지이다. 당면한 안보 위협의 중대성과 그로 인해 도입하려는 조치의 효과성이다. 테러 위협이 현대사회가 처한 가장 중대한 위협 중 하나라고 의심 없이 믿는 경우가 많은데, 이는 잘못된 생각일 수 있다.

테러는 발생이 불규칙하고 속성도 계속 달라지기 때문에 위험성을 평가하기가 매우 어렵다. 그렇더라도, 과거의 통계를 토대로 살펴보면, 사람들이 느끼는 테러 위협은 과장되어 있다. 많은 사람들이 테러로 목숨을 잃을까 봐 두려워하지만 사실 테러로 죽을 확률은 아주 낮다. 정치학자 존 뮬러에 따르면 "9·11을 포함해도, (…) (국무부가 해당 통계를 내기 시작한) 1960년대 말 이래 국제테러로 사망한 미국인의 수는 같은 기간 동안 번개에 맞거나, 도로에 사슴이 튀어나와 교통사고로 죽거나, 심한 땅콩알레르기로 죽은 미국인의 수와 비슷하다".[6]

미국 역사상 가장 피해가 컸던 테러 여덟 건의 사망자 수를 다 합해도 4,000명 이하이다.[7] 반면, 독감과 폐렴으로 인한 사망자 수는 매년 6만 명가량으로 추산된다.[8] 또, 매년 4만 명이 자동차 사고와 그 밖의 우발적 사고로 숨진다. 이렇게 보자면, 테러로 사망할 위험은 다른 사망 요인들에 비해 낮은 편이다.

극적인 사건과 그에 쏟아지는 언론의 관심은 우리가 위험을 합리적으로 평가하지 못하게 만든다. 2001년은 9·11 말고 또 다른 사건으로도 유명한 해이다. 그해 여름에 상어가 사람을 물어 죽인 일이 있었는데, 언론에 하도 많이 보도되어서 사람들은 상어가 공격하는 사례가 크게 늘고 있다고 느끼게 되었다. 하지만 2001년의 상어 공격 건수는 2000년보다 적었고, 상어 공격으로 인한 사망자 수도 2000년

1부 사생활과 안보의 가치

13명, 2001년 4명으로 2001년이 더 적었다.[9] 그리고 어느 해의 사망자가 더 많았든지 간에 상어 공격으로 사망하는 경우 자체가 드물다.

물론 과거의 테러 사건이 미래를 예측하는 지표로서는 적합하지 않을 수도 있다. 미래에는 핵무기나 생물무기를 이용한 훨씬 더 위험한 테러가 터질지도 모른다. 그래서 테러의 위험성은 가늠하기가 매우 어렵다. 또, 테러는 다른 사고가 일으키지 않는 종류의 분노와 공포를 일으킨다. 따라서 공포를 가라앉히는 일이 [테러 대책에서] 중요하게 고려되어야 하는 것도 맞다. 테러 공포가 위험성이 실제로 더 큰 다른 요인(예를 들어, 자동차 사고)에 대한 공포에 비해 비이성적으로 높은 경우라 해도 말이다. 하지만 현명하게 구성된 정책이라면 순간의 비이성적인 공포에 완전히 휘둘린 것이어서는 안 된다. 안보정책은 공포를 경감시키려 노력해야겠지만, 이는 분별 있는 방식으로 이루어져야 한다.

그러나 정책 결정자들이 테러 위협을 분별 있게 평가하기란 쉽지 않다. 공포가 널리 퍼져 있는 상황에서는 당국자가 온건한 정책을 내놓기가 어려운 법이다. 눈에 띄는 극적인 조치를 내놓지 않으면 정치적으로 곤란한 상황에 처할 수도 있다. 이렇듯 안보 위협을 합리적으로 평가하기 어렵다는 점 때문에라도, 법원에서 안보조치의 효과성을 유의미하게 분석하는 일이 반드시 필요하다. 공포로 인해 테러 위협이 과장된다 할지라도, 적어도 도입하려는 안보정책이 그 비용을 정당화할 정도로 효과적인지는 질문할 수 있어야 하는 것이다.

안타깝게도, 어떤 안보조치가 시민의 자유를 침해할 소지가 있을 때, 다른 방법으로는 안보상의 목적이 달성될 수 없는 것인지, 왜 그

조치가 최선이며 논리적으로 가장 합당한 것인지 등이 설명되는 경우는 별로 없다. 타당성에 대한 면밀한 조사는 잘 이루어지지 않으며, 아무리 엉성하게 고안되고 효과가 모호한 조치라 해도 별다른 문제 제기 없이 받아들여지기 일쑤이다.

안보극장

효과성이 없는 조치들 중 어떤 것들은 그저 상징적인 조치일 뿐이다. 뉴욕 지하철 수색이 그런 사례이다. 수백만 명의 지하철 이용객 중 아주 일부만 수색하는 것이기 때문에 테러리스트를 잡거나 테러 계획을 억제하는 효과는 있었을 법하지는 않다. 특정 역에서 검문이 이루어지고 있을 경우, 테러리스트들은 목표물을 바꿀 수도 있고 다른 날이나 다른 역을 택해 테러를 저지를 수도 있다. 상징적인 조치는 시민의 자유를 불필요하게 희생시키고 더 효과적으로 쓰여야 할 안보 자원을 낭비하게 만든다.

장점도 있긴 하다. 눈에 띄는 프로그램이기 때문에 사람들이 체감하는 공포를 누그러뜨려준다. 사실 뉴욕 지하철 검문이 가져다준 가장 주된 이득은 (원래도 그리 높지 않았을) 공포를 경감시킨 것이었다. 그러나 실제 안전에는 그리 보탬이 되지 않았다는 점에서 그 이득은 기만적이다. 안보 전문가 브루스 슈나이어는 이런 종류의 조치를 '안보극장security theater'이라고 부른다. 정교한 연기로 안전의 모양새를 꾸며내는 것을 말한다. 슈나이어는 이렇게 지적했다.

안보극장이란 실제로는 안전을 향상시키지 못하면서 사람들이 체감하는 안전도만을 높이는 안보조치를 말한다. 사무건물 입구마다 생겨난 신분증 검사가 그런 사례이다. 누군가가 신분증을 소지했음을 확인하는 것이 실제로 어떻게 안전을 강화한다는 것인지는 누구도 설명한 바 없다. 그래도, 어쨌든 제복 입은 경비원이 신분증을 확인하는 모습을 보면 안전한 것처럼 보이기는 한다.[10]

안보극장은 정당한 것인가? 대중의 공포를 경감시키는 것은 좋은 일이다. 하지만 이미 말했듯이, 안보극장은 기만이다. 사람들은 실제보다 상황이 좋다고 속기보다는 진실을 아는 편을 원할 것이다. 시민의 권리가 유의미하게 보호되려면 안보조치가 정말로 효과적인 경우에만 권리가 희생되어야 한다. 의도한 목적이 얼마나 고상하든지 간에, 거짓을 위해 권리가 희생되어서는 안 된다.

행정부 존중과 안보 강화

행정부 존중론을 거부하는 것은 사생활 보호뿐 아니라 안보 강화에도 득이 된다. 정책의 타당성을 입증해야 한다는 것을 염두에 둔다면 당국자들도 어떤 정책을 도입할지에 대해 더 신중히 결정하게 될 것이다. 사법적 검토는 안보 당국자들이 일을 더 잘하게 만들고 책무를 다하게 만든다.

안보를 위해 사생활을 일부 포기해야 한다면, 플라세보나 공허한 상징적 조치가 아니라 그 비용만큼 값어치를 하는 안보조치가 도입되어야 한다. 사법적 검토라는 절차 아래에서는 판사가 안보 당국자에게 이렇게 물을 수 있다. 이 안보조치가 다른 대안들보다 나은가? 사생활 침해가 이보다 덜한 다른 방법은 없는가?

타인의 말을 아무 질문도 없이 받아들이는 일은 없어야 한다. 권리란 그런 것이 아니다. 권리는 우리에게 너무나 중요한 것이기 때문에, 우리는 법원이 안보 전문가들을 닦달할 수 있게 만들어야 한다. 물론, 법원이 조사를 해보니 행정 전문가들의 판단이 맞을 수도 있다. 하지만 우리가 권리를 희생할 때는 적어도 모든 것이 면밀히 검토되었으리라고 믿을 수 있어야 한다.

1부 사생활과 안보의 가치

4장 사생활의 사회적 가치

　　정부가 당신이 무기를 밀매한다고 의심하는 경우를 생각해보자. 정부는 당신의 동선을 추적하고 싶어 한다. 당신이 스마트폰을 가지고 있다면 통신사를 통해 거의 언제나 당신의 위치를 짚어낼 수 있다. (스마트폰은 항상 켜놓는다고 가정하자.) 휴대전화는 위성항법장치Global Positioning System, GPS처럼 작동할 수 있다. 통화가 가능하려면 기지국은 늘 휴대전화가 있는 위치를 잡을 수 있어야 하고, 이는 '삼각측량'이라는 기법을 통해 이루어진다. 언제나 세 개의 기지국이 당신의 휴대전화에 연결되어서 위치를 정확하게 잡아내는 것이다.

　　저울의 안보 쪽, 즉 무기 밀매를 금지하려는 정부의 목적은 중요도가 매우 높다. 불법 무기는 사회 전체를 위협하고, 그것을 막아내면 모두의 안전도가 올라간다. 저울의 사생활 쪽에는 이동경로에 대한 프라이버시를 지키려는 당신 개인의 이해관계가 올라온다. 저울은 '사회의 안전' 대 '개인의 사생활' 구도가 되며, 높은 확률로 안보 쪽이 승리할 것이다.

하지만 저울이 개인의 사생활만을 계산에 넣어서는 안 된다. 저울의 사생활 쪽에는 모든 이의 사생활이 올라가야 한다. 사생활 보호는 개인의 가치로만이 아니라 사회의 가치로 여겨져야 한다.

사회적 가치로서의 사생활

"사생활은 그 본질상 개인적이다. 사생활의 권리는 개인의 주권을 인정하는 것이다."[1] 어느 판결문에 나오는 말인데, 법조계 안팎의 일반적인 견해를 반영하고 있다. 예를 들면, 법학자 토머스 에머슨은 사생활이 "개인주의의 전제, 즉 사회는 개인의 가치와 존엄을 증진시키기 위해 존재한다는 개념에 기초해 있다"라고 주장했다. "사생활의 권리란 (…) 본질적으로 집단의 삶에 참여하지 않을 권리, 자신과 공동체 사이에 봉쇄막을 칠 권리를 말한다."[2]

전통적으로 권리는 개인의 자율성을 존중하기 위해 개인을 사회의 침입으로부터 보호하는 것이라고 여겨져 왔다. 사생활 권리를 연구하는 학자들도 대부분 사생활을 이렇게 이해한다. 예를 들어, 찰스 프라이드는 사생활이 "인간의 기본권, 즉 인간이라는 이유만으로 모든 이에게 동등하게 주어진 권리" 중 하나라며 다음과 같이 설명했다. "이런 면에서 내 견해는 칸트적이다. 이 견해는 개인을 그 자체로 목적으로 보도록 요구하며, 개인의 가장 본질적인 이해관계가 전체의 행복이나 후생을 최대화하기 위해 잠식되지 않을 것을 요구한다."[3]

1부 사생활과 안보의 가치

법에서도 사생활의 권리는 개인의 권리이다. 연방 대법원은 수정 헌법 4조상의 권리가 수색을 당하는 당사자에게만 해당하는 개인적 권리라고 본다. 당신이 친구의 가방에 무언가를 넣었다. 그런데 경찰이 불법적으로 친구의 가방을 뒤져서 그 물건을 찾아냈고, 당신의 혐의를 입증할 증거로 사용하려고 한다. 당신은 수정헌법 4조의 보호를 받을 수 있을까?

없다. 대법원에 따르면 당신은 경찰의 불법적인 가방 수색에 이의를 제기할 수 없다. 수색당한 가방이 당신의 것이 아니기 때문이다.[4] 당신의 권리는 침해되지 않았다는 논리인데, 친구의 가방이므로 침해된 권리도 친구의 권리인 것이다. 대법원은 권리를 개인 각자가 소유하는 것으로 간주하기 때문에 당신 친구의 권리는 당신에게 속하지 않는다.

공동체주의적 이론을 펴는 학자들은, 개인의 권리를 개인의 소유로 보는 전통적 견해를 반박해왔다. 사회학자 아미타이 에치오니는 프라이버시를 "어떤 행위(및 생각과 감정)들을 공동체, 대중, 정부가 주시하는 것으로부터 면제해주는 사회적 허가"로 봐야 한다고 주장했다. 그는 너무나 많은 이론이 사생활을 신성불가침의 권리로 여기고 있고, 사생활이 공공선과 배치될 때조차 그렇다고 지적했다. 에치오니에 따르면, "사생활은 절대적인 가치도, 다른 모든 권리나 공공선의 이해보다 상위에 있는 가치도 아니다". 그는 사생활이 더 큰 사회적 이해의 실현을 가로막는 경우들을 제시하면서, (항상은 아니더라도) 상당히 많은 경우에 사생활이 공공선을 위해 희생되어야 마땅하다고 주장했다.[5]

사생활이 사회적 이해 위에 군림하는 개인의 권리가 아니라는 점에서는 에치오니가 옳다. 하지만 개인의 권리와 공공선을 공리주의적으로 견주게 되면, 공공선이 아주 사소한 것이 아닌 다음에야, 개인의 권리 쪽이 유리하기는 어렵다. 한 개인의 이익과 사회 전체의 이익을 견주면 대개 후자가 승리한다.

에치오니는 개인의 권리가 사회와 충돌한다고 간주한다. 이런 이분법은 개인 권리에 관한 자유주의적 이론과 에치오니의 공동체주의적 이론 모두에 널리 퍼져 있다. 에치오니는 "개인의 권리와 사회적 책임 사이에, 그리고 개인과 공동체 사이에 균형을 맞추는 것"이 공동체주의자들의 과제라고 보았는데,[6] 이 견해는 개인과 사회의 이익이 상충한다고 가정하고 있다.

반대로, 철학자 존 듀이는 개인과 사회의 관계를 충돌로 보지 않는 대안적 이론을 제시했다. 듀이에 따르면 개인에게 이익인 것과 사회에 이익인 것은 서로 적대하고 있다기보다 서로 연관되어 있다. "우리는 스스로를 어느 정도 사회적 존재로 생각할 수밖에 없다. 따라서 우리 자신을 다른 이들과 떼어 생각할 수 없고, 자신에게 좋은 것이 무엇인지를 다른 이들에게 좋은 것이 무엇인지와 떼어 생각할 수도 없다."[7] 듀이는, 개인의 권리를 보호하는 것은 그것이 사회에 기여한다는 점에서 가치를 가진다고 주장했다. 즉, 개인의 권리는 사회를 누르고 획득하는 승리가 아니라 사회가 스스로 제공하는 보호로 여겨져야 한다. 사회가 개인에게 사적인 여지와 공간을 주는 이유는 그러한 여지와 공간이 사회적 편익을 낳기 때문이다. 따라서 듀이는 어떤 권리의 가치를 평가할 때에는 그 권리가 "공동체의 후생에 기여하는 바"에 의거해야 한다고 주장했다. 그렇지 않으면 개인의 권리는 공리주의적인 계산에서 사회적 이익을 능가하지 못할 것이고, 개인의 권리를 정당화하는 것은 불가능해질 것이다. 듀이는 "사회적 기초와 사회적 타당성"에 기반을 두고서 시민적 자유를 주장해야 한다고 보았다.[8]

나도 개인을 보호하는 것의 가치가 사회적인 가치라고 생각한다. 사회는 전혀 균질하지 않으며, 우리는 계속해서 서로 충돌한다. 살기 좋은 사회인지 아닌지는 다른 이들로부터 받는 침해에서 사람들을 얼마나 자유롭게 해주는지에 상당히 많이 달려 있다. 사생활을 보호하지 않는 사회는 억압적인 사회이다. 개인의 권리를 보호한다는 것은 '사회로서의 우리'가 한 발짝 물러선다는 의미이다. 개인에게 자유로운 영역을 만들어 줌으로써 사회가 얻는 편익이 있기 때문이다.

법 이론가 로버트 포스트가 주장했듯이, 사생활은 사회의 규칙과 규범에 제약을 가하는 것만을 의미하는 게 아니다. 그보다, 사생활은 사회의 교양과 예의를 촉진하는 요소이다.[9] 사회는 자신의 내부에 질서를 부여하는 수단으로서 사생활을 보호한다. 사생활 보호는 개인의 이익을 사회의 이익보다 우위에 두는 것이 아니라, 사회 자체의 규범과 가치에 기초해서 개인을 보호하는 것이다. 사생활은 개인을 사회적 통제로부터 자유롭게 해주는 것만을 뜻하지 않는다. 사생활 자체가 사회의 규범에서 생겨나는 사회적 통제의 한 형태이다. 그것은 사회 외부에서부터 사회에 부과되는 제약이 아니라 사회의 내적 요소 중 하나이다. 이렇듯, 사생활에는 사회적인 가치가 있다. 법이 개인을 보호하는 것은 그 한 사람을 위한 행위가 아니라 사회를 위한 행위이다. 따라서 어느 한 개인의 권리와 더 큰 사회적 선을 비교하는

구도로 사생활의 가치를 평가해서는 안 된다. 저울에 올라오는 것은 양쪽 모두 사회적 가치이다.[10]

위치추적

앞서 언급한 문제로 돌아가보자. 정부가 당신의 동선을 추적하려고 한다. 위치추적시스템에 대해 법원에 이의를 제기하는 사람은 당신이지만, 법원은 당신 한 명을 보호하는 것에 초점을 맞추면 안 된다. 여기에 얽힌 것은 당신의 권리만이 아니라 이동경로에 대해 프라이버시를 가질 모든 이의 권리이다.

법원이 한 명의 권리에만 초점을 맞추면 균형이 기울어진다. 당신이 정말로 무기 밀매를 했다고 치자. 저울의 한쪽에는 범죄를 저지르기 위해 사생활 권리를 행사하는 개인의 이해관계가 올라온다. 저울의 다른 쪽에는 안전과 질서를 지키려는 사회의 이해관계가 올라온다. 이렇게 되면 무조건 후자가 승리한다.

당신이 결백할지라도, 저울은 당신의 편이 아니다. 밀매를 막으면 수많은 생명을 살릴 수 있다. 당신의 사생활이 침해된 문제는 어떻게 될까? 당신이 결백한데도 정부가 실수로 추적했다면, 곧 실수를 깨닫고 당신에게 사과문을 보낼 것이다.

> 귀하의 사생활을 침해한 점 깊이 사과드립니다. 하지만 우리 당국은 무기 밀매와 관련해 정말 중요한 수사를 하는 중이었습니다. 이 범죄를 막으면 수많은 사람의 생명을 구할 수 있습니다. 귀하의 결백을

확인하자마자 귀하에 대한 감시를 즉각 중단하였습니다. 귀하가 이 일로 피해를 입었을 수도 있음을 저희도 잘 알고 있습니다. 하지만 귀하의 희생이 사회를 위해 얼마나 큰일을 했는지 헤아려주시기 바랍니다. 때로는 모두를 위해 기꺼이 희생해야 할 때도 있다는 것을 아시는 분이리라 믿습니다. 진심으로 감사드립니다.

1789년부터 당신의 안전을 지켜온

정부 당국 올림

이 논리의 문제는 정부의 위치추적으로 피해를 본 사람이 당신 한 명이 아니라는 점이다. 적절한 감독 없이 이런 감시를 할 수 있는 권력은 모든 개인에게, 그리고 사회의 속성 자체에도 영향을 미친다. 더 나아가 정부는 권력을 크게 늘리고 사람들의 자유에 막대한 영향을 미칠 체계적인 감시시스템을 이용할 수도 있다.

대법원에서 중요한 판결이 나왔던 사례들을 보면, 사생활 권리를 주장하며 소송을 제기한 사람들은 정말로 범죄를 저지른 사람들이었다. 중범죄자도 있었고, 좌우간 사회의 영웅이라 할 만한 사람들은 아니었다. 하지만 그들은 법을 위해 싸운 투사들이다. 대의가 아니라 본인의 이기적인 목적을 위해 싸운 것이었겠지만 말이다. 그들에게 왜 사생활을 위해 싸웠는지 물어본다면 "나의 권리를 위해서요!"라고 대답할 것이다. 그러나 그들의 사례는 우리 모두에게 영향을 미쳤고 헌법이 갖는 의미를 구성했다. 결국 그들은 모두의 권리를 위해 싸운 셈이다.

2부

비상 시기

5장 시계추 논리

국가적 위기 상황에서는 안보를 위해 자유를 희생해야만 한다고들 말한다. 판사 리처드 포스너는, "9·11을 통해 이전에 대다수의 사람들이 생각했던 것보다 미국이 훨씬 큰 국제테러 위험에 처해 있음이 드러났다"라며 "이런 깨달음이 시민적 자유를 축소하는 조치들로 이어지는 것은 합리적인 일"이라고 주장했다.[1] 그는 연방 대법관 로버트 잭슨의 표현을 빌려 헌법이란 "자살 서약"이 아니라며,[2] 국가가 위기에 처했을 때는 헌법적 권리가 제한되어야만 한다고 언급했다. 포스너에 따르면 이것은 불가피한 과정이며, 평화로운 시기가 오면 자유가 대개 회복되므로 지나치게 우려하지 말고 받아들여야 한다. 또한 포스너는 "사생활 보호나 언론의 자유, 피의자의 권리 등 시민적 자유를 신성불가침으로 여기면서, 국제테러에 대한 대응까지도 그 틀에서 이루어져야 한다고 보는 주장"을 받아들이면 안 된다고 역설했다.[3]

작고한 전 대법원장 윌리엄 렌퀴스트도 비슷한 견해를 표명했다. "시민적 자유가 전쟁 시에도 평시에서 차지하던 만큼의 우선적 위치를 차지한다는 것은 바람직한 일이 아니며 있을 법한 일도 아니다."[4] 사회학자 아미타이 에치오니도 비상 시기에는 권리를 축소해도 헌법적 민주주의가 훼손되지 않는다고 보았다. 그는 오히려 이런 점이 대중의 공포에 민감하게 대응하는 민주주의의 모습을 보여준다며, "안전이 회복되면 (안보) 조치들은 다시 이전 수준으로 축소될 것"이라고 주장했다.[5]

이런 주장들은 '시계추 논리'라고 부르는 견해를 담고 있다. 비상 시기에는 시계추가 안보 쪽으로 이동해 시민적 권리가 축소되었다가, 평시가 오면 자유 쪽으로 되돌아가 권리가 회복된다는 논리이다. 하지만 시계추 논리는 반대로 되어야 옳다. 비상 시기야말로 우리가 가장 결연하게 자유와 사생활의 권리를 지켜내야 하는 시기이다.

불필요한 희생

시계추 논리는 위기 상황에서는 자유와 권리의 희생이 불가피하다는 가정에서 시작한다. 이는 매우 널리 퍼져 있는 견해이다. 9·11 직후 이루어진 설문조사에 이런 문항이 있었다. "정부가 테러에 단호하게 맞설 수 있도록 미국 내에서 자유를 일정 정도 포기할 의사가 있으십니까?" 응답자의 68퍼센트가 그렇다고 답했다.[6] 2002년에 이루어진 또 다른 설문조사에서는 응답자의 78퍼센트가 "안전과 안보를 증진시키기 위해서라면 몇몇 종류의 자유는 더 많이 포기할 의사가

있다"라고 답했다.[7]

대테러정책의 일환으로 추가적인 안보조치가 나올 때마다 너무나 많은 사람들이 이렇게 말한다. "안전을 위해서라면 기꺼이 내 사생활의 일부를 포기하겠다." 이들은 이러한 희생을 긴박한 상황에서의 일시적인 대응이라고 본다. 헌법적 권리 분야의 저명한 변호사 플로이드 에이브럼스마저도 다음과 같이 언급했다. "우리는 현재의 상황이 너무 취약하여 어느 정도 지속성을 가지는 잔혹한 조치들이 시행되지 않으면 우리가 스스로를 보호할 수 없을 정도라는 것을 인정해야 한다. 따라서 우리는 사생활을 일정 수준 포기하고 현재보다 높은 수준의 감시를 받아들일 준비가 되어야 하며, 경우에 따라서는 수정헌법 4조가 위배되더라도 그렇게 할 각오가 되어야 한다."[8]

하지만 현실을 보면 자유와 권리가 희생되어야만 안보가 달성될 수 있다는 가정은 잘 들어맞지 않는다. 정부는 너무나 자주 불필요한 희생까지 요구하며, 종종 다수의 대중이 이를 지지한다. 이때 주로 소수자나 반체제 인사의 권리와 자유가 희생되기 때문에, 사회 구성원 전체가 희생을 감당하는 것이라고는 할 수 없다. 안보를 위해 권리와 자유를 기꺼이 포기하겠다는 사람들은 사실 자신의 권리와 자유가 아니라 다른 이의 권리와 자유를 희생시키는 것이다.

빌리 버드의 희생

허먼 멜빌의 「빌리 버드」는 19세기 말이 배경이지만 우리 시대와도 묘하게 닮아 있다. 이 소설은 안보라는 명목에 목숨을 잃어야 했던 사람에 대한 이야기이다.[9] 주인공 빌리 버드는 정 많고 순박한 수

병水兵인데, 그를 몹시 혐오하는 장교에 의해 반란을 일으키려 했다는 누명을 쓴다. 말을 더듬는 빌리는 압박이 심하면 아예 말을 못하기도 한다. 절망적인 갑갑함 속에서 빌리의 팔이 반사적으로 뻗어나가 그 장교를 치게 되고, 이 사고로 장교가 사망하고 만다.

함장 에드워드 비어는 비밀 군사재판을 연다.[10] 법정에 모인 사람들은 모두 빌리의 목숨을 살려줘야 한다고 생각한다. 고의에 의한 살인이 아니었으니 말이다. 하지만 이곳의 군법은 매우 엄격해서 타협의 여지가 없는 것 같아 보인다. 어쨌거나 빌리가 상관을 죽게 만들었으니 응분의 대가를 치러야 한다는 것이다. 비어는 자비를 베풀고 싶은 마음이 들더라도 법은 엄격하고 통제적이어야 하며 법치는 반드시 지켜져야 한다는 취지의 장려한 법정 발언을 한다. 그에 따르면, 전쟁 시기에는 기강과 질서를 유지해야 할 필요성이 더욱 절박하므로 엄격한 법 집행이 특히 중요하다. 빌리는 유죄를 선고받고, 다음날 바로 처형된다.

문학평론가들은 비어 함장이 이러지도 저러지도 못하는 상황에 처한 것으로 해석하곤 한다. 군율을 엄격하게 지킬 것인가, 상황을 더 참작하는 형평법적 접근으로 빌리를 살릴 것인가의 딜레마에 빠졌다는 것이다. 여기에서 비어는 법의 엄정함을 따르기로 결정한다. 아니, 독자들이 그렇게 믿게 만든다. 하지만 소설 곳곳에는 비어가 빌리를 처형하기 위해 법을 임의로 해석했음을 보여주는 대목들이 나온다.[11] 무엇보다 비어는 합당한 절차를 따르지 않았다. 그는 배가 함대에 합류할 때까지 판단을 내리지 말고 기다려야 했다. 그 뒤에 재판이 열렸더라면 빌리는 더 유연한 방식으로 재판을 받을 수 있었을 것이고 더

관대한 판결을 받았을 것이다. 하지만 비어는 함선이 홀로 항해하는 동안에 서둘러 임시 재판을 소집해 결론을 내렸다.

엄정한 법치에 따르는 척했지만 사실 비어는 빌리를 희생시키기 위한 수단으로 법을 활용했다. 반란에 대한 공포 때문이었다. 비어는 빌리를 처형하지 않으면 함선 지휘부가 겁쟁이로 보일 것이라며 법정에 모인 장교들을 설득했다. 즉, 빌리는 그가 함선에 위협 요인이어서 처형된 것이 아니라, 그를 살려줄 경우 다른 선원들에게 지휘부가 허약해 보일까봐 처형되었다. 여러 군데서 암시되어 있듯이, 비어는 올바른 판단을 내린 것이라기보다 개인적인 불안감에 따라 행동한 것이었다.

역사의 교훈

비어 함장처럼, 우리[미국] 정부도 '국가적 위기' 때면 막대한 희생을 요구한다. 전시 상황에 따른 불가피한 조치라며 안보의 이름으로 시민의 권리를 심각하게 축소하는 일이 미국 역사 내내 비일비재했다. 남북전쟁 때 링컨 대통령은 [영장 없이 시민을 체포하지 못하게 했던] 인신보호영장$_{habeas\ corpus}$ 제도를 중지시켰다. 1차 대전 때는 전쟁 반대 의사를 표명하면 기소당했다. 2차 대전 때는 미국 서부에 거주하던 일본인 12만 명이 강제로 격리 수용되었다.[12] 냉전 시기에는 수많은 사람들이 공산주의자로 몰려 심문을 당하거나 블랙리스트에 올랐다.

정부가 이렇게 막대한 희생을 강제하는 동안 법은 무력했다. 1차 대전 당시 연방 대법원은 전쟁 반대 발언을 한 사람들에게 유죄를 선고한 것은 옳다며 원심 판결을 확정했다. "평시에서라면 이야기되어도 무방할 많은 발언이 전시에는 국가의 전쟁 수행 역량을 크게 저해한다. 따라서 우리 장병들이 싸우고 있는 동안에는 그런 발언이 용인되지 않아야 하며, 어떤 법원도 그 발언이 헌법적 권리의 보호를 받는다고 간주하지 않아야 한다."[13] 연방 대법원은 일본인 강제수용도 다음과 같이 정당성을 인정했다. "그때의 군사 당국은 그러한 조치의 필요성이 크다고 판단했으며 당시는 긴급한 상황이었다. 사후적으로 차분하게 되돌아보는 오늘날의 입장에서, 그런 행동이 당시에 정당하지 못한 것이었다고 말할 수는 없다."[14] 이어 대법원은 이렇게 밝혔다.

> 당면한 위협에 대처하려면 즉각적인 조치가 꼭 필요한 경우, 선택지에 놓인 것은 많은 이들에게 명백히 불필요한 괴로움을 가할 것이냐, 아니면 위협에 아무 대처도 하지 않고 앉아만 있을 것이냐이다. 헌법에 따르는 국가란 전시 상황에서 잠자코 있는 무력한 국가를 의미하는 것이 아니며, 국가 방위를 맡은 당국자들이 판단하기에 위협이 실재한다고 볼 합리적 근거가 있는 한에서라면 위의 선택지에서 어렵지 않게 결정을 내릴 수 있어야 한다는 것이 본 법원의 판단이다.[15]

하지만 나중에 이런 조치들은 불필요한 과잉대응이었던 것으로 판명 나곤 했다. 일본인 강제수용은 두고두고 끔찍한 실수로 여겨지고 있으며 미국 정부의 공식적인 사과도 있었다.[16] 또 1차 대전 때에 비해 오늘날의 대법원은 전쟁 반대 발언을 훨씬 더 많이 보호한다. 매카시즘 시절 만연했던 공산주의자에 대한 공포도 지나친 과잉 반응이었던 것으로 기억되고 있다.[17] 최근 공개된 자료들에 따르면, 당시 매

2부 비상 시기

카시는 공산주의자들이 국내에서 야기하는 위협을 일부러 과장해 대중을 오도했던 것으로 보인다.[18] 요컨대, 국가 위기의 시기에 당국은 안보의 이름으로 국민에게 막대한 희생을 요구했고, 나중에 그런 희생은 종종 불필요했던 것으로 밝혀졌다.

그리고 역사는 반복된다. 9·11 이후, 정부는 사생활과 시민적 자유를 심각하게 희생시키는 조치들을 쏟아냈다. 미국에 거주하고 있는 '적국 전투원' 수천 명을 비밀리에 체포하면서도 그들이 누구인지 밝히기를 거부했다.[19] 이들은 기약 없이 수용소에 감금되었고 소명 기회, 변호인 선임, 외부와의 접촉 모두 허용되지 않았다.[20]

법원의 무력함도 과거와 마찬가지였다. 아프가니스탄 군사작전 당시 정부가 미국 시민권자인 야세르 함디를 '적국 전투원'이라며 구금한 사건에 대해, 연방 대법원은 대통령에게 그럴 권한이 있다고 판시했다. 「함디 대 럼스펠드Hamdi v. Rumsfeld」 사건에서 대법원은, 행정부의 권한이 적법절차 조항에 의해 제약을 받음에 따라 적국 전투원도 어느 정도의 개별 절차를 보장받지만 그 보장의 정도는 통상적인 경우와 다르다고 밝혔다. 적국 전투원 용의자도 "핵심 권리"는 보장받지만, "통상적인 상황에서만큼의 보호, 이 경우에서는 구금에 저항할 정도의 보호를 온전히 적용하는 것은 현실적이지도, 적절하지도 않을" 수 있다는 것이었다.[21]

이 정도로 심하게 자유를 박탈해야 했을까? 아직 논란이 있지만, 어느 정도 유용성이 있었다 치더라도 너무 지나친 조치였다는 것이 일반적인 견해이다. 2003년에 법무부 감찰관은 9·11 이후로 정부가 과잉 대응을 해왔고 많은 사람들을 부당하게 체포했다는 내용의 보고서를 작성한 바 있다.[22] 정부는 형사 고발도 없이 함디를 3년이나 독방에 감금하다가, 2004년에 갑자기 그가 더 이상 위협이 아니라며 석방했다.[23]

불필요한 희생 거부하기

안전을 위해 빌리 버드를 희생시키자는 비어 함장의 주장은 묘하게 설득력이 있어서 넘어가기 쉽다. 하지만 이런 주장들은 의심해보아야 한다. 우리에게 희생을 요구하면서 당국이 대는 이유가 안보와 안전이라면, 우리는 그 타당성을 더더욱 꼼꼼히 따져봐야 한다.

포스너 판사는 정부가 자유를 축소시키면서 과잉 대응을 하는 것이 위기 상황에서 벌어지는 일인 한, 크게 우려할 필요가 없다고 주장한다. "남북전쟁, 1차 대전(과 뒤이은 '적색 공포'), 2차 대전, 냉전 시기에 축소된 시민적 자유가 비상 시기 이후까지 그 상태로 이어지지는 않았기 때문"이라는 것이다.[24] 하지만 수없이 많은 결백한 시민들이 피해를 보았고, 때로는 그 피해가 매우 심각했다. 일본인 강제수용은 10만 명 넘는 사람의 자유를 박탈했다. 매카시즘 시대에는 공산주의자 색출 열풍 때문에 수많은 사람이 일자리를 잃었고, 몇 년 동안이나 블랙리스트에 올라 고용상의 불이익을 받았다.[25]

그런 실수가 불가피했다는 주장에 쉽게 넘어가지 말아야 한다. 그리고 그런 일이 다시 벌어지지 않게 할 방법을 강구해야 한다. 자유를 이미 침해당하고 있는 사람에게는 시계추가 곧 제자리로 돌아갈 것이라는 기대가 아무런 위안이 되지 않는다. 정부가 뒤늦게 과잉 대응이었음을 인정하고 사과한다고 해서 해결되는 문제가 아니다. 동일한 실수를 되풀이한다면 사과는 무의미하다.

물론 모든 희생이 다 부당한 것은 아니다. 때로는 시민적 자유와 권리가 축소될 필요가 있다. 그러나 정부가 그 필요성을 합당하게 설명했을 때에만 해당되는 말이다. 정부가 희생을 요구하는 조치를 제안할 때, 그 제안은 면밀한 조사를 거쳐야 한다. 위기 시의 판단은 공포로 왜곡될 수 있기 때문이다. 위협에 잘못된 방식으로 대응했던 수많은 사례들을 생각한다면, 우리는 불필요한 희생을 만들지 모르는 상황에 대해 특히 더 신중해야 한다.

시계추 논리는 '권리와 자유의 희생이 불가피하다'라고 보는 가정도 문제지만, 권리와 자유가 왜 중요한지에 대해서도 핵심을 잘못 짚고 있다. 자유를 지키는 것은 위기 때 더 중요하다. 자유가 가장 크게 위협에 처하는 시기이기 때문이다. 평화 시에는 불필요한 희생이 강요될 가능성이 적기 때문에, 시민적 자유의 보호를 절박한 사안으로 삼지는 않아도 될 것이다. 하지만 두려움에 판단이 흐려지고 시민들이 자유를 기꺼이 포기하려 할 때, 이때야말로 자유를 지키는 일이 절실하다. 지도자들이 빌리 버드를 처형하도록 내버려두지 않으려면, 위기 상황일수록 단호하게 권리를 지켜야 한다.

6장 국가안보 논리

　정부가 국가안보 사안을 다룰 때에는 일반범죄를 수사할 때보다 규제를 덜 받아야 한다고 주장하는 사람들이 많다. 국가안보상의 위험은 일반범죄가 제기하는 위험과 다르다는 것이다. 민주수호재단 Foundation for the Defense of Democracies 특별회원이자 전직 연방 검사였던 앤드루 매카시는 의회 청문회에서 다음과 같이 증언했다.

　우리는 헌법적 권리가 미국인들을 정부의 압제적인 행위로부터 보호하길 원합니다. 하지만 헌법적 권리가 전쟁에서 적이 미국을 공격하는 무기로 바뀌는 것은 원하지 않습니다. 일반적인 위법행위에 대해 미국인을 수사하거나 기소할 때는 정부가 압제적인 기법을 쓰지 않도록 법원이 강력하게 견제하길 원합니다. 하지만 미국인의 목숨을 노리고 미국인의 자유를 침해하려는 적들을 저지하기 위해 정부가 어떤 활동을 수행할 때, 그 활동의 효과성을 법원이 저해하는 경우라면, 우리는 그런 상황을 원하지 않으며 원해서도 안 된다고 생각합니다.[1]

'국가안보예외론'은 [국가안보활동에 대해서는] 수정헌법 4조가 요구하는 사항들이 완화되거나 없어져야 한다고 말한다. 또, 국가안보와 관련한 정부활동은 비밀리에 이루어져야 하며 타당성을 조사하는 절차도 면제되어야 한다고 말한다. 국가안보 사안은 정말 이렇게 특별 대우를 받아야 할까? 이 장에서 살펴보겠지만 국가안보 사안과 일반 범죄 사안의 구분은 너무나 모호하고 일관성이 없기 때문에, 국가안보 사안에 예외를 적용하자는 접근법은 제대로 작동할 수 없다.

국가안보법

1969년 '백표범the White Panthers'이라는 모임의 설립자 세 명이 미시건의 CIA 사무실에 폭탄을 터뜨렸다. [이름이 주는 이미지와 달리] 백인우월주의자들은 아니었고, 오히려 [급진 흑인운동단체] 흑표범당Black Panther Party의 취지를 지지하는 사람들이었다. 또 모든 것이 공짜여야 하고 화폐가 폐지되어야 한다고 주장하는 등, 급진 무정부주의자들의 목표를 옹호하기도 했다. 백표범은 선언문에서 이렇게 밝혔다. "우리는 모든 이의 완전한 자유를 요구한다! 그때까지 우리는 멈추지 않을 것이다. (…) 로큰롤이 우리 공격의 선봉에 설 것이다. 로큰롤은 매우 효과적이고 재미있기 때문이다."[2]

폭탄을 터뜨린 사건을 수사하는 과정에서 정부는 이들 중 한 명의 전화를 도청했다. 수정헌법 4조가 요구하는 '상당한 이유에 의한 영장' 없이 이루어진 도청이었다.

이 사건은 1972년 대법원에 올라왔다. 닉슨 행정부는 백표범의 폭탄테러가 국가안보상의 위협이었기 때문에 정부의 수사활동이 수정헌법 4조의 제약을 받지 않는다고 주장했다. 헌법이 대통령에게 "미국 헌정을 유지하고 지키고 수호하기 위해" 국가안보와 관련해 특별한 권한을 부여했으며, 이 권한은 수정헌법 4조의 통상적인 제약을 받지 않는다는 논리였다.[3]

대법원은, 안보를 위해서라면 수정헌법 4조가 보장하는 시민적 권리를 대통령이 무시할 수 있다는 닉슨의 주장을 받아들이지 않았다.

> 본 법원은 이 사건이 수정헌법 4조의 기준에서 이탈해도 되는 상황이었다고 보지 않는다. 이 사건에서 묘사된 상황은, 국내 감시활동이 법원의 사전 검토를 완전히 면제받을 수 있는 경우였다고 보기 어렵다. 범죄 수사를 위해서든 지속적인 첩보수집을 위해서든, 정부의 감시는 헌법이 보호하는 발화의 사생활을 침해할 위험이 있다. 국내 안보라는 개념이 가진 내재적인 모호성, 첩보활동의 지속성과 광범위성, 그리고 정치적 반대 세력을 감시하는 데 남용하고자 하는 유혹 등을 생각할 때, 안보를 위한 감시는 특히 더 민감한 문제이다. 언제나 그랬듯이 본 법원은 대통령의 국내 안보 수호 역할이 헌법에 기초하고 있음을 인지하고 있다. 하지만 그 역할은 수정헌법 4조에 부응하는 방식으로 행사되어야 한다. 이 사건의 경우, 정당한 영장 청구 절차가 필요했다는 것이 본 법원의 판단이다.[4]

대법원은, 단 국가안보 사안의 경우 실질적인 고려 사항들에 따라 수정헌법 4조가 요구하는 절차가 약간 다를 수는 있다고 덧붙였다.[5] 즉, 각각의 상황이 구체적으로 필요로 하는 바에 따라 수정헌법 4조의 규제가 유연하게 적용될 수 있다는 것이다.

대법원이 국가안보예외론을 거부하기는 했지만, 이 논리는 여전히 흔하게 제기되고 있다. 그리고, 법학자 스티븐 블라덱이 지적했듯이, 국가안보라는 개념은 법을 왜곡하는 결과를 가져온다. 블라덱은 "국가안보에 대한 고려 사항들이 민형사 전반에 걸쳐 사법적 의사 판단에 영향을 미치고 있다"라고 언급했다.[6] 국가안보 논리는 시민적 자유와 권리를 직접적으로 없애지는 않더라도 심각하게 약화시킨다. 또한 이 논리는 행정부의 판단을 존중해야 한다는 주장(3장에서 보았듯이 타당성이 없는 주장이다) 및 정부활동을 기밀로 유지해야 한다는 주장과 나란히 나오는 경우가 많다.

'국가안보'란 정확히 무엇인가

1999년에 고등학생 에릭 해리스와 딜런 클레볼드가 덴버 인근의 콜럼바인고등학교에서 총기를 난사했다. 13명이 숨지고 21명이 다쳤으며, 해리스와 클레볼드는 자살했다. 이 범죄는 총, 공포$_{terror}$, 대량 살상, 폭탄, 가해자의 자살과 같은 요소를 갖추고 있지만 국가안보 사안으로 분류되지 않았다.

반면, 2002년에 정부는 호세 파딜라를 주요 도시 한 곳에 '더러운 폭탄'*을 터뜨리려 모의한 용의자로 지목했다. 파딜라는 '적국 전투원'으로 간주되어, 몇 년이나 구금된 채 고문을 당했다. 형사 고발도, 소명의 기회도 없었다. 나중에 '더러운 폭탄' 혐의는 기각되었고, 파딜라는 테러리스트 지원 물자를 제공하는 데 공모한 혐의로 기소되어 7년형을 받았다.[7] 파딜라는 미국 시민권자였다. 왜 파딜라 사건은 국가안보 사안이고 콜럼바인 사건은 그렇지 않은가?

국가안보 범죄와 일반범죄의 경계는 상당히 모호하다. 2002년 메릴랜드, 버지니아, 워싱턴 일대에서 10명을 죽이고 3명에게 중상을 입혔던 '순환도로 연쇄 저격범Beltway snipers'은 어떠한가? 오클라호마시티 앨프리드뮤러 연방 정부청사에 폭탄을 터뜨려 168명을 숨지게 한 티모시 맥베이는? 이런 사건들은 일반범죄인가, 국가안보상의 범죄인가? 여기에 유의미한 차이점이 있는가?

국가안보 범죄와 일반범죄는 어떻게 구별할 수 있을까? 피해자의 수를 세어보는 것이 한 가지 방법이 될 수 있을 것 같다. 일반범죄보다 피해자가 많으면 안보 위협이라고 간주하는 것이다. 그런데 이렇게 하면 연쇄살인범은 안보 위협이 되고 대통령 암살을 기도한 사람은 일반범죄자가 되는 문제가 생긴다. 또, 정확히 몇 명을 기준으로 일반범죄와 안보 위협이 구별되어야 하는지도 불분명하다.

또 다른 구별법으로는 공격에 사용한 수단이 무엇이었는지를 볼 수도 있을 법하다. 폭탄이 사용되었다면 국가안보 위협일 가능성이

---

* dirty bomb. 방사능 물질이 있는 폭탄.

2부 비상 시기

클 것이다. 하지만 건물에 폭발물을 설치하겠다는 위협은 늘 있던 일이고, 불만을 품은 노동자들의 공갈이었던 경우가 많았다. 이런 것들을 국가안보 사안으로 봐야 하는가? 최근 한 남성이 소득세에 반대하며 국세청 건물에 비행기를 몰고 돌진했다. 정부 건물에 비행기로 돌진했으니 국가안보 사안인가? 테러리스트도 일반범죄에 쓰이는 도구를 얼마든지 사용할 수 있다는 점에서, 공격 수단을 기준 삼아 구분하는 방법도 문제가 있다.

국가안보 사안과 일반범죄를 구별하기는 매우 어렵다. 특히 혐의자가 미국 시민권자일 때는 더욱 어려워진다. 국가안보 위협도 범죄의한 종류이다. 물론 매우 심각한 종류의 범죄이긴 하지만, 범죄 수사 시에 정부는 범죄의 경중 여부를 떠나 정보수집활동에 규제를 받는다. 그리고 이러한 규제는 경직적이지 않아서 긴급·특수 상황에서는 정부에 유연하게 여러 여지를 허용한다.

'국가안보' 언급의 남용

'국가안보'라는 말은 감시활동을 정당화하기 위해서뿐 아니라 정부 기록을 기밀로 유지하거나 시민적 자유를 침해하는 것을 정당화하기 위해서도 남용되어왔다. 2차 대전 때의 일본인 강제수용처럼, 공권력이 남용된 사례들이 국가안보라는 이름으로 수없이 승인되었다. 「미국 대 에릴리크먼United States v. Ehrlichman」 사건을 판결하며 법원이 언급했듯이, 워터게이트 건물을 무단 침입했을 때도 국가안보를 내세워 정부 권한이 남용되었다. "당국이 소위 '국가안보상'의 정보를 캐기 위해 수색을 진행할 때, 수색을 담당할 당국자 본인들에게 그 수색의 적절성과 타당성에 대한 판단을 맡기는 것은 매우 위험하다. 본 사건에서 행해진 무단 침입이 이를 잘 보여준다."[9]

정부는 난처하거나 스캔들로 비화될 소지가 있는 문서를 감추기 위한 핑계로도 '국가안보상의 우려'라는 이유를 활용한다. 이런 문서들은 나중에 국가안보에 아무런 해가 되지 않는 내용으로 판명 나곤 했는데, 베트남전에 미군과 정치권이 어떻게 개입했는지 조사한 국방부 보고서 '펜타곤 문서Pentagon Papers'가 그런 사례이다.[10] 보고서 작성에 참여한 대니얼 엘스버그가 《뉴욕타임스》에 이 문서를 넘기자, 정부는 이것이 공개되면 "미국의 안보에 중차대하고 즉각적인 위험"을 일으킬 것이라며 게재를 막으려고 했다.[11] 하지만 이 주장은 거짓이었다. 연방대법원이 정부의 주장을 받아들이지 않으면서 펜타곤 문서는 공개되었고, 국가안보에는 아무런 피해가 없었다. 정부 쪽 의견서를 작성한 에드윈 그리스월드 법무차관도 펜타곤 문서에 "국가안보에 위협이 될 어떤 흔적도" 없었다는 것을 나중에 인정했다.[12] 정부가 국가안보 위협 운운하며 제기했던 무시무시한 주장은 과장이었다. 펜타곤 문서의 공개를 막아서 베트남전에 대해 정부가 말해온 기만적인 주장들이 드러나지 않게 하려는 방편이었을 뿐이다.

9·11 이후로 정부는 '국가기밀특권'이라는 전술을 구사하기 시작했다. 소송에서 어떤 증거가 기밀 정보를 드러낼 가능성이 있을 경우, 그 증거를 배제하라고 요구하는 것이다.[13] 정부는 자신이 소송 당사자가 아닌 경우에도 소송에 끼어들어서 기밀특권을 주장할 수 있다. 그리고 대부분의 경우, 그 증거 없이는 원고가 사건을 입증할 수 없기

때문에 소송 자체가 기각된다. 조지워싱턴대학교 국가안보 문서보관 소장 톰 블랜튼은 "국가기밀특권은 마치 '중성자탄' 같아서, 소송 자체를 효과적으로 쓸어버린다"라고 지적했다.[14]

칼레드 엘-마스리 사건이 그런 사례이다. 독일 시민권자인 칼레드는 CIA요원에 의해 유럽에서 납치되어 용의자이송rendition이라 불리는 절차에 따라 아프가니스탄의 비밀 감옥으로 옮겨져 고문을 당했다며 CIA를 상대로 소송을 제기했다. 칼레드는 "이송 도중에 구타, 약물 강제 복용, 포박, 눈가림 등이 있었고, 협소하고 비위생적인 감옥에 갇혔으며, 수차례에 걸쳐 심문당했고, 가족을 포함해 구금시설 외부에 있는 누구와의 소통도 거부되었다"라고 주장했다. 언론들에 따르면, 그는 "구토가 날 정도로 썩은 물을 억지로 마셔야 했고, 추운 계절을 담요 한 장으로 보내야 했으며, 닭 뼈와 껍질을 먹어야 했다". 5개월 후에 CIA는 엉뚱한 사람을 잡아왔다는 것을 알게 되었고 칼레드는 풀려났다. 언론에 보도된 익명의 CIA 관계자에 따르면, CIA가 "[테러에 대해] 아무런 정보도 가지고 있지 않은 사람들을 실수로 지목하곤" 했으며, "아주 많은 경우에, 잡혀온 사람들은 기껏해야 (테러와) 아주 모호한 연관성만을 가진 사람들이었다".[15]

칼레드는 "불의가 자행되었음을 [CIA가] 인정하기를" 원한다며, "해명과 사과"를 요구했다. 그러나 정부는 국가기밀특권을 내세워 이 소송이 즉시 기각되어야 한다고 주장했고, 제4항소법원도 이에 동의했다. 제4항소법원은, 소송 내용에 대해 정부가 변론을 하려면 칼레드의 심문 과정을 상세하게 밝혀야 하는데 이는 국가기밀 노출에 해당한다고 설명했다.[16]

소송을 기각하지 않으면서 민감한 정보를 보호할 방법이 정말로 없었을까? 그랬을 것 같지는 않다. 칼레드가 짚었듯이, 많은 상세사항이 이미 언론에 보도된 상태였다. 하지만 법원은 소송이 계속 진행되면 'CIA의 조직, 직원 구성, 민감한 정보작전에 대한 지휘 방식' 등까지 노출될 것이라고 판단했다. 또, 칼레드는 소송에 제출되는 증거를 변호사와 판사만 볼 수 있게 하고 자신의 변호사는 비밀 취급 인가를 받으면 된다고 했지만, 법원은 판사 혼자만 열람하는 것도 안 된다고 결론 내렸다.[17]

칼레드의 소송은 이런 식으로 검열되어서는 안 되었다. CIA가 불법적인 심문과 고문을 자행했다면 어떤 식으로든 점검과 관리를 받아야 한다. 그런데 국가기밀특권은 CIA가 그런 짓들을 저질러도, 그것도 불법적으로 저질러도, 사실상 면죄부를 받을 수 있게 만든다.

국가기밀특권의 효시가 된 사건 자체가 국가기밀 주장이 남용된 사례였다. 「미국 대 레이놀즈United States v. Reynolds」 사건으로, 미 공군기가 비행 도중 폭발했는데 네 명만 낙하산으로 안전하게 탈출하고 아홉 명이 숨진 사고에 대한 소송이었다. 사망자 중 민간인이 세 명 있었는데, 그 유가족들이 정부에 대해 배임 혐의로 소송을 제기했다. 일반적으로 민사소송에서는 원고가 사건 관련 서류를 열람하는 것이 허용된다. 이 사건의 원고들은 당연히 공군의 사고 보고서를 포함해 이 사고에 관련된 증거들을 보고자 했다. 하지만 정부는 국가안보를 이유로 원고의 자료 열람을 허용하지 않았다. 그 자료들이 공개되면 국가안보를 저해한다는 것이었다. 정부의 이런 주장이 타당한지 판단하기 위해 판사가 자료들을 보는 것조차 허용되지 않았다.

2부 비상 시기

대법원은 국가기밀특권 주장을 받아들였다. "공군성 장관이 공식적으로 기밀특권 요구를 제출했고 군사기밀이 관련되어 있다고 볼 합당한 이유가 존재한다면, 추가적인 서류 열람 요구를 거부할 권한이 있음을 충분히 입증한 것이라고 인정해야 한다."[18] 대법원은 정부의 주장을 그대로 '존중'했다. 실제로 대법원은 사고 보고서조차 읽지 않았다. 47년이 지나 이 보고서가 기밀에서 해제된 후 살펴보니 여기에는 아무런 기밀 사항도 없었다. 보고서에 담긴 것은 정부가 정말로 배임을 저질렀음을 보여주는 내용들이었다. 이 사건을 다룬 저서에서, 의회도서관 선임연구원 루이스 피셔는 정부가 서류의 속성을 "거짓으로 묘사해서" 법원을 "오도한" 것이라고 지적했다.[19]

어떤 경우에는 정부가 특정 정보를 기밀로 유지해야 할 합당한 이유가 있을 것이다. 하지만 지금은 '국가안보'를 들먹이면서 정부가 자신의 치부를 드러낼 정보를 너무나 쉽게 숨겨버린다. 정부가 기밀을 주장하는 이유가 '국가안보'일 경우, 그 타당성을 더더욱 엄정히 조사해 판단해야 한다.

'국가안보' 남용을 통제하기

국가 수호의 역할을 수행하도록 대통령에게 막강한 권한이 주어진 것은 맞지만 그 권한의 행사는 조심스럽게 제한되어야 한다. 그렇지 않으면 대통령이 헌법적 권리 및 기타 법이 국민에게 보장하는 보호를 피해가려 할 때 그것을 막을 수가 없다. 국가안보라는 모호한 개념은 정부가 규제·감독·책무에서 벗어나는 것을 정당화하는 데 너무나 자주 동원된다.

국가안보 운운하는 주장이 제기될 경우, 적어도 상당한 의심을 가지고 그 타당성을 따져보아야 한다. 또 의회는 10년에 한 번씩(인구총조사가 실시되는 해마다 한다든가 해서) 정부의 기밀유지 요구와 국가안보 명목으로 행해지는 정부활동에 대해 전면적인 조사를 실시해야 한다. 1975년에 의회가 처치 위원회를 통해 그런 조사를 진행한 적이 있었다. 처치 위원회의 조사 보고서는 정부의 감시활동이 남용되고 있음을 드러냈고, 이는 상당한 개혁과 법적 보호 강화로 이어졌다. 또 해외정보감시법이 만들어지는 기반이 되기도 했다. 이러한 점검과 조사는 주기적으로 행해져야 하고 더 자주 행해져야 한다. 그래야 국가안보의 이름으로 이루어지는 정부의 활동에 투명성과 책무성을 부과할 수 있을 것이다.[20]

7장 범죄-첩보의 구분

일반범죄를 수사하는 경우와 해외첩보를 수집하는 경우에 정부는 각기 다른 사법적 규율을 적용받는다. 대체로 범죄 수사를 규율하는 규칙이 첩보수집을 규율하는 규칙보다 엄격하다. 이러한 범죄-첩보 구분은 오랫동안 잘 유지되어왔다.

범죄 수사와 첩보수집은 성격이 다르기 때문에 '범죄-첩보의 구분'은 타당하다. 첩보수집을 규율하는 규칙은 정부에 더 많은 여지를 허용한다. [범죄 수사에서보다] 더 폭넓게 감시를 할 수도 있고, 더 많은 활동을 기밀로 유지할 수도 있다. 반면, 수사를 규율하는 규칙은 더 엄격하고 더 많은 투명성을 요구한다. 수사 과정에서 시민의 권리와 자유가 부당하게 침해되는 일을 막기 위해서이다.

그런데 9·11 이후, 대테러활동에는 수사 규율이 아니라 첩보 규율이 적용되어야 한다는 주장이 안보강화론자들 사이에서 제기되었다. 테러를 다룰 때는 수사에 필요한 정보도 수집하지만 해외첩보도 수집하게 된다는 것이 그 근거였다. 실제로 테러 수사는 범죄 수사와 첩보수집 중 어느 쪽이라고 딱 잘라 말하기 어렵다. 범죄-첩보 구분이 대테러활동에서 정부기관 간 정보 교류를 방해한다는 비판도 많았다. 이런 주장에 힘이 실리면서 최근 범죄-첩보 구분을 크게 잠식하는 방향으로 법이 많이 바뀌었다.

하지만 이 구분은 견고하게 유지되어야 한다. 두 영역을 분리하는 것은 수사와 첩보라는 상이한 정부 기능 사이에 균형을 세우는 일이다. 첩보활동을 규율하는 규칙은 은밀한 첩보의 세계를 규제하도록 고안되었기 때문에, 시민의 자유와 권리를 지키기에는 부적절하다. 범죄-첩보 구분이 없어지면 첩보를 규율하는 느슨한 규칙이 나머지 대부분의 영역을 규율하는 엄정한 규칙을 대체해버리게 된다.

두 가지의 규율체제

수정헌법 4조

수정헌법 4조는 정부가 수색이나 감시를 행할 때 의무적으로 법원의 감독과 규율을 받도록 한다. 일반적으로, 정부는 수색이나 감시를 통해 범죄의 증거를 찾을 가능성이 크다는 점을 법원에 납득시켜야 한다. 해외첩보활동을 수정헌법 4조의 규제를 받지 않아도 되는 특별한 범주의 감시로 볼 수도 있을 것이라고 대법원이 언급한 바 있지만, 아직 명확한 결론은 내려지지 않았다.[1]

첩보수집은 범죄 수사와 상당히 다르기 때문에 별도의 규칙으로 규율하는 것이 합리적이다. 미국에서 활동하는 외국 첩보원이 있을 때, 정부는 그가 범죄에 연루된 게 아니더라도 그의 행적을 파악해야 할 것이다. 그런데 '범죄 증거를 찾을 가능성이 크다는 점'을 설명해야만 수색이나 감시가 허용된다면 첩보수집에 막대한 장애가 될 수 있다. 냉전 시기 워싱턴의 소련 대사관은 첩보 싸움의 주요 무대였다. 미국의 정보 당국은 주미 소련 대사의 활동을 알아내기 위해 옆집에서 염탐을 하거나 땅굴을 뚫는 등 각종 수단을 동원했다. 소련 대사에게 범죄 혐의가 있어서가 아니라 첩보·방첩활동의 일환으로 이루어진 일이었다.

연방 법률

연방 법률은 오랫동안 수사 규율과 첩보 규율을 구분해왔다. 정부가 수사 과정에서 전자감시를 할 경우에는 전자통신사생활보호법 ECPA의 적용을 받으며, ECPA는 사생활 보호의 강도가 높다. 정부는 전자감시로 범죄 증거를 찾을 수 있다고 보는 이유를 법원에 제시해야 하고, 다른 방법은 왜 효과적이지 않은지도 설명해야 한다. 타당성이 인정되면 법원은 법원명령을 발부하며, 이때도 사건과 무관한 사람의 발화를 듣게 되는 일을 최소화하도록 요구한다.

첩보활동을 규율하는 법률은 따로 있다. 1978년에 통과된 해외정보감시법FISA이다. 이 법은 미국 내에서 해외정보를 수집하는 활동을 규율하는데,[2] ECPA보다 허용 범위가 넓다. FISA하에서 법원명령을 통해 전자감시나 비밀수색을 할 수 있는데, 발부 요건이 ECPA하에서보다 덜 까다롭다. 법원명령 발부 여부는 해외정보감시법원FISC에서 판단하는데, 이는 11명의 연방 판사로 구성되며 비공개로 열린다. 정부는 여기에 출석해 법원명령 청구 이유를 설명해야 하고, 법원명령이 발부되지 않으면 세 명으로 구성된 판사단에 이의를 제기할 수 있다.

FISA하에서 적용되는 규율은 일반적인 범죄 수사 시에 적용되는 규율보다 느슨하다. 범죄 수사에서는, 감시를 통해 범죄 증거를 찾을 수 있으리라고 보는 상당한 이유가 있어야만 법원의 허가를 받을 수 있다. 반면, FISA하에서는 감시 대상자가 '외국 세력'이거나 '외국 세력의 요원'이라고 볼 상당한 이유만 있으면 된다.[3] 즉, FISA하에서는 대상자의 범죄 혐의와 상관없이 감시를 행할 수 있다. 그리고 FISA하에서 승인되는 감시는 ECPA하에서보다 광범위해서, 정부는 더 많은 감시를 더 적은 감독하에서 수행할 수 있다. FISA는 감시 기간을 ECPA가 허용하는 것보다 서너 배 길게 줄 수도 있다. 그리고 ECPA 체제에서는 감시 대상자에게 어느 시점엔가 감시 사실을 고지해야 하지만, FISA체제에서는 대상자 몰래 무기한 감시를 해도 무방하다. 재판이 이루어지는 경우에도 ECPA는 피고[피감시자]가 감시의 이유가 적힌 문서를 열람하도록 허용하지만, FISA는 이를 허용하지 않는다.[4]

FISA '장벽'

예전에는 FISA의 적용 범위를 첩보활동으로만 엄격하게 한정함으로써 ECPA체제와 FISA체제를 분리했다. 범죄 수사 중인 당국자가 더 느슨한 FISA체제하에서 용의자를 감시하고 싶다 해도 그럴 수 없었다. FISA의 적용을 받으려면 감시나 수색의 우선적 목적이 해외첩보수집이어야 하므로, 범죄 수사가 주된 목적인 당국자가 FISA체제를 활용하는 것은 허용되지 않았을 것이고 따라서 그는 ECPA의 규율하에서 수사를 해야 했을 것이다.

두 체제가 완전히 분리되어 있었던 것은 아니다. 첩보요원이 FISA 체제하에서 첩보를 수집하다가 우연히 범죄 사실을 알게 된 경우에는 범죄 수사요원에게 이 정보를 알려줄 수 있었다. 한번은 FBI가 미주리 주에서 자인 하산 이사와 그의 아내 마리아 마티아스를 감시하고 있었다.[5] 자인은 귀화한 미국 시민권자였지만 FBI는 그가 팔레스타인해방기구PLO의 요원이라고 의심하고 있었다. FBI는 FISA에 의거해서 법원명령을 받았고 자인의 집에 도청장치를 설치했다. 앞서 말했듯이, FISA의 절차는 ECPA의 절차보다 감시 대상자에 대한 보호 수준이 낮다. 만약 FBI가 이사에게 범죄 혐의가 있다고 생각해 수사를 하려는 것이었다면, ECPA와 수정헌법 4조에 의거해 더 엄격한 절차를 밟았어야 한다. 어쨌든 그때 FBI는 범죄 증거를 찾는 중이 아니라 해외첩보를 수집하는 중이었다.

어느 날 저녁, FBI의 도청장치에 자인과 마리아가 16살짜리 딸 티나와 언성을 높이며 싸우는 소리가 녹음되었다. 티나가 부모 말을 안 듣고 맘대로 남자친구를 사귀어서 이사와 마리아는 매우 분노한 상태였다. 갑자기 자인이 이렇게 외쳤다. "자, 내 딸아, 오늘이 네 마지막 날이다. 너는 오늘 밤 죽을 것이다!"

"네?" 티나가 놀라서 물었지만 마리아는 티나를 바닥에 넘어뜨렸고, 자인이 칼을 들고 다가왔다. 자인은 "조용히 해, 이것아! 죽어라. 내 딸아, 죽어!"라고 말하면서 티나의 흉부를 수차례 찔렀다. FBI는 녹음 기록을 미주리 주 경찰에 넘겼고, 이 테이프는 자인 하산 이사 부부를 살인죄로 기소하는 데에 증거로 사용되었다. 그들은 사형을 선고받았다.[6]

이들 부부는 녹음물이 FISA체제에 따라 수집된 것이기 때문에 법원에서 증거로 사용될 수 없다고 주장했다. 하지만 법원은 이 주장을 기각했다. 법원명령을 받았을 당시에는 FBI의 목적이 범죄 수사가 아니었으므로, FISA의 남용이 아니라는 것이었다. FBI는 첩보수집 중에 우연히 범죄 사실을 알게 되었을 뿐이므로 그것을 증거로 사용하지 말아야 할 이유는 없었다.[7]

하지만 정부가 처음부터 첩보와 수사 둘 다에 동시에 관여하게 되는 사건도 있다. 특히 테러 사건을 조사할 때 그런 경우가 많다. 이런 상황에서는 정부가 어떻게 해야 하는가? 예전에, FISA의 범위가 제한적이던 때에는 '장벽'이라고 부르는 조직 구조가 사용됐다. 수사를 담당하는 사람과 첩보를 담당하는 사람을 분리하는 것이다. 수사 담당자가 첩보 담당자를 시켜 수사에 필요한 정보를 얻어 오게 하는 것을 막기 위한 제도였다. 그것은 범죄-첩보의 구분을 피해갈 뿐 아니라 수정헌법 4조가 요구하는 절차도 피해가는 행위이기 때문이다. 물론 자인 하산 이사의 경우처럼 첩보 담당자는 언제든 첩보수집 과정에서 얻은 범죄 증거를 수사 담당자에게 넘길 수 있었다. FISA장벽의 핵심은, 수사 담당자가 [더 느슨한 규율을 적용받는] 첩보 담당자를 [수사 목적을 위해] 지휘하지 못하게 하는 것이었다.

옅어지는 구분

그런데 9·11테러 이후, 안보강화론자들로부터 FISA장벽 탓에 정부기관들이 9·11 직전에 정보들을 적절히 공유하지 못했다는 비난이 일었다. 헤리티지재단 연구원 폴 로젠츠바이크는 FISA장벽이라는 "인위적인 제약"이 "옛 시대의 유물"이며, 테러 위협을 다루기에 부적절하다고 주장했다.[8] 부시 행정부의 반테러정책을 세우는 데 일조한 존 유도 FISA장벽이 정보 공유를 방해하면서 "9·11을 막아내지 못하게 만든 커다란 요인" 되었다고 비난했다.[9] FISA장벽을 비판하는 사람들에 따르면, 9·11 직전 여름에 이미 FBI와 CIA가 테러리스트들 중 몇몇을 감시하고 있었다. 그런데 FISA장벽 때문에 정보 공유가 허용되지 않으리라고 지레 생각한 FBI요원들이 다른 기관에 정보 공유를 거부한 일이 있었다는 것이다.[10]

부시 행정부는 의회에 압력을 넣어서 결국 FISA의 범위를 확대하고 FISA장벽을 없앴다. 전에는, 해외첩보수집이 해당 감시활동의 '본래 목적'인 경우에만 FISA를 적용할 수 있도록 한정되어 있었다. 그런데 애국법이 통과되면서, FISA의 적용 범위는 해외첩보수집이 해당 감시활동의 '중요한 목적'일 경우로 확대된다.[11]

작은 차이 같아 보여도 그렇지 않다. '본래 목적'에서 '중요한 목적'으로 문구가 달라지면서, 감시나 수색의 1차적 목적이 해외첩보수집이 아니어도 상관없어졌다. 여러 목적들 중 하나로 해외첩보수집이 포함되기만 하면, 정부활동을 더 느슨하게 규제하는 FISA체제를 활용해 감시활동을 벌일 수 있게 된 것이다. 법 개정 이후 법무장관

존 애슈크로프트는 FISA장벽을 사실상 없애버렸다. 이제 정부는 범죄 수사가 주요 목적인 경우에도 다른 목적을 하나만 더 갖다 붙이면 FISA체제하에서 감시활동이 가능해졌다.[12]

이러한 변화에는 심각한 문제가 있다. 테러를 조사하는 정부의 활동은 그 범위가 넓고 여러 목적을 가진 경우가 많기 때문이다. 이제 FISA체제하에서 획득한 정보도 형사소송에 쓸 수 있으므로, 수사 당국은 까다로운 ECPA를 피해가는 방편으로 FISA를 점점 더 많이 사용하게 될 것이다. 하지만 FISA의 느슨한 규칙은 범죄 수사를 규율하기에 부적절하기 때문에 범죄-첩보의 구분은 유지되어야 한다. 첩보는 광범위한 정보를 수집하는 것이 목적이고 FISA의 규율은 이런 목적에 맞게 만들어졌다. 이와 달리 ECPA의 규율은 감시 대상자의 사생활을 보호하려는 목적하에 만들어진 규율이다. 정부는 대상자의 범죄 연계 가능성을 법원에 먼저 설명해 감시활동의 정당성을 입증해야만 한다. 즉, 당신이 실제로 의심스럽다는 것을 정부가 사전에 어느 정도 입증해야만 당신을 감시할 수 있다. 하지만 FISA는 광범위한 정보수집이 목적이므로, 당신은 완전히 결백한 경우에도 감시 대상이 될 수 있다.

FISA의 비공개적 특성 때문에 문제는 더 심각해진다. FISA하에서는 전 과정이 정부와 법원 사이에 비공개로 이루어진다. 정부에 대해 반대 주장을 펼 수 있는 사람은 해외정보감시법원에 참석하지 않는다.[13] 국가안보법 전문가인 윌리엄 뱅크스와 M. E. 보먼이 지적했듯이, "FISA 절차의 비공개성과 FISA 감시에 대한 사법적 검토의 축소로 인해, 헌법적 권리를 침해하는 감시활동이 아무런 제재 없이 자행

될 가능성이 있다".[14] FISA체제의 비공개성은 첩보활동상의 필요성 때문에 생긴 것이지, 수사활동상의 필요성 때문에 생긴 것이 아니다. 정부의 활동이 아무런 제약 없이 비공개로 유지되면, 국민이 정부활동을 파악하거나 평가할 수 없게 된다. 특히 이는 정부활동으로 권리와 자유가 침해되고 있을 때 큰 문제가 된다.

따라서 ECPA의 영역(범죄 수사)과 FISA의 영역(첩보)은 구분되어야 한다. FISA체제의 광범위한 감시 권한이 수사활동을 견제하고 제한할 수단들을 약화시키기 때문이다. 첩보를 규율하는 규칙은 대상자가 불법을 저지른다는 혐의가 없을 때도 강도 높고 비밀스런 감시를 할 수 있게 허용한다. 이런 규칙이 범죄 수사의 영역에서 표준이 되어서는 안 된다. 수정헌법 4조가 자유와 사생활을 보호하는 방식과 충돌하기 때문이다. 범죄 수사의 영역에서는 정부의 정보수집에 제약이 있어야 하고, 정부가 공공에 대해 책무를 져야 하며, 범죄의 의심이 있는 경우에만 수사와 감시활동을 벌여야 한다.

국내 범죄 수사를 맡는 FBI와 해외첩보를 맡는 CIA가 별도로 세워진 데는 이유가 있다. 나치 독일의 게슈타포와 소련의 KGB 같은 전체주의 정권의 정보기관에는 범죄-첩보의 구분이 없었다. CIA를 만들 때 트루먼 대통령은 "어떤 모습으로든, 어떤 이유에서든, 이 나라는 게슈타포가 생기는 것을 원치 않는다"라고 언급한 바 있다.[15] 게슈타포가 시민을 상대로 자행한 것과 같은 광범위한 염탐을 막으려면 범죄-첩보의 구분이 꼭 필요하다.

브랜든 메이필드 사건

브랜든 메이필드 사건을 보자.[16] 2004년에 스페인 마드리드에서 열차 폭탄테러가 발생해 191명이 목숨을 잃었다. 스페인 경찰은 현장에서 폭발물이 든 비닐봉지를 발견했고, 여기에서 지문을 몇 개 찾아냈다. FBI는 방대한 지문 데이터베이스를 검색해서 수사를 지원했고, 지문이 일치하는 것 같은 사람을 몇 명 발견했다. 그중 한 명이 브랜든 메이필드였다. 메이필드는 미국 시민권자였고 아내와 세 아이와 함께 오리건 주 포틀랜드에 살고 있었다. 군인 출신인 그는 변호사로 일하고 있었으며, 이집트 출신 아내를 만나 이슬람교로 개종한 상태였다. 당시 나이는 38세였다.

FBI는 비닐봉지의 지문과 메이필드의 지문이 일치한다고 보고, 메이필드와 가족들을 공공장소에서 감시하기 시작했다. FBI는 수사를 진전시키려면 가택수색과 전자감시가 필요하다고 판단해 FISA에 의거해 법원명령을 청구했다. 법원은 명령서를 발부했고, FBI는 메이필드의 집을 몰래 수색하고 집에 도청장치를 달았으며 사무실 전화와 집 전화를 도청했다. FBI가 실수로 침입 흔적을 남기는 바람에 메이필드와 가족들이 강도가 들었다고 생각해 겁에 질리는 일도 있었다.

결국 메이필드는 체포되었는데 구금된 동안 가족 접견을 할 수 없었다. FBI는 메이필드의 지문을 스페인 경찰에 넘겼다. 하지만 스페인 경찰은 비닐봉지의 지문과 차이점이 여러 군데 있다며 지문이 불일치한다는 답변을 보내왔다. 나중에 스페인 당국은 비닐봉지의 지문과 일치하는 알제리인을 찾아낸다.

FBI는 메이필드를 석방하고 그와 그의 가족에게 사과했다. 메이필드는 정부를 상대로 소송을 제기했고, 합의를 통해 200만 달러의 보상금과 FISA하에서 수집한 정보를 폐기하겠다는 약속을 받아냈다.

메이필드에 대한 수사가 FISA 체제하에서 이루어져야 했을까? 그는 미국 시민권자였고 감시의 초점은 명백히 범죄 수사였다. 메이필드는 지난 10년간 해외에 나간 적도, 체포된 적도 없었다. 그런데도 정부는 수사에 적용되는 엄격한 규칙이 아니라 첩보에 적용되는 느슨한 규칙을 활용했다.

이 때문에 메이필드는 미국인이 범죄 혐의자 신분일 때 보장되는 기본적인 보호를 받지 못했다. 이 사건은 수사-첩보의 구분이 흐릿해질 때 당국의 행위에 대한 규율이 약화되고 시민의 자유와 권리가 위협에 처할 수 있음을 보여준다.

범죄-첩보의 구분은 왜 다시 세워져야 하는가

FISA의 범위는 확대되지 말았어야 했다. 9·11 공식 보고서9/11 Commision Report에 따르면, 9·11 직전 시기에 정부기관들 사이에 정보가 공유되지 못했던 이유는 요원들이 "첩보망을 통해 수집한 정보의 사용 및 공유에 관한 규칙들을 잘 몰랐기" 때문이었다.[17] FISA 장벽이 과도한 제약을 부과해서가 아니라, 요원들이 FISA 장벽과 관련된 규율을 잘 숙지하지 못해서 문제였던 것이다. 그렇다면, 합당한 대응은 요원들을 잘 교육하는 것이어야지 FISA의 범위를 넓히고 장벽을 무너뜨리는 것이어서는 안 된다.

그런데도 전 법무부 차관보 데이비드 크리스는 FISA 장벽을 없애는 것을 지지했다. 그는 수사요원들이 첩보요원들에게는 부족할 수도 있는 전문성과 권한을 가지고 있으므로 첩보수집에 크게 도움이 될 것이라고 주장했다.[18] 이 말이 옳다 해도, 미국 시민이 대상일 때 수사요원이 지나치게 개입하면 범죄-첩보의 구분이 흐려진다. 시민의 자유와 프라이버시를 지키기 위해 만든 체제를 지키려면 범죄-첩보 구분이 꼭 필요하다. 정부는 첩보활동에 쓰라고 부여된 막대한 권한을 범죄 수사에 허용되는 제한적인 권한 대신으로 활용해서는 안 된다.

국가안보 전문가 윌리엄 뱅크스가 지적했듯이, FISA에 의거한 감시 체계가 "FBI의 범죄 수사 목적으로 전용되면 헌법이 침해될 가능성"이 있다는 점에서도 FISA장벽은 반드시 유지되어야 한다.[19] 첩보활동이 지나치게 광범위해지면 수정헌법 4조를 침해할 수 있다. 원래 FISA의 범위는 수정헌법 4조가 예외를 인정해주는 첩보활동으로만 좁게 한정되어 있었다. 그런데 FISA의 범위가 확장되면서 수정헌법 4조가 보장하는 권리까지도 위협하게 된 것이다.

범죄-첩보 구분은 정부의 감시활동을 규제하는 두 개의 매우 상이한 체제를 구별해준다. 이 경계는 반드시 유지되어야 한다. 첩보는 정부가 꼭 가져야 할 기능이지만 위험하고 모호한 기능이기도 하다. 첩보 기능이 헌법적 민주주의의 다른 제도와 기능들을 오염시키는 것을 막으려면 첩보활동의 범위가 한정되어야 한다. 헌법적 민주국가의 정부활동은 반드시 공공에 대한 책무와 관리·감독하에 놓여야 하기 때문이다.

8장 비상대권 논리와 법치

　2005년 12월,《뉴욕타임스》는 9·11 이후 부시 행정부가 국가안보국NSA이 미국인의 전화를 영장 없이 도청하도록 비밀리에 승인했다고 폭로했다.[1] 많은 사람들이 이런 반응을 보였다. "NSA가 뭐야?"

　대부분은 NSA에 대해 들어본 적이 없었다. NSA는 1952년에 트루먼 대통령이 해외 정보의 암호를 해독하기 위해 만든 비밀기관이다. 소재지는 메릴랜드 주이며 NSA본부는 '암호 도시Cripto City'라고 불린다. 고속도로에는 NSA본부로 가는 진출로가 따로 있어서 직원들만 이용할 수 있다.[2] 직원이 수만 명, 예산은 수십 억 달러에 달하는데, NSA에 대한 정보는 대부분 기밀이다. NSA 전문가인 제임스 뱀퍼드에 따르면 NSA는 "이제껏 알려진 첩보기구 중 세계 최대의 규모에, 세계 최대의 예산을 쓰며, 세계 최고의 기술을 가진 기구"이다.[3]

　9·11 이후 부시 행정부는 NSA에 광범위한 '테러감시프로그램

Terrorist Survellance Program, TSP'을 수행하도록 지시했다. NSA요원은 수신자가 테러조직과 관련 있다는 심증만 있으면 국제전화를 도청할 수 있었다. 도청된 통화 중에는 미국 시민들의 통화도 포함되어 있었다. NSA는 도청 전에 영장이나 법원명령을 받지 않았고, 법이 요구하는 규율과 관리·감독은 무시되었다.

나중에 알려지기로 NSA는 주요 전화회사들로부터 고객들의 기록을 넘겨받아 "동서고금을 막론하고 가장 방대한 데이터베이스"를 구축했으며, 그것을 분석해 잠재적 테러리스트를 가려냈다고 한다.[4] 《월스트리트저널》은 "전·현직 정보요원들에 따르면 현재 NSA는 방대한 분량의 국내 이메일, 인터넷 검색 기록, 은행 거래, 신용카드 거래, 항공 기록, 전화 기록을 감시하고 있다"라고 보도했다.[5] NSA의 활동은 여전히 상당 부분 베일에 싸여 있지만, 사법부의 감독을 거의 받지 않으면서 방대한 데이터를 긁어모으고 폭넓은 감시활동을 벌이고 있다는 점은 분명해 보인다.

NSA의 감시프로그램은 법원의 검토와 법원명령을 의무화한 FISA를 위반했다. 하지만 정부는 대통령에게 전쟁 수행 권한이 있다는 점을 들어 이 프로그램의 타당성을 주장했다. 의회 청문회에서 앨버토 곤잘레스 법무장관은 이렇게 증언했다. "헌법이 대통령에게 부여한 권한에는 미국에 대한 무력 공격을 포착·예방하기 위한 목적에서 법원의 허가 없이 감시활동을 수행하는 것도 포함된다."[6] '비상대권 논리'라고 부르는 이 주장에 따르면, 현재 미국이 국제 테러리스트 조직과 전쟁 중이기 때문에 대통령은 전쟁 시에 갖는 대통령 권한에 의거해 법을 어겨도 된다. 그리고 의회는 아예 TSP를 허용하는 법을 통과시킴으로써 비상대권 논리에 대한 논쟁 자체를 덮어버렸다.

의회가 승인을 했으니 TSP가 별로 해롭지 않으리라고 보는 사람들도 있다. 하지만 의회의 대응 방식에는 심각한 문제가 있다. 비상대권 논리는 행정부 권한을 위협할 정도로 막강하게 증대시킨다. 그런데도 입법부는 그 권한을 제한하기는커녕 되려 보장해주었다. 대통령이 법을 어겨도 책임질 필요가 없다는 위험한 전례를 마련해준 것이다. TSP의 가장 큰 문제는 사생활을 침해한 점이 아니라 법치의 원칙을 약화시킨 점이다.

대통령은 법을 어길 수 있는가

TSP를 통해 NSA가 법원의 허가 없이 행한 감시는 불법이었다. 법적 사안 중에는 모호한 것들도 많지만 이것만큼은 전혀 모호하지 않다. 정부가 첩보활동을 위해 도청할 때는 언제나 FISA의 규제를 받는다. FISA는 정부가 해외정보감시법원에서 법원명령을 발부받는 경우에 한해 전자감시를 허용하는데, 대상자가 '외국 세력'이거나 '외국 세력의 요원'이라는 점을 '상당한 이유'를 들어 입증해야 한다.[7] 그리고 FISA의 규정을 위반하면 정부는 민형사상 책임을 물어야 한다.

즉, NSA는 FISA가 의무적으로 요구하는 법원명령 청구 절차를 거치지 않았다. 청문회에서 곤잘레스 법무장관은 대통령이 이러한 위법을 허용한 이유에 대해 다음과 같이 증언했다.

알카에다와의 군사적 충돌이 벌어지고 있는 현재의 상황에서, 군사정보프로그램은 속도와 기민성을 필요로 합니다. 속도와 기민성을 달성하려면, 전문성 있는 정보요원들이 입수 가능한 최대한의 정보를 활용해서 개별 도청에 대해 판단을 내리도록 맡겨두는 것이 최선입니다. 이들은 빠르고 정확한 의사결정을 하기에 가장 적합한 전문가들입니다. 그런데 이런 전문가들이라 해도 FISA 절차를 매번 거쳐야 한다면 막대한 지연이 발생할 수밖에 없고, 우리의 조기 경보 체계에 치명적인 구멍이 생기게 될 것입니다.[8]

쉬운 말로 풀어보면 "해외정보감시법원에 가면 귀찮을 것 같아서 건너뛰었다"라는 것이다. 또 곤잘레스는 '행정부 존중론'도 펴고 있는데, 3장에서 설명했듯이 이 주장에는 타당성이 없다. 어떤 정부 당국자도 자신의 판단이 사법적 조사를 거치는 과정을 면제받아서는 안 된다.

대통령은 NSA가 FISA를 어겨도 좋다고 승인할 권한을 갖는가? 한 공개 메모에서 부시 행정부는 최고통수권자로서 대통령이 감시활동을 수행할 "[대통령 직무] 고유의 헌법적 권한"을 갖는다고 주장했다. 메모에 따르면, "헌법이 규정한 대통령의 기본적인 의무 중에는 국가를 무장 공격으로부터 보호할 의무가 포함되며, 헌법은 대통령에게 그 책임을 수행하기 위해 필요한 모든 권한을 부여한다". 또, 이 메모에 따르면 대통령의 비상대권은 FISA를 포함한 어떤 법률보다도 우선한다. "헌법적 권력을 수행하는 대통령은 무력 충돌 시 적에 대한 정보를 어떻게 얻을 것인지 결정할 광범위한 재량권을 가지며, 이는 헌법에 부합한다."[9]

이 주장은 너무 광범위하다는 데서 문제가 있다. 최고 군통수권자로서 대통령의 '고유한 권한'에 영장 없이 도청할 수 있는 권한이 포함된다고 해보자. 이것이 의미하는 바는 무시무시하다. 이는 '테러와의 전쟁'이 끝날 때까지 대통령이 독자적으로 NSA를 통해 미국 시민을 상대로 비밀 전자감시를 실시할 수 있다는 이야기인데, '테러와의 전쟁'은 가까운 시일 내에 끝나는 전쟁이 아니다. 더구나 이 주장에 따르면 대통령이 NSA 이외에도 FBI나 CIA와 같은 다른 기관들을 시켜서 비슷한 감시활동을 하지 못하란 법이 없다. 감시의 유형에도 제한이 없어진다. 영상감시, 문서 수집, 음성 도청 등 모든 것을 포함할 수 있다. 또, 대통령은 어떤 법이 무엇을 요구하든 다 무시할 수 있다. 테러와의 전쟁을 위해 시민들에게 무작위로 발포할 필요가 있다고 판단했다면, 대통령은 살인죄를 규정한 법이 있는 것과 상관없이 발포할 수 있다. 요컨대, 비상대권 논리는 대통령의 권한을 견제할 수단을 사실상 모두 없애버린다.

대통령의 권한이 어떻게 행사되는가의 문제는 우리가 어떤 국가, 어떤 정부하에서 살게 될지의 문제와 직결된다. 비상대권 논리는 대통령이 국가의 법을 위반하는 활동을 할 수 있고, 그것도 은밀하게, 국민에 대해 어떠한 책무도 지지 않고, 입법부나 사법부의 견제도 받지 않으면서 할 수 있다는 논리이다. 이것은 독재자가 행사하는 권력이지, 견제와 균형이 제도화된 입헌민주국가에서 행사되는 권력이 아니다.

기밀유지가 필요한가

NSA의 감시프로그램이 언론에 보도되자 부시 대통령은 이렇게 말했다. "이 기밀프로그램의 존재가 부적절하게 언론사에 제공되었고, 기사로 게재되었다. 그 결과로 적들은 알지 말아야 할 정보를 알게 되었다. 승인 없이 이 프로그램을 공개함으로써 국가안보와 시민을 위험에 빠뜨린 것이다."[10]

국가안보를 명목으로 이루어지는 정부활동에 대해 단골로 등장하는 주장이다. 그런 정부활동들은 비공개로 이루어져야 한다는 것이다. 하지만 6장에서 보았듯이 '국가안보'를 들어 기밀유지를 요구할 때야말로 가장 면밀하게 그 타당성을 조사해봐야 한다. TSP의 존재를 비밀로 하면 정부가 수행하는 감시활동의 속성과 정도에 대해 토론할 기회 자체가 사라진다. 제대로 작동하는 민주사회의 핵심은 정부가 국민에 대해 책무를 지는 것이다. 그러려면 국민은 정부의 활동을 평가하는 데 필요한 정보를 알 수 있어야 한다.

민주주의의 대통령은 최고 권력자가 아니다. 각료, 의원, 판사들도 최고 권력자가 아니다. 주권을 가진 쪽은 국민이고 대통령, 각료, 의원, 판사는 모두 국민에게 봉사하는 사람들이다. 그런데 정부가 무얼 하고 있는지를 국민이 알 수 없다면 정부에 책무를 지울 수 없다. 정보가 차단된 상태로는 주도권을 쥘 수 없는 법이다.

물론 어느 정도 기밀유지가 필요한 경우는 있을 것이고, 첩보활동에서는 그런 경우가 더 많을 것이다. TSP를 기밀로 유지해야 한다는 근거도, 테러리스트들이 이 프로그램을 인지하면 통화가 도청되는 것을 알고 정보를 흘리지 않게 되리라는 것이었다. 하지만 TSP는 불법이었으며, 법치는 민주국가와 독재국가를 구별해주는 핵심 요소이다. 법치는 민주사회의 초석이며, 지도자의 변덕이 아니라 탄탄한 규칙에 의해 돌아가는 사회의 기반이다. 부시 행정부가 FISA에 문제가 있다고 생각했다면 의회에 FISA의 개정을 제안했어야 했다. 이것이 민주사회가 작동하는 방식이다.

그런데 형사소송절차 전문가 윌리엄 스턴츠는 "효과적이고 적극적인 정부, 즉 혁신을 하고 국민에게 보호를 제공하며 행동이 필요할 때 공격적으로 나서는 정부가 죽어가고" 있다며 "사생활 보호와 투명성이라는 병에 걸렸기 때문"이라고 말했다. 스턴츠에 따르면, 투명성은 정부 당국자들이 지략 있게 행동하는 것을 방해한다. "대부분의 당국자들이 대부분의 경우에 직면하게 되는 의사결정은, 어떤 방법을 쓸지가 아니라 무언가라도 할지 아니면 가만히 있을지의 의사결정이다. 보통은 아무것도 안 하는 편이 쉽다. 비판적인 블로그 글이나 불리한 언론 보도를 만들어내지 않기 때문이다."[11]

하지만 정부 당국자들의 입장에서 아무것도 안 하는 게 쉽지는 않다. 그래서 그들은 무언가를 하려고 시도한다. 문제는, 시도하려는 바가 사려 깊은 분석에서 나온 정책이라기보다 언론 지면을 장식할 허울뿐인 조치인 경우가 너무나 많다는 점이다.

스턴츠는 이렇게 글을 맺었다. "우리에게는 사생활이 너무 많고 우리의 지도자들에게는 사생활이 너무 없다." 하지만 스턴츠의 접근은 거꾸로 되었다. 투명성이란 정부가 국민에 대해 책무를 지게 하는 것이다. 이것은 국민이 정부가 하는 일이 무엇인지, 타당한지, 효과가 있는지 등을 평가하기 위해 필요한 정보를 얻을 수 있는 유일한 길이다. 정부가 자유와 권리를 침해하고 있다는 사실을 국민이 모른다면, 국민은 자신이 감수하고 있는 희생이 그럴 가치가 있는 것인지 제대로 평가할 수 없다.

NSA프로그램에 대한 문제 제기

NSA의 감시프로그램이 언론에 보도된 후, 프로그램의 문제점을 법적으로 따지기 위한 소송이 잇따라 제기되었다. FISA가 보장하는 권리뿐 아니라 헌법적 권리까지 침해되었다고 주장하는 소송들도 있었다. 하지만 많은 법원이 이런 주장들을 받아들이지 않았고, 의회가 직접 끼어들어 소송을 방해하기도 했다.

헌법적 권리와 FISA

한 사건에서는 기자, 교수, 변호사들이, 자신들이 NSA 감시 대상이었을지도 모를 사람들과 통화했기 때문에 수정헌법 1조와 4조 및 FISA하에서의 권리를 침해받았다고 주장했다. 하지만 항소법원은 원고들이 [통화 상대자뿐 아니라] 그들까지 감시 대상이었다는 점을 입증하지 못했다며 소송을 기각했다.[12] 그런데 원고들은 그들도 감시 대상이었는지를 정부가 확인해주지 않았기 때문에 소송을 제기한 상황이었다. 그것을 몰라서 소송을 걸었는데, 그것을 모른다고 소송이 기각되는 모순에 빠진 것이다.

법원은 원고들이 NSA가 영장이나 법원명령을 받지 않은 것 때문에 입은 피해는 실질적으로 없다고 보았다. 영장이나 법원명령이 발부되었다 해도 비공개로 발부되었을 터이므로 어차피 원고들은 몰랐으리라는 것이다. "따라서, NSA가 사전에 영장을 받았다 하더라도 비공개로 가지고 있었을 터이므로 원고들이 '이메일이나 통화로 자유롭게 소통하는 것'에 긍정적으로든 부정적으로든 영향을 미칠 수는 없었을 것이다."[13]

하지만 법원의 논리는 영장의 존재 이유와 배치된다. 영장이란 정부가 법원 앞에서 수색의 정당성을 입증하는 절차이다. 그렇게 함으로써, 국민들은 정부의 감시를 걱정할 필요 없이 자유를 행사할 수 있는 것이다. 정부의 감시를 규율하는 현재의 체제하에서, 사람들은 전혀 감시받을 일이 없으리라고 기대하는 것이 아니라 감시와 수색이 이루어지더라도 헌법과 법률이 정하는 정당한 절차를 위반하면서 이루어지지는 않으리라고 기대한다. 법원의 논리대로라면, 정부가 영장 없이 집에 들어와 몰래 수색해도 당사자가 모르기만 하면 문제가 없는 셈이다.

정부에 일정한 절차를 의무적으로 부과하는 것의 목적은 국민들에게 타당성이 입증되지 않은 상태로, 또 관리·감독의 적용을 받지 않는 상태로는 수색당하지 않으리라는 확신을 주는 것이다. 이 확신이 파괴된다면 그것이 바로 국민이 입는 피해이다. 규율과 규제하에서 감시활동을 하는 체제와 아무 규제 없이 감시활동을 하는 체제는 완전히 다르다. 후자의 체제에서는 사람들이 자유로운 발언을 꺼리게 될 것이다.

그런데도, TSP가 영장 없이 미국 시민에 대해 도청을 했다는 사실이 드러나자, 법원은 되려 TSP의 헌법적 타당성이 법정에서 다투어지지 않게 하려고 갖은 애를 썼다.

전화회사에 대한 소송

TSP를 법정에 세우는 데 다른 방법을 시도한 사람들도 있었다. 전자통신사생활보호법에 따르면 통신회사는 법원명령 없이 정부의 도청에 협조할 수 없다.[14] 이에 착안해, 전화회사들을 상대로 몇몇 소송이 제기되었다. 원고들은 전화회사가 NSA에 정보를 넘겨줌으로써 법을 위반했다고 주장했다. 전자통신사생활보호법 위반일 경우 상당한 피해보상금을 물어야 하기 때문에, 원고가 승소했다면 기업들에게 정부의 협조 요구보다는 법을 따르는 편이 낫다는 메시지를 줄 수 있었을 것이다. 법을 위반해서라도 협조하라는 정부의 요구를 기업이 거부하게 만들 경제적 유인을 제공하는 것이다. 또, 이런 소송들은 NSA의 감시프로그램을 공개적으로 따져보고 검토하는 장이 될 수도 있었을 것이다.

하지만 정부가 국가기밀특권을 내세워 소송 과정에 개입했다. 노출되면 국가안보에 해를 끼칠 수 있는 증거들을 배제하라고 요청한 것이다. 몇몇 법원이 기밀특권을 인정하지 않고 소송을 계속 진행시키자[15] 기업들은 의회에 로비를 했고, 2008년에 의회는 FISA개정안을 통과시켜 이에 화답했다. 개정된 FISA는 "미국 국경 밖에 존재한다고 여길 만한 상당한 이유가 있는 사람을 상대로 해외첩보를 수집하는 것"을 허용했다. 그리고 대상자가 해외에 있음을 확실히 하기 위해 '대상자 확인 절차'를 밟도록 했다. FISA체제는 전반적인 절차를 감독하긴 하지만 개별 감시 사례를 감독하지는 않는다. 이 개정법은 NSA의 불법적인 감시에 이미 협조한 전화회사들이 면죄를 받도록 소급 적용되었다.[16] 기업들을 상대로 제기된 소송에서 막대한 퇴보였다.

법치의 쇠퇴

헌법학자 잭 발킨은 이렇게 언급했다.

> 우리가 전에 보았던 소련의 강제수용소 같은 것들을 향해 가고 있지는 않다. 그렇게 극적이지는 않을 것이다. 그보다는, 공포심을 일으키는 각각의 조치들과 무책임한 정치적 연합과 타협을 통해, 국민들이 자신이 어떤 방식으로 지배되고 있는지를 논의하지 않고 자신에 대한 정보를 정부가 어떻게 수집, 관리, 통제하는지에 대한 통제력도 잃어버린 세계를 향해 서서히 나아가고 있다.[17]

가장 우려스런 점은, 이런 방향으로 가는 전례가 마련되었다는 사실이다. 입법부는 행정부더러 법을 지키라고 주장하기는커녕 아무런 제약도 가하지 못했다. 정부의 감시를 규율하는 헌법과 법률의 목적은, 정부가 법원과 의회의 감독을 받고 국민들에게 책무를 지는 한에서만 감시를 할 수 있게 하는 시스템을 구축하는 것이다. 이 시스템은 견제와 균형이 있는 정부를 전제하고 있다. 이 전제가 성립되지 않으면 시스템은 깨지고 만다.

헌법을 만든 '건국의 아버지'들은 대통령이 국왕 같은 권력을 가질 정도로 행정부의 권한이 비대해질까봐 우려했다. 그래서 삼권분립이라는 제도를 만들었다. 행정·입법·사법이 각각 견제와 균형을 행사하도록 해, 어느 한쪽이 지나치게 강력해지는 상황을 막는 것이다. 이는 법치를 가능하게 하는 구조이다.

그런데 NSA 프로그램 보도 이후 벌어진 일들을 보면, 위기 때 행정부는 비대한 권한을 주장하면서 대담하게 법을 어길 수 있었고 입법부와 사법부는 이에 대해 효과적인 견제를 행사하지 못했다. 더 나아가 행정부는 자신의 활동을 기밀로 둘 수 있어서 국민에 대한 책무를 피해갈 수도 있었다.

법치는 저절로 실행되는 것이 아니다. 법치는 혼자서 작동할 수 없다. 국민이 계속해서 관심을 갖고 신경 쓰지 않으면 법치는 유지되지 못한다. 국가가 무엇을 정말로 중요시하고 있는지는 위기 때 드러나는 법이다. 그리고 미국 정부는 법치를 중요시하고 있음을 보여주지 못했다. 매우 우려스러운 일이다.

3부

헌법적 권리

9장 '사생활＝비밀'의 패러다임

정부가 당신의 몇 달치 구글 검색 내역을 확보하려 한다고 해보자. 구글은 당신이 입력한 검색어를 모두 가지고 있으며 그 기록은 많은 것을 드러낸다. 당신은 보유하고 있는 주식, 읽고 싶은 책의 저자, 관심 있는 유명인, 존경하거나 싫어하는 정치인, 앓고 있는 병, 교제하는 사람이나 친구, 가입하고 싶은 단체 등에 대해 검색했을 수 있다. 이 경우, 수정헌법 4조로 당신은 어떤 보호를 받을 수 있을까?

이에 답하기 전에, 수정헌법 4조상의 보호가 왜 중요한지 먼저 알아보는 게 좋겠다. 수정헌법 4조는 정부 권력에 맞서 시민을 보호하는 제도의 근간이다. 정부가 적절한 감독과 제약 없이는 당신에 대한 정보를 함부로 획득하지 못하게 하는 것이다. 수정헌법 4조는 정부가 법원에서 당신의 정보를 얻어야 할 사유를 설명하고 승인을 받도록 요구한다.

자, 그렇다면 정부가 당신의 구글 검색 기록을 보려할 때 수정헌법 4조가 당신의 사생활을 보호할 수 있을까?

없다. 정부는 제출명령subpoena만 받으면 구글에서 당신의 검색 기록을 가져갈 수 있는데, 제출명령 발부 절차는 거의 아무런 보호도 제공하지 못한다.[1] 제출명령은 무언가를 산출하라는 명령서로, 정부가 요청하면 별다른 조사나 질문 없이 거의 언제나 발부된다.

이번에는 당신이 누군가와 매우 친해졌다고 해보자. 많은 대화를 나누었고 깊은 비밀도 털어놨다. 그런데 알고 보니 그가 당신에게 일부러 접근한 위장잠입 형사였다면 어떻게 될까? 수정헌법 4조가 당신을 보호할 수 있을까?

없다.

"수정헌법 4조의 보호를 받을 수 있을까?"라는 질문에 "없다"라고 답하게 되는 경우가 늘고 있다. 수정헌법 4조는 '사생활에 대한 합리적 기대'가 인정되는 상황에서만 사생활을 보호한다. 그런데 연방대법원은 사생활의 개념을 매우 낡은 방식으로 이해하고 있다. 대법원에 따르면, 당신이 완전히 비밀로 하고 있는 정보들에 대해서만 '사생활에 대한 합리적 기대'가 인정된다. 하지만 '사생활=비밀'이라는 패러다임에는 오류가 있으며,[2] 이 때문에 수정헌법 4조의 적용 범위가 협소해져서 정부의 정보수집이 제대로 규율되지 못하는 문제가 생긴다.

한 문장짜리 규제시스템

치안시스템이 중앙집권화되어 있고 법률의 규율을 받는 나라들과 달리, 미국에서는 치안시스템이 분산되어 있고 헌법의 규율을 받는다. 현재 미국 정부의 정보수집을 규율하는 규제시스템은 수정헌법 4조가 기본적인 틀을 이루고 있다. 수정헌법 4조는 아래와 같다.

> 불합리한 수색, 체포, 압수로부터 신체, 가택, 서류 및 동산의 안전을 보장받는 시민의 권리는 침해될 수 없으며, 영장은 상당한 이유에 근거하고 선서 또는 확약으로 뒷받침되며 수색될 장소, 체포될 사람 또는 압수될 물품을 구체적으로 적시하지 않으면 발부될 수 없다.[3]

매우 복잡한 규제시스템이 이 한 문장에 토대를 두고 있다. 법원이 수많은 사건의 판결문에서 수정헌법 4조에 대해 내린 해석들이 도·감청, 영상감시, 가택수색, 자동차 수색, 가방 검색, 검문소 설치 등 치안활동 전반을 아우르는 방대한 규칙들로 발달한 것이다.

헌법의 기초가 만들어질 당시에는 수정헌법 4조가 치안시스템 전체를 규제하는 기초가 되리라고 생각지도 못했을 것이다. [최초로 헌법을 제정한] 1789년에는 헌법이 연방 정부에만 해당한다고 생각했는데, 당시에는 연방 정부가 치안활동에서 차지하는 역할이 크지 않았고 FBI, CIA, NSA와 같은 연방기관도 존재하지 않았다. 주와 지방 경찰은 규모가 작았고 수정헌법 4조의 적용을 받지 않았다.

하지만 이후 몇 세기가 지나면서 헌법의 속성과 치안조직의 체계가 크게 달라졌다. 오늘날 지방 및 지역 당국의 경찰 직원은 100만 명이 넘고, 연방 수사기관의 요원은 10만 명이 넘는다.[4] 치안조직의 규모가 급증하고 새로운 기술들로 정부의 정보수집 역량이 커지면서, 또 범죄를 다루는 연방기구들이 새로이 생기면서, 치안 당국이 벌이는 활동을 규제할 수 있는 무언가가 필요해졌다. 치안활동을 종합적으로 규제하는 법률이 존재하기 않았기 때문에, 대법원이 헌법을 재해석해 법률의 빈틈을 메우는 식으로 규제시스템이 생겨났다. 그리고 정부가 개인에 대한 정보를 언제, 어떤 방식으로 수집할 수 있는지에 대해서는 수정헌법 4조가 기본 지침이 되었다.

일반적으로, 수정헌법 4조는 정부가 대상자의 가택이나 소유물을 수색 또는 압수하기 전에 '상당한 이유'를 들어 영장을 발부받도록 요구한다. 즉, 수사 당국이 당신에 대한 정보를 수집하려면 그럴 만한 상당한 이유가 있음을 법원에 먼저 납득시켜야 한다. '상당한 이유'는 수사 당국이 수색을 통해 범죄의 증거를 발견할 수 있으리라고 보는 '합리적으로 신뢰할 만한 근거'를 말한다.[5] 영장 없이 수색을 진행했을 경우 수사 당국이 받게 되는 일반적인 제재는 '위법 수집 증거 배제의 원칙'[이하 '증거 배제 원칙']이다. 불법 수색으로 찾아낸 정보는 법원에 증거로 제출하지 못한다는 원칙을 말한다.[6]

그렇다면 수정헌법 4조가 보호하지 못하는 영역은 어떻게 될까? 때로는 해당되는 법률이 있어서 그 공백을 메운다. 하지만 대개의 경우 그냥 아무런 보호도 존재하지 않는 상태가 된다. 정부활동의 허용 범위에 대한 규율도, 정부활동 자체에 대한 감독도, 정부가 수집할 수 있는 정보의 종류나 양에 대한 규제도 없다. 범죄 혐의가 의심되는 사람만을 공정하게 대상으로 택했는지를 확인할 방법도 없다. 정부가 그저 감으로 누군가의 정보를 수집하려 하거나 누군가가 싫어서 그에게 해가 될 정보를 부당하게 찾으려 할 때, 이를 막을 방법이 없는 것

3부 헌법적 권리

이다.

따라서 어떤 활동이 일단 수정헌법 4조의 규제 범위에 속하는지 아닌지를 판단하는 '문턱 기준'은 매우 중요하다.

수정헌법 4조는 언제 적용되는가

어떤 수사활동이 수정헌법 4조의 적용 대상인지 아닌지는 어떻게 판단해야 하는가? 연방 대법원은 한 세기가 넘도록 이 문제로 씨름해 왔다. 수정헌법 4조는 '수색'과 '압수'라는 단어를 쓰면서도 명확히 용어 정의를 내리지는 않았다. 게다가 수정헌법 4조는 몇 세기 전에 쓰인 것이고, 그때는 현대적인 기술이 정부의 정보수집 역량을 극적으로 확대하기 전이었다.

19세기 말에 연방 대법원이 내린 해석은 물리적인 침입에 방점을 찍은 것이었다. 당국이 누군가의 가택이나 토지에 침입하거나 문서를 직접 뒤지는 경우 등에 수정헌법 4조가 적용된다고 본 것이다.[7] 정보를 확보하는 주된 방식이 물리적 침입인 시절이었던 만큼, 당시로서는 합당한 접근이었다. 하지만 기술이 발달하면서 이 해석은 큰 문제에 봉착하게 되었다.

'속삭이는 전화선'

금주법 시절, '주류 밀매의 왕'으로 통하던 로이 옴스테드는 태평양 연안에서 수많은 선박, 트럭, 노동자를 거느리고 방대한 주류 밀매업을 하고 있었다. 다들 그가 범법 행위를 하고 있다는 것을 알았지

만 그는 경찰에 뇌물을 써서 탈이 없게 했다.[8]

금주법 위반 수사를 맡고 있던 연방 정부 수사관 로이 라일은 오랫동안 옴스테드를 잡으려 애를 썼다. 연방 정부는 옴스테드의 전화를 5개월 동안 도청해 775쪽에 달하는 통화 기록을 입수했다. 그래서 이 사건은 '속삭이는 전화선 사건'이라고도 불린다. 옴스테드는 기소되었고 4년 형을 받았다.

옴스테드는 연방 정부가 영장 없이 도청해 수정헌법 4조를 위반했다며 항소했고 1928년에 이 사건은 대법원에 올라갔다. 「옴스테드 대 미국」 사건 판결에서 연방 대법원은 수정헌법 4조가 "여기에서 진행된 일을 금지하고 있지 않다"라고 판시했다. "본 사건의 경우 수색이나 압수는 발생하지 않았다. 증거는 청각에 의해, 오로지 그것만에 의해 수집되었고, 경찰이 피고의 가택이나 사무실에 물리적으로 들어가지는 않았다."[9] 대법원은 물리적인 침입이 있는 경우여야 사생활 침해에 해당한다고 보았고, 이 경우는 도청장치가 옴스테드의 집 바깥에 설치되었기 때문에 누가 집 안으로 침입하지는 않은 상황이었다.

루이스 브랜다이스 대법관은 반대의견을 내고 수정헌법 4조의 적용 여부를 판단하는 대법원의 심사기준이 너무 낡고 협소하다고 지적했다. 그는 수정헌법 4조가 "변화하는 세상에 적응할 수 있는 역량"을 가져야 한다고 언급했다. "정부가 시민의 사생활을 더 심각하고 더 정교하게 침해할 수 있는 수단을 갖게" 되었고 "발명과 발견에 힘입어 서랍을 뒤지는 것보다 훨씬 효과적인 수단을 가지고서 내밀하게 속삭여진 내용을 확보에 법정에 드러낼 수 있게" 되었기 때문에, 더 유연한 접근을 해야 한다는 것이었다.[10]

3부 헌법적 권리

이 사건에는 흥미로운 뒷이야기가 있다. 1935년에 옴스테드는 대통령 사면을 받았다. 그런데 옴스테드를 수사했던 라일이 훗날 주류 밀매로 체포되었고, 여기에서 옴스테드는 라일에게 불리한 증언을 했다.

「옴스테드」 사건이 보여주듯이 물리적 침입이라는 기준은 시대에 맞지 않는다. 새로운 기술들 덕에 이제 정부는 물리적인 수색이나 침입 없이도 방대한 개인정보를 얻을 수 있다. 법원이 심사기준을 시대에 맞게 재해석하지 않으면 수정헌법 4조는 적절성과 효과성을 점점 더 잃게 될 것이다.

공중전화 부스의 도박업자

근 40년이 지난 1967년, 「카츠 대 미국Katz v. United States」 사건의 판결에서 연방 대법원은 옴스테드 때 내린 판단이 잘못되었으며, 도청도 수정헌법 4조에 의거해 규제되어야 한다고 판시했다.[11] 로스앤젤레스 선셋대로의 한 아파트에 살고 있던 찰리 카츠는 아파트 밖에 있는 세 개의 공중전화 부스를 번갈아 사용하며 대학 농구에 내기를 걸었다. FBI는 전화부스 밖에 녹음장치를 설치해서 통화 내용을 녹음했다. 이것을 증거로, 카츠는 전화도박을 금지하는 법률을 위반한 혐의로 기소되었고 벌금 300달러를 선고받았다.[12]

항소심에서 카츠는 FBI가 통화를 녹음하기 전에 영장을 받았어야 한다고 주장했다. 이에 대해 FBI는 「옴스테드」 때의 판결에 따르면 전화부스 밖에 설치된 녹음장치에는 수정헌법 4조가 적용되지 않는다고 반박했다. 전화부스 안에 침입한 것이 아니었기 때문이다. 당시의 판례상으로는 FBI가 이기는 사건이었다. 그런데 놀랍게도 대법원이 새로운 해석을 내렸다. 이전에는 수정헌법 4조의 적용 범위가 물리적 침입이 있는 경우로만 한정되었지만, 이번에는 대법원이 다음과 같이 선언한 것이다. "수정헌법 4조는 사람을 보호하는 것이지 장소를 보호하는 것이 아니다. 누군가가 대중에게 공개될 것을 인지하고서 어떤 정보를 공개했다면 그것은 그의 집이나 사무실 안에서 이루어진 일일지라도 수정헌법 4조의 보호를 받지 않는다. 그러나 그가 어떤 정보를 사적인 것으로 두고자 했다면 그 장소가 대중이 접근할 수 있는 곳이더라도 헌법의 보호를 받을 수 있다."[13]

오늘날 수정헌법 4조의 범위를 판단하는 기준은 「카츠」 사건에서 존 할란 대법관이 제시한 별개의견에 토대를 두고 있다. 그는 누군가가 "사생활에 대한 실질적인 (주관적) 기대"를 표시했을 때, 그리고 "사회가 그 기대를 '합리적'이라고 인정할 수 있을 때"면 언제든지 수정헌법 4조가 적용되어야 한다고 보았다.[14] 이를 '사생활에 대한 합리적 기대' 기준이라고 부른다.

「카츠」 판결은 수정헌법 4조의 범위를 대폭 넓히려는 취지에서 나왔다. '사생활에 대한 합리적 기대'로 기준을 바꾼 목적은 수정헌법 4조가 기술에 맞춰 변화해나갈 수 있게 하려는 것이었다. 이에 대해 법학자 캐롤 스타이커는 "브랜다이스 대법관이 보았다면 대법원이 '사생활의 권리' 쪽으로 기준을 바꿈으로써 자신이 옳았음을 마침내 인정해주었다고 생각했을 것이다"라고 말했다.[15]

수정헌법 4조의 쇠퇴

그러나 기대와 달리 '사생활에 대한 합리적 기대' 기준은 수정헌법 4조의 보호 범위를 확장시키지 못했다. 가택수색과 가방 검색에 대해서라면 수정헌법 4조가 여전히 보호를 제공하지만, 다른 경우에는 물리적 침입이 있을 때조차 사생활이 보호되지 못하는 일이 허다하다. 당신이 '무단 침입 금지'라고 팻말을 세워두었는데도 당국이 당신 소유의 숲에 들어와 수색을 했다. 당신은 수정헌법 4조의 보호를 받을 수 있을까? 대법원에 따르면, "집에 바로 인접한 주변이 아니라면 실외공간에서 벌어진 활동에 대해서는 사생활에 대한 합리적 기대를 요구할 수 없다".[16] 한번은 경찰이 가시철망을 쳐놓은 목장에 들어가서 문이 열려 있는 헛간을 들여다봤다. 여기에서도 대법원은 소유주가 수정헌법 4조의 보호를 받을 수 없다고 판단했다. 농장과 헛간은 열린 공간이므로 사생활을 합리적으로 기대하기 어렵다는 것이었다.[17] 또, 골목에 내놓은 쓰레기에 대해서도 수정헌법 4조의 보호를 받을 수 없다.[18] 한번은 누군가가 파쇄해서 버린 서류를 경찰이 모아서 이어 붙였다. 그런데 수정헌법 4조는 이렇게 얻은 정보에 대해서도 아무런 보호를 제공하지 않았다.[19]

물리적인 침입이 아닌 정부의 감시활동도 많은 경우에 수정헌법 4조의 적용을 받지 않는다. 경찰이 헬기로 날면서 지붕이 없는 곳을 통해 비닐하우스를 들여다본 경우에 대해 대법원은 비닐하우스 지붕이 부분적으로 노출되어 있었으므로 수정헌법 4조가 비닐하우스 소유주를 보호하지 않는다고 판시했다.[20] 또 다른 사건에서는 당국이 용의자의 자동차에 위치추적장치를 부착했다. 대법원은 이것도 수정헌법 4조의 보호 대상이 아니라고 보았다. "공공이 이용하는 주요 도로를 자동차로 이동할 때, 그의 동선은 사생활을 합리적으로 기대할 수

있는 범위에 있다고 볼 수 없다"라는 것이었다.[21]

'사생활=비밀'의 패러다임

이런 상황들을 어떻게 보아야 할까? 물리적 침입에서 사생활 권리로 기준이 바뀌었을 때, 많은 이들이 수정헌법 4조의 보호 범위가 넓어질 것이라고 기대했지만 보호 범위는 오히려 좁아지고 말았다. 이는 사생활이 비밀을 의미한다고 보기 때문이다. 대법원은 사생활이 완전한 비밀의 형태를 띠는 것이라고 해석하는데, 이러한 해석에 따르면 당신이 정보를 누군가와 공유하는 순간 그 정보가 사생활로 간주되지 않는다. 깊이 신뢰하는 사람에게 털어놓은 정보도 마찬가지이다. 누구에겐가 당신의 정보를 일단 노출하면, 경찰이 그 정보를 확보하는 것이 얼마나 어렵든, 그것은 사생활이 아니다.

오늘날의 세계에서 '사생활=비밀'의 개념은 합리적이지 않다. 우리가 무언가를 절대적으로 비밀로 여기는 경우는 거의 없다. 믿을 만한 사람에게 비밀을 털어놓을 때, 우리는 그 내용이 퍼지지 않을 것이라고 기대한다. 내밀한 이야기를 들은 친구가 나를 배신하고 그 이야기를 퍼뜨리지는 않을 것이라고 기대한다. 열린 장소에 있을 때도 내 말이 기록되거나 내 행동이 미행되지 않을 것이라고 기대한다. 사람들이 나를 관찰할 수 있다는 것을 아는 경우에도 마찬가지이다. 예를들어, 식당에서 밥을 먹을 때 우리는 옆 테이블에서 엿들을 수 있다는 것을 알지만 그들이 우리 대화에 별로 관심이 없으리라고 기대한다.

'사생활=비밀'의 접근법 때문에 정부가 수행하는 정보수집들이 상당 부분 수정헌법 4조의 보호 밖에 놓이게 되었다. 이는 큰 문제이다. 수정헌법 4조에서 벗어나면 정부활동을 규제할 방도가 거의 없기 십 상이기 때문이다. 그렇게 되면 정부는 아무 제약이나 감독 없이 임의 로 시민을 감시할 수 있게 된다.

10장 제3자 원칙과 디지털 파일

옛날에는 당신의 정보를 당신이 통제할 수 있었다. 당신의 문서는 종이의 형태였고 당신의 소유였으며 당신은 그 종이를 캐비닛에 잘 넣어둘 수 있었다. 일기는 안전하게 서랍 속에 보관할 수 있었고, 귀퉁이를 여기저기 접어둔 책들은 책꽂이에 꽂아둘 수 있었다. 그리고 이 모든 것이 다 당신의 집에 있었다. 정부가 당신의 글, 취미, 관심사, 독서 이력 등을 알고자 할 경우, 수정헌법 4조는 영장부터 받으라고 요구했다.

이제는 그렇지 않다. 기술의 발달로 정부는 헌법상의 보호장치를 무력화시키면서 방대한 데이터를 모으고 사용할 수 있게 되었다. '제3자 원칙third party doctrine'이란 것이 여기에 크게 기여하고 있다. 연방 대법원에 따르면, 당신의 정보가 일단 제3자의 손에 들어가면 그 정보에 대해 합리적으로 사생활을 기대할 수 없고, 따라서 수정헌법 4조의 보호도 받을 수 없다.

정보시대인 오늘날에는 전례 없이 많은 양의 개인정보가 기업이나 기관에 넘어간다. 케이블회사는 당신이 어떤 영화와 어떤 프로그램을 봤는지 알고 있다. 전화회사는 당신의 통화한 전화번호 목록을 가지고 있다. 소비자신용평가기관들은 당신이 어디에 사는지, 재정 상태가 어떤지, 부채를 잘 상환했는지 등에 대한 데이터를 가지고 있다. 병원과 보험회사는 의료 기록을, 신용카드회사는 구매 이력을 가지고 있다.

그뿐 아니다. 페이스북에는 '친구 공개'이더라도 수많은 개인정보가 올라가 있다. 구글은 최근 얼마 동안 당신이 찾아본 검색어를 모두 알고 있다. 아마존은 당신이 구매한 상품 목록을 알고 있다. 나는 아마존 애용자인데, 얼마 전에 보았더니 지난 10년간 1,500건의 물건을 거기에서 구매했다고 나와 있었다. 내가 구매했던 물건들의 목록을 보고 있자니 집 안의 책꽂이나 서랍을 들여다보는 것 같았다.

제3자 원칙 덕에 정부는 당신 집에 침입하지 않고도 당신에 대해 많은 것을 알아낼 수 있다. 옛날에는 수사관이 당신이 무슨 책을 읽었는지, 무슨 영화를 보았는지, 무슨 글을 썼는지, 무슨 물건을 구매했는지 알려면 당신의 집에 들어가서 직접 뒤져봐야 했다. 하지만 이제는 이런 정보가 모두 제3자의 손에 있다. 동네 서점에서 현금을 주고 산 종이책이 아니라, 온라인 서점에서 신용카드로 구매한 킨들 전자책의 정보를 모두 제3자가 가지고 있는 것이다.

그리고 정부는 이 모든 것을 수정헌법 4조의 규제 없이 획득할 수 있다. 디지털시대에 수정헌법 4조는 점점 적절성이 떨어지고 있다. 정부는 당신의 정보에 거의 아무런 제약이나 감독 없이 접근할 수 있다. 제3자 원칙은 우리 시대의 프라이버시에 막대한 위협이다.

1970년대 이야기

제3자 원칙은 1970년대에 생겼다. 사람들이 정보사회를 살아가고 있다고 생각하기 한참 전이었다. 컴퓨터도 널리 쓰이지 않았고, 기업의 서류 전산화도 거의 시작된 곳이 없었다. 이러던 시절, 연방 대법원은 몇 개의 핵심적인 사건에서 제3자 원칙의 기초를 닦았다.

1976년에 「미국 대 밀러United States v. Miller」 사건에서, 수사 당국은 제출명령을 발부받아 은행에 어느 고객의 거래 기록을 요청했고 은행은 당국에 기록을 넘겼다. 재판에서 그 고객은 수정헌법 4조에 따라 수사 당국이 영장을 받았어야 한다고 주장했다. 하지만 대법원은 이 주장을 받아들이지 않았고, 은행이 보유한 기록에 대해서는 고객이 사생활을 합리적으로 기대할 수 없다고 판시했다. 대법원은, "수정헌법 4조는 제3자에게 공개된 정보를 당국이 그 제3자를 통해 취득하는 것을 막지 않는다"라며, "거래 내역서와 영수증 등 획득된 서류들은 모두 당사자가 은행에 자발적으로 제공한 것들이고 은행의 일상적인 업무 과정에서 은행 직원들에게 노출되는 것들"이라고 언급했다.[1]

3년 뒤 「스미스 대 매릴랜드Smith v. Maryland」 사건에서는 수정헌법 4조가 전화번호기록장치에 적용되지 않는다는 판결이 나왔다. 대법원은 전화번호기록장치가 개별 가정이 아니라 전화회사에 설치되는 것이며 "사람들은 전화를 걸려면 상대방의 번호 데이터가 반드시 전화

3부 헌법적 권리

회사에 넘어가야 한다는 것을 알고 있기 때문에 전화번호 목록이 비밀로 유지되리라는 기대를 가질 수 없다"라고 설명했다.[2]

이러한 판례들이 제3자 원칙의 뼈대가 되었다. 어떤 정보든 일단 제3자에게 노출되면 그것에 대해서는 사생활을 합리적으로 기대할 수 없다는 것이다.

디지털 파일과 제3자 원칙

1970년대와 1980년대 초에 제3자 원칙은 은행 기록, 전화번호 등 한두 가지 정보에 대해 수정헌법 4조의 보호를 받을 수 없음을 의미했다. 하지만 오늘날에는 대부분의 일상활동에 대해 보호를 받을 수 없음을 의미한다. 오늘날에는 일상의 활동이 수없이 많은 디지털 파일을 생성하기 때문이다. 많은 회사가 우리의 일상에 대해 상세한 기록을 보유하고 있는데, 이것들은 모두 '제3자'가 관리하므로 수정헌법 4조의 보호 범위에서 벗어난다.

ISP 기록

집에서 인터넷을 하는 경우를 생각해보자. 이베이에서 비딩(입찰)을 하고, 아마존에서 책을 사고, 《뉴욕타임스》, 《워싱턴포스트》, 《월스트리트저널》 기사를 온라인으로 기사를 읽고, 여러 블로그에도 들어갔다. 댓글도 몇 개 달았다. 하지만 실명을 사용하지는 않았다. 아마존에는 '열혈독자'라는 닉네임으로 서평을 올렸고, 블로그에는 익명으로 댓글을 달았다. 충분히 자신을 숨겼다고 생각하겠지만 천만의 말씀이다. 아마존의 계정 기록을 보면 당신의 실제 신원과 '열혈독자'라는 닉네임 사이의 관계를 알 수 있다. 또 당신이 방문한 블로그에는 당신의 IP주소가 기록으로 남는다. IP주소는 컴퓨터마다 고유하게 할당되고 인터넷서비스제공업체Internet Service Provider, ISP는 당신의 IP주소와 신원을 연결시킬 수 있는 정보를 가지고 있다. 따라서 익명으로 쓴 댓글도 인터넷회사가 제공하는 기록이 있으면 당신이 쓴 글임을 알아낼 수 있다. 그렇다면 수정헌법 4조는 정부가 이런 정보들을 획득하는 것을 규제하고 있는가?

전혀 그렇지 않다. 이 기록들은 제3자인 기업이 가지고 있다. 기업이 아무에게나 고객 정보를 알려주지는 않지만, 어쨌든 제3자 원칙에 따르면 당신은 그 정보들에 대해 사생활을 합리적으로 기대할 수 없다.[3]

클라우드 컴퓨팅

얼마 전까지만 해도 우리는 서류와 소프트웨어를 각자의 컴퓨터에 두는 것에 익숙했다. 그런데 요즘은 문서를 먼 곳에 있는 서버에 저장해두고 인터넷을 통해 그 서버에 접근하는 방식이 늘어나는 추세이다.

구글 문서도구GoogleDocs가 그런 사례인데, 워드 문서와 엑셀 문서를 구글 서버에 저장하면 여러 사람이 협업하면서 공동으로 문서를 편집할 수 있다. 다른 사례로는 애플의 모바일미MobileMe가 있다. 아이폰에 저장된 정보(사진, 문서, 연락처 등)를 백업할 수 있다. 마이크로소프트의 스카이드라이브SkyDrive도 개개인의 정보를 무료로 저장할 수 있기 때문에 개인 컴퓨터에 있는 중요한 파일들을 백업해두기 좋다.*

클라우드 컴퓨팅cloud computing은 문서를 더 안전하게 저장할 수 있게 해주고 항상 최신의 소프트웨어를 사용할 수 있게 해주는 서비스로 각광받는다. 많은 컴퓨터 전문가들이 "미래는 클라우드에 있다"라고 말한다.

그런데 문제가 있다. 문서를 집에 있는 개인 컴퓨터에 저장하지 않고 제3자가 관리하는 서버에 올려두기 때문에, 클라우드 컴퓨팅으로의 전환은 디지털 문서들에 대해 수정헌법 4조상의 보호를 박탈하게 될 수 있는 것이다.[4]

결탁과 강요

때로 기업들은 정부의 요구에 두말없이 협조한다. 9·11 직후가 그랬다. 정부기관들이 항공사에 자료를 요구하자 항공사는 고객 데이터를 재깍 넘겼다. 다른 이와 데이터를 공유하지 않겠다고 고객에게 약속했는데도 말이다.[5]

하지만 대개의 경우 기업은 정부에 고객 데이터 넘기기를 꺼린다. 고객에게 신뢰를 얻고 싶기 때문이다. 당신이 클라우드 컴퓨팅 서비스를 찝찝해한다고 생각해보자. 그러면 클라우드 서비스업체는 당신

---

* 애플의 모바일미는 2012년 이후 서비스가 중단되었다. 현재는 백업 및 애플 기기 간 연동을 지원하는 아이클라우드iCloud가 사용된다. 마이크로소프트의 스카이드라이브는 2014년 윈드라이브OneDrive로 명칭이 바뀌었다.

의 사생활을 존중할 것이며 동의 없이는 누구에게도 당신의 정보를 공유하지 않겠다고 말할 것이다. 하지만 정말 정직하다면 다음과 같이 말해야 한다.

당신의 동의가 없다면 누구에게도 당신의 정보를 공유하지 않을 것입니다. 단, 정부 당국에는 공유할 수 있습니다. 정부는 우리가 가진 당신의 데이터에 매우 쉽게 접근할 수 있습니다. 그리고 그 데이터에 대해 당신은 수정헌법 4조의 보호를 받을 수 없습니다. 수정헌법 4조가 보장하는 권리를 원하신다면 저희 서비스를 이용하지 마시고 데이터를 가정의 개인 컴퓨터에 보관하시기 바랍니다.

이렇게까지 솔직히 알려줄 기업은 없을 것이다. 고객을 겁줘서 쫓아버리는 격이 될 테니 말이다. 담뱃갑에 의무적으로 경고 문구가 들어가듯이, 앞으로는 클라우드 서비스를 이용하거나 제3자에게 정보를 맡길 때 다음과 같은 경고가 필요할지도 모르겠다.

경고: 이 서비스를 이용하면 당신의 데이터에 대해 수정헌법 4조의 보호를 받지 못할 수 있습니다.

기업은 당신의 비밀을 보장해주겠다고 장담할 수 없다. 정부가 그약속을 존중하지 않을 것이기 때문이다. 그런데 정부 자신이 국민에게 비밀 보장을 약속할 때는 태도가 다르다. 예를 들어, 정부는 국민이 인구총조사에 응하게 하려고 많은 돈을 쓰며, 기재한 답변에 대해서는 비밀을 보장해주는 법률도 마련되어 있다. 미국 통계청 웹사이트에 따르면, 통계청은 "국민의 협력과 신뢰에 의존하며 국민의 정보에 대해 비밀 보장을 약속"한다. 또, "미국 연방법전U.S.Code 제13편에 의거해 국민이 작성한 답변에 대한 비밀을 보장하며, 이 법을 어기는 것은 무거운 처벌이 따르는 범죄"이다. "통계청의 모든 직원은 비밀보장 서약을 하고 데이터의 비밀을 반드시 준수"하며, 이 서약을 어기면 최대 25만 달러의 벌금 또는 5년까지의 형을 선고받을 수 있다.[6] 이 정도면 비밀 보장에 대한 약속을 뒷받침하기에 충분하지 않은가!

정부는 자신이 한 비밀 보장의 약속은 존중하면서 기업이 한 약속은 막무가내로 무시한다. 수정헌법 4조는 제3자에게 넘어간 당신의 정보를 보호하지 못하고, 몇몇 연방 법률이 보호를 제공하긴 하지만 그 수준은 매우 낮다. 그리고 상점이나 서점 등 다양한 유형의 기업들이 보유한 기록을 보호하는 연방 법률은 존재하지 않는다.[7]

잘못된 논증과 미해결 문제들

제3자 원칙을 뒷받침하는 논리는 위장잠입요원과 관련된 일련의 소송에서 그 기원을 찾을 수 있다. 그런 소송들에서 대법원은 다른 이에게 비밀을 말한다는 것은 배신당할 위험을 감수한다는 의미로 봐야 한다고 판시했다. 이를 '위험 감수 가정의 원칙assumption of risk doctrine'이라고 한다.[8]

대법원은 제3자 원칙이 위험 감수 가정의 원칙과 마찬가지라고 보았다. 당신이 비밀을 털어놓을 때 상대방이 배신할 수 있다는 것을 알고서 그 위험을 감수한다면, 제3자에게 정보를 넘길 때도 그 제3자가 배신할 위험이 있다는 것을 알아야 한다는 것이다.

하지만 이런 논증에는 문제가 있다. 일단 두 상황은 비견될 수 있는 상황이 아니다. 친구를(혹은 위장잠입요원을) 믿고 말했는데 배신당한 경우는, 그 친구가 자발적으로 당신의 비밀을 공개한 것이다. 하지만 대부분 은행과 전화회사는 고객정보를 자발적으로 공개하지 않는다. 정부의 강요 때문에 억지로 정보를 넘기는 것이지, 기업들은 사실 고객정보를 지키고 싶어 한다.

제3자 원칙은 '비밀 보장'과 '약속'의 의미를 잘못 파악하고 있다. 당신이 거래하는 은행이 당신에게 비밀 보장을 약속했다면 당신은 그 약속이 지켜질 것이라고 기대하기 마련이다. 의사가, 회계사가, 학교가, 그 밖의 어떤 기업이나 단체가 당신에게 비밀을 보장하겠다고 약속한다면 당신은 그 약속이 지켜질 것이라고 합리적으로 기대한다. 비밀 보장의 약속을 깨뜨리면 소송을 당할 수 있고 상당한 보상금을 물어야 하는 경우도 많다.[9] 고객을 잃고 영업활동에 지장을 초래할 수 있다. 그래서 일반적으로 비밀 보장의 약속은 지켜지며, 고객들은 약속이 지켜지리라고 믿는다.

하지만 제3자 원칙에 따르면 서면으로 작성된 계약서조차 사생활에 대한 기대를 충분히 줄 수 없다. 약속과 계약이야말로 현대 시민사회의 기초이며, 약속과 계약을 믿을 수 없다면 기업·상업활동은 사그라지고 말 것이다. 그런데도 대법원은 사생활에 대해서라면 약속과 계약이 중요치 않다고 말한다.

대법원이 제3자 원칙의 범위가 어디까지인지를 명확히 하지 않았

3부 헌법적 권리

다는 점도 문제이다. 제3자 원칙의 적용이 중단되는 지점이 있는가? 일례로, 제3자 원칙이 의료 기록에도 적용되는가? 환자가 증상이나 상태를 의사에게 이야기하지 않을 방법은 없다. 대법원은 그런 데이터도 제3자(의사)에게 넘어갔으므로 사생활을 기대할 수 없다고 말할 것인가? 이는 매우 불합리한 일이 될 것이다.

기술의 발전에 맞춰가기

형사소송절차 전문가 오린 케르는 범죄에 과학기술이 활용되는 것을 제3자 원칙이 막아준다고 주장한다. 이전에는 범죄자들이 나쁜 짓을 저지르려면 물리적으로 무언가를 해야 했지만 이제는 컴퓨터로 뭐든 할 수 있고, 흔적도 숨길 수 있다는 것이다. 케르는 이렇게 범죄자들이 유리해지는 상황을 막으려면 제3자 원칙이 필요하다고 말한다.[10]

하지만 케르는 제3자 원칙이 정부에 주는 막대한 권한을 간과하고 있다. 신기술을 범죄에 잘 활용하는 범죄자도 있을 것이다. 하지만 나머지 다른 사람들은 어떻게 되는가? 수백만 명의 결백한 시민들, 정부로부터 자신의 기록을 지키고 싶은 평범한 시민들은 어떻게 되는가? 컴퓨터에 능한 몇몇 범죄자가 범죄를 숨기게 되리라는 점 때문에 우리가 수정헌법 4조를 통째로 포기해야 하는가? 과학기술로 범죄자들이 유리해질 수도 있지만 정부가 지나치게 많은 권력을 얻게 될 수도 있다.

제3자 원칙은 결국 정부가 수정헌법 4조의 규율을 받지 않고 방대한 디지털 문서들에 접근할 수 있어야 한다는 주장으로 귀결된다. 대개 이런 경우에는 법률의 보호도 제공되지 않는다. 이렇게 헌법과 법률의 규제를 모두 벗어나면, 수사 당국은 아무런 제한이나 감독이 없는 상태로 감시활동을 벌일 수 있게 된다. 이는 묵과해서는 안 되는 상황이다.

정보시대의 수정헌법 4조

헌법을 만든 '건국의 아버지'들은 사상과 신념뿐 아니라 글과 문서에 대한 프라이버시도 맹렬히 지키고자 했다. 영국의 통치 방식에 불만이 커지면서 그들은 자유와 권리와 민주주의에 대해 혁명적인 개념들을 제시하기 시작했고, 영국 당국이 그런 글들을 찾아내 자신을 처벌하지 못하게 하려면 집이 수색되는 상황을 막아야 했다. 그래서 수정헌법 4조가 "불합리한 수색, 체포, 압수로부터 신체, 가택, 서류 및 동산의 안전을 보장받는 권리"를 명시하게 된 것이다.[11]

하지만 이제 수정헌법 4조는 그렇게 광범위한 권리로 해석되지 않는다. 수정헌법 4조는 당신의 문서가 당신의 집에 보관되어 있거나 특정한 물리적 형태를 취하고 있을 때만 "불합리한 수색, 체포, 압수로부터 자유로울 권리"를 보장한다. 정보의 속성 자체는 변하지 않았지만, 이제 정보는 더 이상 양피지에 쓰여 있지 않다. 오늘날의 정보는 특정한 장소나 특정한 물리적 형태에 한정되어 있지 않다. 이제 정보는 디지털화되어 있고 제3자가 원거리에서 관리하는 컴퓨터시스템에 올라가 있다.

그렇게 사생활 보호를 원한다면 데이터를 가까이에만 보관하라고 할지도 모르겠다.

그러면 신용카드, 케이블TV, 인터넷, 전화도 사용하지 말고, 은행 계좌도 열지 말고, 보험도 가입하지 말고, 병원도 가지 말고, 직장도 갖지 말고, 집도 구하지 말고, 신문이나 잡지도 구독하지 말고, 그 밖에 기록을 생성할 수 있는 어떤 행위도 하지 말라는 말인가?

그러려면 숲에 오두막을 짓고 은거해야 한다. 그곳에서라면 아직 수정헌법 4조가 당신을 보호할 것이다.

11장 사생활에 대한 합리적 기대

1982년 시애틀에서 13세 소녀가 폭행과 강간을 당한 후 살해된 사건이 있었다. 나체 시신이 상자에 버려진 채로 발견되었다. 유력한 용의자로 지목된 사람은 존 애단이라는 10대 소년이었다. 그가 식품점 카트에 상자를 싣고 사건현장 근처를 지나가던 것을 그의 형이 목격했기 때문이었다. 하지만 경찰은 더 이상의 증거를 찾지 못했고, 이 사건은 미제로 남았다.

20년이 흘렀다. 경찰은 현대적인 유전자분석 기술을 이용해서 범죄현장에서 발견된 DNA로 프로파일을 만들었다. 경찰은 연방 정부와 주 정부가 갖고 있는 수백만 건의 DNA를 데이터베이스화한 FBI의 '통합 DNA색인시스템'에서 검색해보았지만 일치하는 것을 찾지 못했다.

경찰은 최초 용의자였던 애단을 생각해냈고 애단의 DNA와 범죄 현장에서 나온 DNA가 일치하는지 알고자 했다. 하지만 애단의

　　　　　　　　　　　3부 헌법적 권리

DNA는 FBI의 데이터베이스에 없었다. 경찰은 문제에 봉착했다. 애단이 자발적으로 DNA샘플을 제공할 리가 없는데 그것을 어떻게 어떻게 구할 것인가?

애단은 뉴저지에서(그는 시애틀을 떠나 뉴저지에 살고 있었다) 어떤 법률회사가 보낸 서신을 한 통 받았다. 반갑게도 환불받을 돈이 있다는 내용이었다.

애단 씨 귀하

워싱턴 주의 몇몇 카운티와 시 당국에 대해 집단소송이 제기되었습니다. 이 집단소송은 지역 당국이 1987년에서 1994년 사이에 부과한 교통 범칙금에 대한 것입니다. 저희 회사가 받은 기록에 의하면 귀하는 과다하게 부과되었던 벌금을 환불받을 권리가 있습니다. 받을 수 있는 금액은 추가로 납부하셨던 벌금과 그에 대한 이자, 그리고 피해보상 금액입니다.

본 집단소송에 참여하길 원하시면 2003년 3월 21일까지 회신을 부탁드립니다. 동봉된 양식에 서명하신 후 기간 내에 우편으로 보내주시면 됩니다. 이 양식은 귀하가 제기할 수 있는 금액에 대해 저희 회사가 카운티와 시 당국으로부터 받은 기록을 포함하고 있습니다. 기재된 내용 중 사실과 다른 부분이 있으면 알려주시기 바랍니다.

애단은 주차위반 딱지를 많이 뗐던 모양이다. 집단소송 참여 양식에 날름 서명해서 답신한 것을 보면 말이다. 하지만 그의 답신은 법률회사로 가지 않았다. 편지에 적힌 변호사의 서명은 사실 시애틀 경찰의 것이었고, 집단소송 어쩌고 한 편지는 애단의 DNA를 확보하기 위한 경찰의 계략이었다.

애단의 답신이 도착하자 경찰은 봉투를 봉할 때 바른 침에서 애단의 DNA를 채취했다. 애단의 DNA는 범죄 현장에서 나온 것과 일치했고 그는 2급 살인으로 기소되었다.[1]

항소심에서 애단은 경찰이 그의 의사에 반해 DNA를 얻으려고 속임수를 쓰면서 수정헌법 4조의 절차를 지키지 않았다고 주장했다. 이 경우 수정헌법 4조는 경찰의 계략을 어떻게 규율하고 있을까?

워싱턴 주 대법원은 수정헌법 4조가 애단에게 아무런 보호도 제공하지 않는다고 판단했다. 답신 봉투를 멀리 떨어진 주소로 보냈으니, 봉투 붙일 때 쓴 자신의 타액에 대한 사생활을 합리적으로 기대할 수 없다는 것이었다.[2] 사실 DNA는 수정헌법 4조의 보호 범위에서 거의 언제나 벗어난다. 누군가가 버린 것에는 사생활에 대한 합리적 기대가 없는 것으로 간주되기 때문이다.[3] 당신은 어디에서든지 DNA를 흘릴 수 있다. DNA는 모낭에도, 피부 세포에도, 타액에도 있다. 경찰이 당신의 DNA를 원한다면 당신을 따라다니면서 무언가를 흘리길 기다리기만 하면 된다. 경찰은 버려진 음식, 쓰레기, 담배꽁초 등에서 당신의 DNA를 채취할 수 있다.[4] 용의자가 DNA샘플 제공을 거부하자 그가 땅바닥에 뱉은 침에서 경찰이 DNA를 채취한 적도 있었다. 땅에 침을 뱉은 무도한 행위에 대한 응분의 벌이었을 수도 있겠다.[5]

애단은 경악스러운 범죄를 저질렀고, 경찰이 그에게 대가를 치르게 했다는 점은 감사한 일이다. 안보 강화를 주장하는 사람들은 이런 사건을 예로 들면서 우리가 수정헌법 4조를 포기해야 한다고 말한다.

3부 헌법적 권리

하지만 2장에서 설명했듯이 이런 주장은 양자택일 논리의 오류를 깔고 있다. 수정헌법 4조를 유지한다고 해서 경찰이 DNA를 아예 활용할 수 없게 되는 것은 아니다. 법이 경찰에 영장을 받아 애단의 DNA를 확보하도록 요구했으면 어땠을까? 속임수를 써가며 수정헌법 4조를 피해가야 할 필요는 없었을 것이다.

DNA는 수정헌법 4조의 보호가 불필요한가? 경찰은 아무런 감독을 받지 않고 속임수를 사용해도 되는가? 현재의 해석대로라면, 수정헌법 4조는 당사자의 '사생활'이 침해되었다고 법원이 판단할 때만 적용된다. 물론 사생활은 수정헌법 4조가 보호해야 하는 핵심 가치이지만, 사실상 수정헌법 4조는 사생활을 그리 잘 보호하고 있지 못하다. 역설적인 얘기지만, 법원이 수정헌법 4조를 해석할 때 '사생활'에 초점을 덜 둔다면 오히려 사생활이 더 잘 보호될 수 있을 것이다.

질문을 바꿔보자

어떤 사안이 수정헌법 4조의 보호 범위에 있는지를 심사할 때, 현재 적용되는 기준은 '사생활에 대한 합리적 기대'가 있는지 여부이다. 1967년 「카츠」 사건 판결 이래로 연방 대법원은 정부가 수집한 정보에 대해 그 대상자가 사회에서 '합리적'이라고 인정할 만한 '사생활에 대한 기대'를 드러냈는지를 기준으로 수정헌법 4조의 적용 여부를 판단했다.[6]

여러 맥락에서 '사생활' 개념의 적절성을 두고 많은 논란이 있었다.[7] 법조인 중에 수정헌법 4조 자체를 특별히 좋아하는 사람은 별로 없다. '사생활에 대한 합리적 기대'라는 기준은 '불안정'하고 '비논리적'이라는 비판을 많이 받았고 '혼란'을 일으킨다는 평가를 받기도 했다.[8] 나 또한 대법원이 사생활의 개념을 협소하고 구시대적으로 규정한 '사생활=비밀' 패러다임을 따르는 탓에 여러 문제가 발생한다고 8장에서 비판한 바 있다.

그동안 나는 대법원이 사생활 개념을 현대에 맞게 정교화해야 이 문제가 해결될 것이라고 생각했다. 하지만 이제는 그렇게 생각하지 않는다. 사생활에 대한 합리적 기대를 둘러싼 논쟁은 전체적으로 무의미하다. 질문 자체가 올바르지 않기 때문이다. 이는 윌리엄 제임스가 그의 저서 『실용주의』에서 언급한 다람쥐 논쟁과 비슷하다.

> 다람쥐 한 마리가 나무둥치에 붙어 있고 나무 반대편에 한 사람이 서 있다. 그는 나무 주위를 돌아서 다람쥐의 모습을 보려고 한다. 하지만 아무리 빨리 돌아도 다람쥐가 반대쪽으로 그만큼 빨리 움직여서, 다람쥐는 계속 나무에 가려 보이지 않는다. 이 상황이 제기하는 형이상학적 질문은 다음과 같다. 이 사람은 다람쥐 주위를 돌고 있는 것인가? 그가 나무 주위를 돌고 있는 것은 확실하다. 그리고 다람쥐는 나무에 붙어 있다. 하지만 그가 다람쥐의 주위를 돌고 있다고 볼 수 있는가?

제임스는 이것이 쓸모없는 논쟁이라고 했다. 이 논쟁은 다람쥐 주위를 '돌고 있다'는 것이 무엇을 의미하는가로 귀결된다. '돌고 있다'는 말이 다람쥐가 있는 곳을 네 방향 모두에서 지나간다는 말이라면 이 사람은 다람쥐 주위를 돌고 있다. 하지만 '다람쥐의 네 방향'을 지나 간다는 말이라면, "다람쥐의 움직임이 사람의 이동을 상쇄시켜서 언제나 배 쪽이 사람을, 등 쪽이 반대편을 향하고 있기 때문에, 이 사람은 다람쥐 주위를 돌고 있지 않다". 제임스는 이런 논쟁에 빠지지 말고 '실용적인 결과'에 초점을 맞춰야 더 생산적인 논쟁이 가능하다고 주장한다.[9]

'남자가 다람쥐 주위를 돌고 있는가'를 두고 철학자들이 무익한 논쟁을 해왔듯이, 우리도 수정헌법 4조의 보호 범위를 논할 때 '사생활 침해가 있는가'라는 잘못된 질문에 초점을 맞춰왔다. 이보다는, 수정헌법 4조의 적용이 가져올 실용적인 결과에 초점을 맞춰야 한다. '수정헌법 4조가 여기에 적용되느냐 아니냐'의 논쟁은 정부가 정보를 수집하면서 일으킬 수 있는 실질적인 문제점들을 이야기하지 않게 된다. 정부가 수행하는 활동에 사법부의 감독이 필요한지, 필요하다면 어떤 종류의 감독이 적합한지, 어떤 정도의 제한이 적절한지, 권력의 남용을 어떻게 막을 수 있는지 등에 대해서는 말하는 바가 별로 없는 것이다.

수정헌법 4조의 적용을 분석할 때 물어야 할 핵심질문은 두 가지이다.

1. 범위의 질문: 정부가 실시하려는 특정한 정보수집에 대해 수정헌법 4조가 대상자를 보호하는가?

2. 절차의 질문: 그 정보수집을 수정헌법 4조가 어떻게 규율해야 하는가?

이제까지는 '범위의 질문'이 수정헌법 4조를 둘러싼 논의의 중심이었고, 여기에서 매우 복잡한 원칙과 이론들이 나왔다. 하지만 이 질문은 답이 이렇게 복잡한 것이어서는 안 된다. 사생활(혹은 그 밖에 수정헌법 4조의 기준이 될 다른 특정 가치)에 대한 합리적 기대가 무엇인지를 논하는 소모적인 논쟁은 피해야 한다. 그보다는, 정부의 정보수집 활동이 심각할 법한 문제점을 야기한다면 언제든지 수정헌법 4조가 그 활동을 규제할 수 있게 해야 한다. 이렇게 접근하면 수정헌법 4조의 범위가 들쭉날쭉하지 않고 더 포괄적이게 된다. 이는 '불합리한 수색'을 포괄적으로 금지하는 수정헌법 4조의 문구 자체에도 잘 부합한다.

정부의 정보수집은 많은 문제를 일으킨다. 사생활을 침해하고, 언론의 자유를 저해하며, 결사의 자유를 막고, 사람들이 다양한 사상을 탐색하는 것을 두려워하게 만든다. 또, 정부가 방대한 개인정보를 통해 막대한 권력과 재량권을 얻게 만든다. 정부가 정보수집 권한을 남용할 수도 있다. 수정헌법 4조는 이런 문제가 발생할 때면 언제나 적용되어야 한다.

그러니 '범위의 질문'은 다음과 같이 답이 간단해야 한다. 합리적으로 판단할 때 정부의 정보수집이 심각한 문제를 일으킬 소지가 있으면 수정헌법 4조는 언제나 적용되어야 한다. 답이 더 복잡한 질문은 '절차의 질문'이다. 어떤 종류의 규제가 특정한 활동이 야기할 문제를 가장 잘 제한할 수 있는가? 어느 정도의 감독이 현실적이고 효과적인가? 범위를 논하느라 낭비되는 시간과 에너지는 절차를 논하는 쪽에 쓰여야 한다.

'사생활에 대한 합리적 기대'

오랫동안 연방 대법원은 '범위의 질문'을 두고 씨름해왔다. 8장에서 봤듯이, 처음에는 정부가 누군가의 사물이나 자산에 물리적으로 침입한 경우에만 수정헌법 4조가 적용된다고 해석했다.[10] 나중에는 정부활동이 누군가의 사생활에 대한 합리적 기대를 침해하는 경우에 수정헌법 4조가 적용된다고 해석이 바뀌었다.[11] 새 기준은 수정헌법 4조가 기술의 변화에 맞게 유연성을 갖도록 하는 것이 목적이었지만, 기대에 부응하지 못했다. '사생활=비밀'이라는 패러다임 때문에 정부의 정보수집활동 중 많은 부분이 수정헌법 4조의 범위를 벗어나게 된 것이다.

'사생활에 대한 합리적 기대' 기준은 조금만 수정한다고 될 것이 아니다. 아예 그 수명이 다한 상태이다. 처음에는 이 기준이 각각의 사안에서 '무엇이 사생활인가'에 대해 사회적으로 인정되는 견해를 제시해줄 것으로 기대되었다. 하지만 대법원은 사회가 인정하는 사생활의 개념이 무엇인지에 대해 실증 근거를 제시한 적이 없다. 사실 대법원이 생각하는 사생활 개념은 설문조사 등에서 드러나는 일반적인 사생활 개념과 차이가 크다. 이를 테면, 크리스토퍼 슬로보긴과 조지프 슈마허가 사람들이 생각하는 사생활 개념이 대법원의 해석과 맞아떨어지는지 알아보기 위해 설문조사를 실시해보았더니 "수정헌법 4조의 범위에 대해 대법원이 내린 판단은 경찰의 수사활동에 대해 사람들이 일반적으로 갖고 있는 생각과 다른 경우가 많았다".[12]

대법원의 사생활 개념이 사람들이 현실적으로 기대하는 사생활 개념을 반영하지 않는다는 비판은 많았다. 그런데 대법원도 그럴 만한 이유는 있었다. 대법원이 여론조사에서 나타나는 개념을 따른다면 수정헌법 4조를 다수의 의견에 따라 해석하는 셈이 되는 것이다. 하지만 소수에 속하는 사람들은 의견이 다를 수 있고, 헌법의 목적 중 하나는 다수의 의지를 제한해 소수를 보호하는 것이다.

또, '사적 영역'이라고 기대할 수 있는 부분이 과학기술로 점점 잠식되리라는 점도 문제이다. 그렇게 되면 정부는 더 광범위한 수색과 압수를 할 수 있을 것이다. 순환논리의 문제도 생긴다. 사생활에 대한 기대는 법이 그것을 어떻게 규정하느냐에 의존하므로, '사생활에 대한 합리적 기대' 여부를 판단한 법원의 결정은 자기실현적인 예언이 될 수 있는 것이다.[13]

사생활의 의미에만 초점을 맞춰 수정헌법 4조를 해석할 때의 가장 큰 문제는 수정헌법 4조를 통해 해결할 필요가 있는 심각한 문제들에서 정작 논의가 멀어진다는 점이다. 다음의 두 가지 중 어느 쪽에 수정헌법 4조가 적용되어야 할 것 같은가?

1. 국경에서 정부요원이 당신의 가방을 (열지는 않고) 더듬어서 수색한다.
2. 정부가 모든 사람의 DNA를 수집해서 거대한 데이터베이스를 구축하고 그것을 임의의 목적에 사용한다.

1번에는 수정헌법 4조가 적용된다. 「본드 대 미국Bond v. United States」 사건에서, 국경수비대가 버스 승객의 가방을 더듬어 수색해서 벽돌 같은 물체를 발견했고 필로폰으로 밝혀졌다. 대법원은 이 수색이 수정헌법 4조를 위반했다고 판단했다. 일반적으로 버스 승객들은 자신의 가방이 수색되리라고 예상하지 않는다는 것이었다.[14]

반면, 2번에는 수정헌법 4조가 적용되지 않는다. 앞에서 언급했듯이, DNA는 버려진 물건에서 쉽게 채취할 수 있기 때문이다.

대부분의 사람들은 정부가 1번 상황보다 2번 상황이 심각한 사생활 침해라고 생각할 것이다. 물론 DNA 수집이 사생활 침해가 아니라고 보는 사람들이 있을 수도 있다. 그런데 이렇게 사생활 침해 여부만을 따지다 보면 정부의 DNA 수집·저장·활용을 어떻게 규제할지에 관한 더 큰 사안을 놓치게 된다.

실용적인 접근

문제가 있을 때에는 그 문제를 현실적으로 다룰 실용적인 접근이 필요하다.[15] 문제를 일으킬 소지가 있는 정부의 정보수집을 아무 규율도 받지 않는 채로 두면 안 된다. 따라서 '범위의 질문'에는 비교적 간단히 답할 수 있다. 정부의 정보수집이 심각한 문제를 야기할 때면 수정헌법 4조가 항상 적용되어야 한다고 말이다. 수정헌법 4조가 한 가지의 핵심 문제를 다루는 것으로 귀결되면 안 된다. 역사학자 윌리엄 커디히가 언급했듯이, "수정헌법 4조가 있기까지의 역사를 보면 (…) 문구를 넘어서는 깊이와 복잡성이 드러난다. (…) 수정헌법 4조는 단 하나의 개념을 표현하는 것이 아니라, 역사적 맥락에서 의미와 차원이 발전해온 여러 개념들을 표현한다".[16]

우리가 논의해야 할 더 복잡한 질문은 '절차의 질문'이다. 정부가 벌이는 각각의 정보수집활동을 어떻게 규율해야 하는가? 안타깝게도 현재는 범위의 질문 때문에 절차의 질문이 논의에서 밀려나 있다. 하지만 이것은 회피이다. 논의를 진전시키려면 절차의 질문에 직면해야 한다.

요약하자면, 우선 수정헌법 4조의 '범위'는 정부가 진행하는 정보수집활동 전반을 아우를 수 있어야 한다. 다음으로, 우리는 다음과 같은 '절차'와 관련된 더 어려운 쟁점들을 논의해야 한다. '수정헌법 4조를 적용할 때 정부의 정보수집활동들은 각각 어떻게 규제되어야 하는가?' 12장에서 상세히 다루겠지만, 수정헌법 4조가 모든 형태의 정보활동에 다 들어맞는 하나의 규칙으로 해석될 필요는 없다. 우리는 다양한 정보수집활동에 대해 문제 발생의 소지를 최소화하면서 해당 활동을 허용할 수 있는 감독과 규제의 형태를 각 활동의 특성에 맞게 고안해낼 수 있을 것이다.

유전자 정보와 속임수

애단의 사례를 다시 생각해보자. '사생활에 대한 합리적 기대' 기준은 논의를 법리 해석 게임으로 끌고 가면서 정작 핵심적인 문제에서 멀어지게 만든다. 정부가 아무런 제재 없이 사람들의 유전자정보를 획득해서는 안 된다. 혐의가 없는 사람에 대해서는 DNA샘플을 채취할 수 없어야 한다. 사람들의 DNA정보를 임의적으로 사용해선 안 되고 임의적으로 오래 보관해서도 안 된다.

DNA 식별기술이 주는 이득이 매우 크기 때문에 사용을 금지할 수는 없다. 하지만 방대한 DNA 데이터베이스로 정부가 갖게 될 권력에 대해서도 신중히 생각해야 한다. DNA는 우리가 어디서나 흘릴 수 있기 때문에 인물 정보와 장소 정보를 함께 제공한다. 범죄 현장에서 나온 DNA와 일치 여부를 확인하는 것도 이런 맥락이다. 하지만 DNA정보가 범죄수사를 넘어서까지 사용되면 어떻게 되겠는가? 유전자정보는 특정 인물의 과거와 미래의 건강상태에 대해, 또 그의 가족들에 대해 많은 정보를 노출할 수 있다.[17] 따라서 DNA정보의 수집과 사용에 제한과 감독을 두어 남용을 막아야 한다. 또, 제한과 감독이 있어야만 DNA 수집 대상을 범죄 용의자로 한정하고 수집된 DNA가 이외의 목적으로는 사용되지 않게 할 수 있다.

애단이 결백했다고 가정해보자. 수정헌법 4조의 보호가 없었으므로, 경찰은 애단이 결백한 경우에도 DNA를 확보할 수 있었을 것이다. 그리고 애단에게 고지할 의무도 없으므로 애단은 경찰이 자신의 DNA를 가지고 있다는 사실을 영영 모를 것이다. 애단의 DNA를 어떻게 저장하고 차후에 어떻게 사용할지에 대해서도 경찰은 아무런 규제를 받지 않을 것이다.

애단의 사례는 경찰의 속임수에 대해서도 시사점을 준다. 이 경우에는 끔찍한 범죄자를 잡았으니 경찰의 지략을 칭찬하고 싶을지도 모른다. 하지만 한 걸음 물러서서 큰 그림을 보면, 경찰이 이러한 속임수를 쓰는 것은 문제이다. 경찰이 속임수를 더 자주 사용하기로 했다고 생각해보자. 경찰은 당신의 타액을 확보하기 위해 가짜 주차위반 딱지를 보낼 수도 있고, 개인정보를 수집할 목적으로 가짜 질문지, 지원서, 보증카드 등을 보낼 수도 있다. 당신의 비밀을 털어놓게 하려고 가짜 심리상담을 할 수도 있고, 당신이 작성한 문서들을 확보하기 위해 가짜 웹사이트를 만들어서 거기에 문서를 올리게 할 수도 있다. 모든 서신, 모든 설문조사, 모든 업체, 모든 웹사이트, 모든 전문가가 실은 당신의 개인정보를 확보하려는 술수이거나 위장접근한 경찰일지도 모른다. 수정헌법 4조의 보호가 없으면 이런 것들 모두가 아무런 제약이나 감독 없이 쓰일 수 있는 합법적인 전략이 된다.

수정헌법 4조의 규율이 있으면 이런 속임수들은 상당 부분 불필요해진다. 영장이나 법원명령을 받으면 떳떳하게 요구할 수 있는 정보들일 테니 말이다. 꼭 속임수가 필요하다면 법원의 감독하에서 진행하면 된다. 물론 법원은 사회적으로 문제가 된다고 판단할 경우 경찰이 요청하는 속임수를 허용하지 않을 수도 있다. 중요한 것은, 경찰에 어떤 종류의 전략과 술수를 허용할지를 경찰의 재량에만 맡기지 말고 사법부의 면밀한 판단을 거치도록 하는 것이다.

애단 사건은 수정헌법 4조가 적용되었어야 했다. 나는 다음과 같은 과정이 작동했어야 한다고 생각한다. 수정헌법 4조는 경찰이 독자적으로 행동하게 두지 말고 법원의 승인을 얻어서 DNA를 확보하도록 요구했어야 한다. '상당한 이유'를 제시하지 못했다 해도, 경찰이 애단을 의심할 만한 근거를 어느 정도 가지고 있었고, 정보수집이 DNA로 한정될 것이었으며, DNA 확보 이외에는 현실적으로 수사를 진전시킬 다른 방법이 없었으므로 수정헌법 4조는 법원이 영장이나 법원명령을 발부하도록 허용했어야 할 것이다. 그리고 만약 DNA 확인 결과 애단이 범인이 아니었다면 애단의 DNA샘플은 곧바로 폐기되었어

3부 헌법적 권리

야 한다. 그런데 현재는 수정헌법 4조가 이런 방식으로 작동하지 않는다. 이 문제는 다음 장에서는 더 자세히 살펴볼 것이다.

수정헌법 4조를 되살리기

정보수집은 정부 권력의 가장 강력한 형태를 표현한다. 자유와 민주주의에 근본적으로 영향을 미칠 수 있는 형태이기 때문이다. 정부의 정보수집은 사회의 구조에 너무나 근본적이고 심대한 영향을 미치므로 헌법으로 규제되는 것이 타당하다.

수정헌법 4조의 보호 범위는 넓어야만 한다. 수정헌법 4조는 모든 '불합리한 수색'을 금지한다. 정부가 개인정보를 수집하면서 현재의 감독이나 규율로 해소되지 못하는 문제를 일으킨다면, 이는 불합리한 것이다. 보호 범위를 넓게 잡지 않으면, 정부가 정말로 문제가 되는 행동들을 하도록 허용하는 격이 된다. 감시를 남용하고 사생활을 침해하거나 언론의 자유를 위축시킬 수도 있다. 수정헌법 4조가 정작 큰일에 대해서는 보장을 안 해주는 허술한 보험상품처럼 되어서는 안 된다. '사생활에 대한 합리적 기대' 기준은 다른 역할들은 고사하고 사생활 보호의 역할조차 제대로 못하고 있다. 이 기준을 넘어서야 수정헌법 4조가 다른 문제들을 더 잘 다룰 수 있을 뿐 아니라 사생활도 더 잘 보호할 수 있을 것이다.

12장 혐의 없이 벌이는 수색

미국군사학교감시School of the Americas Watch, SAW는 포트베닝에 있는 미국군사학교School of th Americas, SOA를 비판하는 단체이다. 조지아 주 콜럼버스에 위치한 이 학교는 외국의 군 지도자들을 교육한다. SAW는 이 학교에 맞서 평화적인 저항활동을 벌여왔다. 이 학교가 독재국가들이 시민을 억압시키는 기술을 배우도록 함으로써 독재정권을 지원한다는 이유에서였다.

설립자 로이 부르주아 목사가 이끄는 SAW는 매년 포트베닝 기지 밖에서 시위를 하는데, 약 1만 5,000명 정도가 참여한다. SAW는 13년 동안 시위를 열어왔고, 참여하는 사람들은 무기를 소지한 적도, 폭력 행위로 체포된 적도 없었다.

그런데 2002년 연례 시위가 열리기 일주일 전에 콜럼버스 시 당국은 모든 시위 참가자가 금속탐지기를 통과해야 하며 탐지기가 울리면 신체 수색을 할 것이라고 발표했다. 모든 참가자가 검색대를 통과해 시위장에 들어가려면 족히 두 시간은 기다려야 할 터였다. 시 당국은 국토안보부가 미국의 위험 수준을 '상향 조정'했기 때문에 시행되는 조치라고 설명했다. 당국에 따르면 일부 시위자들이 연막탄을 터뜨린 적이 한 번 있었고, 한두 명이 기지 안에 무단으로 들어간 적도 있었으며, SAW가 초청한 단체들 중에는 몇 년 전 시애틀 세계무역기구 회의장 밖에서 폭동을 일으킨 단체도 하나 있었다.

SAW는 이 검색조치가 수정헌법 4조 위반이라고 주장했다. 이 사건은 제11항소법원으로 올라갔고 제11항소법원은 SAW의 손을 들어줬다. "테러의 위협이 만연해 있다고는 하나 그것을 집회 참가자들에 대한 수정헌법 4조의 보호를 제약하는 이유로 사용할 수는 없다. 국제 테러리스트가 이 시위를 테러 목표로 삼거나 시위에 잠입할 것이라고 볼 이유가 없는 한, SAW 시위 참가자들을 검색하는 이유로 9·11테러를 사용하는 것은 근거가 없다." 그리고 제11항소법원은 수정헌법 4조가 "혐의가 없는 상황에서 영장 없이 벌이는 대규모 수색"을 허용하지 않는다고 판시했다.

경찰이 아무 때나 사람들을 임의로 멈춰 세워 수색할 수 있게 허용된다면 실제로 미국이 더 안전해질 가능성은 있다. 그렇더라도, 수정헌법 4조는 추가적인 안보를 위해 자유와 사생활이 계속해서 더 많이 희생되지 않도록 하며, 이는 헌법의 기초를 닦은 선조들의 가치관과 부합하는 것이다. 수정헌법 4조는 잠재적으로 효과가 있을지도 모르는 광범위하고 예방적인 저인망 수색보다, 증거에 기반을 둔 수색을

헌법에 합치하는 규범으로 삼는다.[1]

혐의 없는 수색을 금지한 제11항소법원의 판단은 옳다. 예외는 있지만, 일반적으로 수정헌법 4조는 어느 정도 혐의가 있을 때만 수색을 할 수 있도록 제한하고 있다. 경찰은 수색 대상이 무기를 소지했거나 범죄에 연루되었다고 보는 '합리적인 의심'이 있는 경우에만 신체 수색을 할 수 있다.[2] 또, 수정헌법 4조는 대부분의 수색활동에 대해 법원의 사전 승인을 얻도록 하고 있다. 당신의 집을 수색하거나 전화를 감청하려면 영장을 받아야 하는 것이다. 이 과정은 경찰이 법원에 영장을 청구하는 것으로 시작되는데, 보통 영장청구서는 경찰이 작성한 진술서(서약하에 진술된 내용)로 구성된다. 판사가 그 청구 내용을 받아들이면 영장이 발부된다.

영장은 '상당한 이유'로 뒷받침되어야 한다. 합리적인 사람이 볼 때 청구서에 적시된 장소를 수색해 범죄의 증거나 용의자를 찾을 수 있으리라고 판단되면 상당한 이유가 있다고 간주된다.[3] 그렇게 충족시키기 어려운 조건은 아니다. '감'만 가지고는 안 되겠지만 이 단계에서는 확실한 증거를 제시할 필요까지는 없다. 합리적으로 타당성을 설명할 수만 있으면 충분하다.

영장을 청구하려면 경찰은 자신이 제기하는 의심에 대해 합당한 기반을 제시해야 한다. 예를 들어, 영장에는 특정한 장소를 적시해야지, 맨해튼에 있는 주택 전부를 수색하겠다고 하면 안 되는 것이다. 또 찾으려는 것이 구체적으로 무엇인지를 적시해야지, 누군가의 집에 '나쁜 물건'이 있을 것이라고만 말해서도 안 된다.

안보강화론자들은 영장과 '상당한 이유'를 요구하는 것이 테러 방지에 방해가 된다고 주장한다. 테러 모의를 잡아내려면 광범위한 감시와 전면적인 수색이 필요한데, 의심 사유를 구체적으로 적시하도록 요구하는 것은 대테러활동에 필요한 정보수집에 부합하지 않는다는 것이다. 민주수호재단 회장 클리퍼드 메이는 "테러 모의자 대부분이 아직 범죄를 저지르지 않았기 때문에 [상당한 이유는] 맞추기 어려운 기준"이라고 언급했다.[4] 군사법 전문가인 글렌 설메이시와 법학 교수 존 유도 국가안보 사안은 "[발생할 경우에] 피해의 규모가 막대하고 빠른 조치가 필요하기" 때문에 "영장 절차를 요구하는 것이 비실용적"이라고 주장했다.[5] 안보강화론자들은 데이터마이닝 기술도 찬미한다(18장을 참고하라). 데이터마이닝을 하려면 특정한 행동패턴을 짚어내기 위해 방대한 정보를 수집해야 하는데, 이러한 정보수집은 대개 구체적인 의심 사유가 없는 상태에서 이루어진다.

SAW 집회 사건을 판결한 법원은 혐의 내용을 적시하도록 경찰에 요구했지만, 이런 경우는 점점 드물어지고 있다. 오늘날 영장 절차에는 예외가 많은데, 한 추정치에 따르면 스무 가지도 넘는다.[6] 연방 대법원은 "일반적인 경찰 업무상의 필요를 넘어서는 특정한 필요"가 있어서 "영장을 청구하거나 개별 의심 사실을 구체적으로 적시하는 것이 실용성이 없거나 부적절한 경우"를 점점 많이 인정하고 있다.[7] 무작위 검색을 허용한 경우들도 있다.[8] 3장에서 설명했듯이, 연방 항소법원은 뉴욕 지하철 승객에 대해 경찰이 혐의 사실 없이 무작위 검색을 하도록 허용했다. 오늘날, 수정헌법 4조 절차에서 '영장'과 '상당한 이유'는 멸종 위기이다.

혐의 없이 벌이는 수색은 아주 예외적인 경우가 아니면 허용되지 말아야 한다. 혐의 사유를 밝히도록 경찰에 요구하는 것(특히 영장 절차)은 경찰의 권력과 재량권을 견제하는 데 필수적이다. 그리고 영장을 요구하는 것은 범죄의 '예방'을 위한 정보수집에서도 부적절하지 않다. 그리고 영장이 정말로 실용성이 없는 경우라면, 영장 제도를 없애버릴 것이 아니라 영장의 핵심 기능을 달성할 수 있는 다른 방법을 찾아야 한다.

상당한 이유로 뒷받침된 영장의 필요성

상당한 이유로 뒷받침된 영장은 적어도 세 가지 면에서 중요한 기능을 한다. 경찰의 권력과 재량권을 견제하고, 저인망 수색을 제한하며, 사후 확신 편향을 막아준다.

경찰의 권력과 재량권

영장은 해당 사안에 이해관계가 없고 중립적인 판사가 심사한다. 영장은 경찰의 권한을 견제하고 제한한다. 경찰은 언제, 어디를, 어떻게 수색할지에 대해 방대한 재량권을 가지고 있다. 집, 물건, 컴퓨터를 뒤질 수도 있고, 대상자를 체포해서 신체 수색을 할 수도 있다. 영장 제도는 경찰이 단지 감으로, 재미로, 대상자에 대한 적의에서, 대상자의 인종이나 종교에 대한 편견에서, 대상자의 신념이나 발언이나 행위를 문제 삼아서, 혹은 대상자의 직업이나 지인들을 문제 삼아서 수색을 벌이지 못하게 막아준다.

즉, 영장 제도는 경찰이 정말로 필요하다고 생각할 때만 수색을 하도록 만든다. 형사소송절차 전문가인 윌리엄 스턴츠는 이렇게 설명했다. "경찰 입장에서, 영장 제도는 수색의 비용을 높인다. 수색을 하려면 진술서를 쓰고 법원에서 기다려야 한다. 이는 경찰이 수색을 진행할지 여부를 더 엄밀한 기준으로 판단하게 만든다. 영장 발부받는 데 몇 시간을 써야 한다는 사실을 안다면, 경찰은 상당히 확신하지 않는 한 영장 청구를 남발하지 않을 것이다."[9]

시민들은 열정적으로 수사하는 경찰을 원한다. 그런데 열정적이면서 동시에 조심스럽기까지 하라고 요구하기는 어렵다. 따라서 법원의 감독이 필요하다.

영장 제도는 수색 과정에서 권력이 남용되는 것도 막아준다. 경찰이 집행유예 조건을 어겨 수배 중이던 절도범 도미닉 윌슨을 추적하던 때였다. 어느 날 새벽, 경찰은 도미닉의 부모의 집에 들이닥쳤다. 갑작스런 소리에 잠에서 깬 도미닉의 아버지는 속옷만 입은 채로 거실에 나갔다가 사복 차림에 총을 든 남자 다섯 명이 있는 것을 보았다. 무슨 일이냐고 물었지만 남자들은 그를 눌러 바닥에 엎드리게 했다. 경찰은 도미닉이 집에 없다는 것을 확인하고서 철수했다. 그런데 동행취재에 나섰던 기자들이 경찰과 함께 집안에 들어갔던 것으로 밝혀졌다. 연방 대법원은 기자들이 윌슨의 집에 들어간 것은 영장의 범위를 벗어난다고 밝혔다.[10] 영장은 경찰이 용의자의 집에 들어가 수색하는 것만 제한적으로 허용할 뿐, 기자나 친구를 데리고 가서 남의 집 거실을 어슬렁거리게 하는 것까지 허용하지는 않는다.

저인망 수색

영장 제도는 불시에 이루어지는 저인망 수색으로부터 시민을 보호하는 데도 유용하다. 저인망 수색은 뭐라도 걸리기를 바라면서 다수의 사람을 무작위로 수색하는 것이다. 경찰이 의심 사유와 상관없이 모든 사람의 집을 수색할 수 있다면 분명 더 많은 범죄자를 잡을 것이다. 냉장고에 사체를 보관한 연쇄살인범도 잡을 수 있을 것이고, 필로폰을 밀매한 마약상도 잡을 수 있을 것이고, 피카소의 작품을 훔친 절도범도 잡을 수 있을 것이다.

그런데 저인망 수색에서는 소소한 잘못도 드러날 수 있다. 저작권법을 위반하고 음악 파일을 다운로드했다거나, 아주 약간의 마리화나를 가지고 있었다거나, 온라인으로 구매한 물건에 세금을 제대로 내지 않았다거나, 그 밖의 경미한 잘못들이 드러날 수도 있는 것이다. 오늘날에는 아차 하면 범죄가 될 일이 아주 많다. 징역 선고를 받을 수도 있는 범죄의 수는 연방법 기준으로 4,000가지가 넘는다.[11] 연방 법원의 어느 판사는 범죄가 될 수 있는 행동이 너무나 많기 때문에 모든 사람이 뭐라도 죄를 지었을 것이라고 말했다.[12] 또 다른 전문가는 사람들이 일반적으로 하루 평균 3건의 범죄를 저지른다고 추정했다.[13] 도서관에 책 반납하는 것을 잊었다면 솔트레이크시티에서는 범죄가 된다. 워싱턴에서는 광고에 미국 국기를 넣는 것도 범죄이다.[14] 이렇게 희한한 범죄 말고도, 사람들이 실수로 저지르는 범죄는 아주 많다. 많은 부모가 10대 자녀에게 어쩌다 한 번 맥주를 주는데, 이것도 위법이다. 미국인의 절반이 살면서 한 번쯤 불법 약물을 해보는데, 불법 약물 소지는 범죄이다.[15] 또, 많은 사람들이 스포츠 경기에 내기를 걸지만 이것도 범죄이다. 이런 사례를 열거하자면 끝이 없다.

　이런 죄를 묻기 위해 고소·고발이 진행되는 일은 거의 없겠지만, 당신이 요주의 인물이라면 이런 사소한 것들을 빌미로 즉각 기소될지 모른다. 경찰이 마약을 찾기 위해 저인망 수색을 했다고 하자. 당신의 집에서 마약은 발견되지 않았지만 수색 과정에서 경찰이 당신의 종교나 정치적 신념을 알게 되었고 그것이 불온하다고 판단했다. 마침 당신이 스포츠에 내기를 걸었다는 사실도 알게 되었다. 그러면 경찰은 도박을 구실로 당신을 체포할 수 있다. 사실은 경찰이 싫어하는 신념을 가졌기 때문에 체포된 것이지만 말이다.

사후 확신 편향

　영장을 받는 시점은 매우 중요하다. 영장은 수색을 진행하기 전에 받아야 한다. 가장 큰 이유는 사후 확신 편향을 막기 위해서이다. 경찰이 불법적으로 테러 용의자의 가택을 수색했는데 여러 종류의 무기가 발견된 경우를 생각해보자. 감에만 의존해 수색했다는 이유로 이것들을 증거로 채택하지 않을 판사가 어디 있겠는가? 감이 맞았다고 판명 난 만큼, 사후적으로 수색을 문제 삼기는 매우 어렵다.

　그래서 영장은 사전에 발부되어야 한다. 법원은 경찰이 어디까지 아는지를 알게 된다. 영장은 일종의 도박이다. 경찰은 증거를 발견할 확률이 높다고 말하고 판사는 그 가능성이 충분한지 판단하지만 누구도 이 도박의 결과를 확실히 알 수 없다. 그러나 결과를 알고 나서는 이와 같이 편향되지 않은 태도를 갖기 힘들다.

　사후 확신 편향은 '내 그럴 줄 알았지' 현상이라고도 불리며, 심리

학계에서는 잘 알려진 현상이다. 우리가 사후 확신 편향에 빠지기 쉽다는 점은 수많은 연구에서 밝혀진 바 있다. 1991년의 한 연구에서는 사람들에게 클래런스 토머스가 연방 대법관으로 인준될 것이라고 보는지를 질문했다. 상원 표결이 있기 전에는 58퍼센트가 그럴 것이라고 답한 반면, 임명이 확정된 후에 질문을 했을 때는 78퍼센트가 그렇게 될 줄 미리 알고 있었다고 답했다.[16] 또 다른 연구에서는 독성 화학물질을 실은 기차가 지형이 험악한 지역을 지나가도 좋은지를 질문했다. 결과를 듣지 못한 채로 답한 사람들 중에서는 38퍼센트만이 사고가 날 것이라며 기차가 그 경로를 가지 말아야 한다고 답했다. 반면, 기차가 탈선해서 유독물질이 강에 쏟아졌다는 이야기를 듣고 나서 대답한 사람들 중에서는 68퍼센트가 사고가 예측 가능했으며 기차가 그리로 가지 말았어야 했다고 답했다.[17]

결과를 알고 나서 되짚어 생각할 때면 우리는 그 결과를 이미 알고 있었다고 생각하는 경향이 있다. 사후 확신 편향은 고치기가 어렵다. 아무리 결과를 모른다고 생각하고 답하려 해도 그렇게 잘 되지 않는다.[18]

이 과정은 잘 작동될 수 있는가

영장은 형식적인 장치에 불과한가

법원은 영장을 상당히 자주 발부한다. 이 때문에 영장을 유의미한 보호라기보다 형식적인 장치로 여길 수도 있다. 하지만 영장 발부가 잦다는 것은 영장 제도가 효과가 없기 때문이 아니라 경찰이 부당한 수색을 자제하고 있기 때문이다. 경찰은 판사와 신뢰를 쌓아야 한다. 다른 사건으로도 같은 판사에게 영장을 받으러 와야 하기 때문이다. 신뢰를 잃으면 판사의 심사가 깐깐해져서 영장이 발부되지 않을 수 있고, 결국은 수사에 지장이 생기게 된다.

영장을 받아 수색을 하는 경우 경찰은 대개 예상했던 증거를 찾아낸다. 예상했던 증거 중 적어도 일부를 찾아내는 경우가 80퍼센트 이상이다.[19] 이런 성공률을 보면 영장 발부가 남발되고 있다고는 볼 수 없다.

범죄 예방에도 효과적인가

앞에서 언급했듯이, 어떤 전문가들은 영장과 상당한 이유라는 절차가 범죄의 '예방'이 아니라 [이미 발생한] 범죄의 '수사'와 관련해 고안되었다고 주장한다. 하지만 영장 제도는 미래의 위협을 막기 위한 감시활동에도 잘 부합한다. 영장 제도는 정부가 진행하는 감시가 단순한 감이나 억측, 또는 인종·국적·종교·정치적 견해에 대한 편견에 근거하지 않는다는 점을 보장하기 위한 것이다. 이는 정부의 조사가 이미 저질러진 범죄에만 한정되어야 한다는 의미가 아니다. 범죄를 계획하는 것, 특히 테러를 모의하는 것은 그 자체로 이미 범죄이다. 불법행위를 하기로 동의하는 것도 범죄이다. 또, 범죄를 저지르기 위한 첫 단계로 장소에 대한 정보를 얻거나 필요한 물건을 구하는 것도 그 자체로 범죄구성요건이다. 따라서 범죄가 계획되고 있다고 볼 '합리적으로 신뢰할 수 있는 근거'만 있다면 영장을 발부받을 수 있다.

'합리적'이라는 기준은 적절한가

법학자 아킬 아마르는 수정헌법 4조가 상당한 이유와 영장을 요구하는 것으로 "잘못 해석되어왔다"라며, 수정헌법 4조는 정부의 행동이 '합리적'이기만 하면 충족된다고 주장했다.[20] 하지만 이런 기준은 문제가 있다. 형사소송절차 전문가 앤소니 앰스터댐이 지적했듯이, 합리성 기준에서는 "일반적으로 흘러넘치는 것들이 발생하기"때문이다.[21] 합리성 기준은 모호하고 초점이 없다. 견제의 수단이 되기에도, 지침을 주기에도 실용성이 없다.[22] 경찰의 재량권을 적절하게 제한하기에는 너무 모호하고, 경찰의 행동이 합리적인지는 수색이 이루어지는 도중이나 끝난 이후에야 알 수 있으므로 사후 확신 편향에 빠지는 것도 막기 어렵다.

예외적인 경우

영장과 상당한 이유는 강력하게 요구되어야 한다. 그런데 상황에 따라 이 요구가 정말로 수사를 방해할 수도 있다. 예를 들자면, 경찰이 이러지도 저러지도 못하는 상황에 처하게 될 수 있다. 충분한 증거가 있어야 상당한 이유를 댈 수 있는데, 상당한 이유와 영장이 없어서 그 증거를 구하지 못하는 경우가 생길 수 있는 것이다. 그러므로 경찰이 영장 절차를 밟기 전에 어느 정도는 수사를 진행할 수 있어야 한다.

경찰이 익명의 제보자로부터 당신이 마약을 거래하고 있다는 제보를 받았다고 해보자. 경찰은 영장 없이 당신의 집을 수색할 수 없다. 연방 대법원은 믿을 만한 정보제공자가 있으면 상당한 이유를 충족시킨다고 보지만, 익명의 제보자는 여기에 해당하지 않는다.[23] 제보 내용을 뒷받침하려면 경찰은 더 많은 증거가 필요하다. 이 시점에 경찰은 당신을 따라다니거나 쓰레기를 뒤지거나 제3자로부터 기록을 얻을 수 있다. 이것들에는 현재 수정헌법 4조가 적용되지 않지만, 나는 이런 것들에도 적용이 되어야 한다고 주장한 바 있다. 하지만 그렇게 되면 이런 활동들에도 영장과 상당한 이유가 필요해지므로, 경찰은 결국 더 이상의 증거를 찾지 못하게 된다.

이 때문에 때로는 경찰이 영장과 상당한 이유의 요구를 면제받는 것이 타당할 수 있다. 그런 경우, 다음과 같이 단계별 승인 절차를 도입할 수 있을 것이다. 우선, 경찰이 일단 가지고 있는 증거를 제시한다. 그것이 상당한 이유를 구성하기에 충분하다면 영장을 받을 수 있다. 만약에 부족하다면, 법원은 한 단계의 추가적인 조사 과정을 허용할지 여부를 검토한다. 경찰은 단순한 감보다는 분명한 이유를 들어 추가조치, 예를 들면 당신의 쓰레기를 뒤지는 조치를 취하겠다고 제안할 수 있을 것이다. 그러면 법원은 그 조치를 진행하는 것이 타당한지를 판단한다.

때로는 정부가 특정 용의자를 염두에 두지 않은 채 광범위한 감시를 해야 할 필요도 있을 것이다. 경찰이 이런 요청을 하면, 법원은 매우 신중하게 검토해야 한다. 그리고 영장과 상당한 이유의 절차를 거치는 것이 이 경우에 왜 부적절한지를 경찰이 설명하도록 해야 한다. 경찰이 감시조치의 타당성을 설명할 수 있고, 조치에 적절한 제한이 있으며, 추측만으로 감시를 하는 수준이 아니라면, 법원은 경찰의 요구를 승인해야 할 것이다. 영장이나 상당한 이유의 절차를 밟지 않는 예외적인 경우는 반드시 다음과 같은 조건을 따라야 한다.

1. 수색은 가능한 한 제한적이어야 한다.

2. 저인망 수색은 제약되어야 한다.

3. 영장 없이 진행되는 수색은 대안이 없는 경우에만 이루어져야 한다.

4. 이 경우, 정부는 영장 발부 절차를 통하는 것이 왜 현실성이 없 는지를 설득력 있게 설명해야 한다.

5. 영장이나 상당한 이유가 없는 채로 수색을 할 경우, 그 수색으 로 얻는 이득은 사생활 침해, 언론 자유의 축소, 결사 및 종교의 자유 축소 등 그 수색이 유발할 피해를 능가해야 한다.

6. 사람들의 권리를 적절하게 보호할 수 있는 체제가 있어야 하며 경찰의 재량권이 남용되지 않아야 한다.

7. 수집되었으나 사용되지 않은 정보는 일정 기간이 지나면 폐기 해야 한다.[24]

13장 '증거 배제 원칙'은 필요한가

나는 절도 사건 재판에 배심원으로 참여한 적이 있다. 어떤 사람이 빈 가방을 들고 학교 건물에 들어가 어슬렁거리다가 경비원에게 제지를 당했다. 경비원이 뭘 하는 중이냐고 묻자 그는 잡지 구독신청을 받는 중이라고 대답했다. 하지만 잡지도, 안내책자도, 구독신청서도 없었다. 신청서를 작성하는 데 필요할 필기도구도 없었다. 경비원은 경찰을 불렀고 그는 체포되어 절도 혐의로 기소되었다.

유죄가 성립되려면 그가 범행 의도를 가지고 불법적으로 건물에 들어왔음이 입증되어야 했다. 배심원단은 무죄 평결을 내렸다. 범죄의 의도가 있었는지에 대한 증거가 불충분했기 때문이다. 심증으로는 그가 범죄를 저지르려 한 것이 맞았기 때문에, 그가 어슬렁거린 이유를 확실히 보여줄 증거가 부족한 것이 너무나 아쉬웠다. 유죄를 선언하려면 합리적인 의구심을 넘어설 수 있는 수준으로 기소 사실을 입증할 수 있어야 하는데, 이 경우에는 그럴 증거가 부족했다.

재판이 끝난 후 담당 검사와 이야기를 나누었는데, 결정적인 증거 하나가 재판에서 배제되었다고 했다. 그 사람의 가방에서 절도 도구들이 나왔는데 '증거 배제 원칙' 때문에 배심원단에는 알려지지 않았다는 것이다. 증거 배제 원칙이란 수정헌법 4조를 위반해서 수집한 증거는 재판 때 사용할 수 없도록 한 원칙을 말한다. 이 경우에는 경찰이 수정헌법 4조의 절차를 밟지 않고 가방을 수색했기 때문에 가방에서 나온 증거를 제출할 수 없었다. 그 도구들이 증거로 제출되었더라면 배심원들은 유죄로 판단했을 것이다. 증거 배제 원칙의 결과로, 죄 지은 사람이 유죄 선고를 받지 않았다. 수정헌법 4조를 지키기 위해 치르는 비용으로는 너무 크지 않은가?

증거 배제 원칙은 수정헌법 4조가 지켜지도록 강제하는 주요 수단이다. 수사 당국이 수정헌법 4조가 보장하는 시민적 권리를 존중하게 하는 장치이다. 하지만 여기에는 비용이 따른다. 영화를 보면 악당은 활개를 치고 경찰은 '기술적인 세부사항들에 대해' 판사에게 불만을 터뜨리는 장면들이 종종 나오는데, 대부분 증거 배제 원칙 때문이다.

증거 배제 원칙은 격렬한 논쟁을 불러일으켰다. 이 원칙을 좋아하는 사람은 거의 없다. 지지자들도 증거 배제 원칙 자체를 좋아하지는 않는다. 그럼에도 사생활보호론자들은 이 원칙이 꼭 지켜져야 한다고 말한다. 증거 배제 원칙은 필요악이며 다른 방법들보다 낫다는 것이다.[1]

과연 증거 배제 원칙은 당국이 수정헌법 4조를 잘 지키게끔 강제하기에 최선의 수단인가? 나는 오랫동안 그렇다고 생각해왔다. 그런

3부 헌법적 권리

데 이제는 그렇게 생각하지 않는다.

돌리 맵 가택 수색

증거 배제 원칙은 어떻게 생겨났을까? 이 원칙은 오래전부터 있었지만 연방 대법원이 이것을 수정헌법 4조 위반 시에 의무적으로 따라야 할 규칙으로 만든 것은 1961년이다.[2] 그해에 대법원에는 경찰의 행동이 공분을 일으켰던 사건이 하나 올라와 있었다.[3]

28세의 흑인 여성 돌리 맵이 딸과 함께 살고 있는 집에 어느 날 경찰 3명이 들이닥쳤다. 경찰은 돈 킹(훗날 유명해진 권투 프로모터)의 집에 폭발물을 터뜨린 용의자를 추적하고 있었는데, 용의자와 관련된 사람의 자동차가 돌리의 집 앞 길가에 주차되어 있었다. 경찰은 다짜고짜 문을 두드리면서 집을 수색하겠다고 했다. 돌리는 변호사와 통화한 뒤, 영장 없이는 들어올 수 없다고 창문을 통해 말했다.

경찰 4명이 추가로 도착했다. 계속 문을 두드려도 돌리가 대답이 없자, 경찰은 뒷문을 부수고 들어갔다. 돌리는 화가 나서 영장을 보자고 했다. 경찰이 종이 한 장을 들어 보였고 돌리는 그것을 가로채서 가슴팍에 넣었다. 그러자 경찰들은 돌리를 붙잡아 종이를 꺼내고 수갑을 채우고는 집을 수색했다. 폭발물 사건에 대해서는 아무 증거도 찾지 못했고, 포르노 책자 몇 권을 찾아냈다. 경찰은 돌리를 음란죄로 체포했다.

재판에서 돌리는 경찰이 압수한 책자가 증거로 쓰일 수 없다고 주장했다. 이 수색은 명백히 수정헌법 4조 위반이었다. 수색을 하려면 영장이 있어야 하는데 경찰은 영장을 가져오지 않았다. 경찰이 흔들었던 종이는 영장이 아니었고, 알 수 없는 이유로 재판 전에 사라져버렸다.[4]

이 사건은 대법원까지 올라갔다. 「맵 대 오하이오Mapp v. Ohio」 사건에서 대법원은 수정헌법 4조를 위반하면서 수집한 증거는 재판에서 배제되어야 한다고 판시했다. 수정헌법 4조를 수사 당국이 확실히 존중하게 하려면 증거 배제 원칙이 필요하다는 이유에서였다. "정부가 자신의 존재 근거를 명문화한 헌장을 무시하거나 자신의 법을 지키지 못하는 것보다 스스로를 더 빨리 파괴할 수 있는 길은 없을 것이다."[5]

증거 배제 원칙은 수정헌법 4조가 위반되었을 경우, 그 결과물을 없애서 위반이 발생하지 않은 상태로 만든다는 개념이다. 이 사건에서 경찰이 수정헌법 4조를 위반하지 않았다면 포르노 책자들을 발견할 수 없었다. 따라서 그 책자들이 돌리에게 불리하게 사용되면 안 되었다.

「맵」 사건의 판결은 증거 배제 원칙을 일종의 법적 원칙으로 정립했고, 이는 반발을 불러일으켰다. 뉴욕 경찰은 증거 배제 원칙이 "해일이나 지진"에 맞먹을 "비극적인 영향"을 법에 미칠 것이라고 말했다.[6] 논쟁은 지금도 계속되고 있다.

이 사건에는 흥미로운 뒷이야기가 있다. 상고심에서 이긴 후, 돌리는 뉴욕으로 이사했다. 시간이 한참 흐른 뒤, 경찰은 장물 보유 혐의로 돌리의 집을 수색했다. 이번에는 찾으려던 증거물(도난당한 전자제품과 골동품)이 발견되었다. 그리고 헤로인 50봉도 발견되었다. 전과 달리 뉴욕 경찰은 수색 영장을 가지고 있었다. 아마도 경찰은 예전의

3부 헌법적 권리

돌리 사건 덕분에 영장이 필요하다는 사실을 잘 알고 있었을 것이다. 돌리는 유죄를 선고받고 20년 형을 살게 되었다.

증거 배제 원칙의 존재 이유

수정헌법 4조에는 이 조항의 준수를 어떻게 강제할지에 관한 언급이 없다. 불합리한 압수와 수색이 이루어지면 안 되고 영장이 상당한 이유로 뒷받침되어야 한다고만 밝히고 있을 뿐, 그것을 어길 경우 어떻게 되는지에 대해서는 언급이 없다. 잘못에 대해 책임을 지울 방법이 없는 규칙은 독침이 없는 벌이나 마찬가지여서 곧바로 무시되어 버린다. 수정헌법 4조도 준수를 강제할 수 있는 장치가 필요한데, 지난 반 세기간 증거 배제 원칙이 이 역할을 해왔다. 그리고 증거 배제 원칙에 여러 가지 장점이 있는 것도 사실이다.

공정성

일단 증거 배제 원칙은 간단하고 공정하다. 규칙을 위반해서 무언가를 얻었다면 계속 가지고 있어서도, 이득을 취해서도 안 되며, 원래 소유자에게 돌려줘야 한다. 이것이 증거 배제 원칙의 기능이다. 경찰은 잘못된 절차로 얻은 정보로 이득을 취할 수 없고, 불법으로 취득한 증거물은 피고에게 돌려줘야 한다. 수정헌법 4조가 위반되지 않았을 때의 상태로 돌려놓는다는 점에서, 증거 배제 원칙에는 깔끔하고 예의 바른 면이 있다.

억제 효과

증거 배제 원칙을 지지하는 주장의 핵심 논거는 경찰이 수정헌법 4조를 위반하지 않게끔 하는 억제 효과가 있다는 것이다. 불법으로 취득한 증거가 재판에서 쓸모없을 것을 안다면 경찰이 그런 식으로 증거를 수집할 이유가 없다. 경찰은 범죄자가 유죄 판결을 받길 원한다. 그런데 수정헌법 4조를 위반하면 차질이 생기기 때문에 수정헌법 4조를 지킬 유인이 생긴다. 돌리 맵의 경우, 경찰은 수색영장을 받았어야 했다. 그랬더라면 수색에서 발견한 증거를 사용할 수 있었을 것이다. 증거 배제 원칙은 영장 없이 이루어지는 수색을 시간 낭비로 만든다.

피고가 문제를 제기할 기회

증거 배제 원칙의 또 다른 장점은 피고가 수정헌법 4조의 권리를 위해 싸우도록 수단이 되어준다는 것이다. 수정헌법 4조를 위반해도 누군가가 문제 제기를 하지 않는다면 경찰은 손해 볼 것이 없다. 그리고 경찰의 위반을 지적해도 아무런 이득이 없다면 피고도 문제를 제기하지 않을 것이다. 증거 배제 원칙은 피고가 소송을 통해 법적으로 이의를 제기할 수 있도록 함으로써 경찰의 위법행위가 법정에서 심판받을 수 있게 한다.

증거 배제 원칙의 문제점

나 역시 증거 배제 원칙을 찬성하는 이유를 오랫동안 믿어왔다.

3부 헌법적 권리

하지만 점점 회의감이 커졌다. 단점들이 너무 중대하다고 여겨졌기 때문이다.

사회 전체에 대한 처벌

증거 배제 원칙은 수정헌법 4조를 위반한 경찰만이 아니라 사회 전체를 처벌한다. 벤저민 카르도조 판사의 경고처럼, "경찰이 실수했다는 이유만으로 범죄자가 활개를 치는" 경우가 생길 수 있다.[7] 경찰이 수정헌법 4조를 어겨서 연쇄살인범이 증거 부족으로 풀려난다면, 경찰만이 아니라 모든 사람에게 고통을 주게 된다.

실제로 증거 배제 원칙 때문에 범죄자가 풀려나는 일은 드물다. 대부분의 경우에는 이 원칙이 적용된다 해도, 해당되는 한두 건만 배제되고 나머지 증거들로 충분히 유죄를 입증할 수 있다.[8] 그렇지만 가벼운 형을 선고하게 되는 경향은 있다. 중요한 증거가 배제되면 검사가 사전 형량 조정에서 엄격한 입장을 취할 수가 없어지는 것이다. 그렇다 해도 경찰이 수정헌법 4조를 위반하지 않도록 억제 효과를 내기에는 충분하지 않을 수 있다.

증거 배제 원칙의 억제 효과를 알아본 실증 연구들은 서로 다른 결과들을 산출했고, 유의미한 억제 효과가 없는 것으로 나타난 연구들도 꽤 있다.[9] 법학자 크리스토퍼 슬로보긴은 증거 배재 원칙이 수정헌법 4조 위반을 억제하지도 못할 뿐 아니라 증거가 배제될 때 법원에 대한 존중도 잠식한다고 주장했다.[10] 즉, 증거 배재 원칙은 사회적 손실을 감수하면서 피고를 돕는 격이 되곤 한다.

비례 원칙의 결여

증거 배제 원칙에는 비례의 개념이 없다. 끔찍한 범죄의 증거이든 사소한 범죄의 증거이든 간에 수정헌법 4조를 위반했다면 사회적 비용의 경중을 따지지 않고 무조건 배제된다. 테러리스트가 뉴욕에 방사능 폭탄을 설치하려는 계획을 세웠다고 해보자. 경찰이 테러리스트의 집을 수색해서 폭탄 만드는 데 필요한 물질들을 발견했다. 하지만 사소한 실수 때문에 수색이 부당하다고 판단되었다. 테러리스트가 도시를 통째로 날려버릴 수 있었는데도, 증거 배제 원칙에 의하면 경찰은 이번 수색의 증거물을 사용할 수 없다. 수정헌법 4조의 준수를 위해 감수해야 하는 비용이라기에는 너무 지나치다.

죄인이 보상받는 상황

경찰이 불법으로 수색했는데 아무것도 발견하지 못했다고 치자. 수색당한 사람은 결백하기 때문에 기소당하지 않을 것이고, 따라서 재판도 없고 증거를 배제하고 말고 할 일도 없을 것이다. 증거 배제 원칙은 경찰이 결백한 사람의 사생활을 침해하고 두려움과 당혹감을 일으킨 것에 대해서는 아무런 보상도 하지 않는다.

이번에는 불법적인 수색을 했는데 장물이 발견되었다고 하자. 그러면 수색당한 사람이 기소되어 재판을 받을 것이다. 그리고 증거 배제 원칙이 활용될 것이다. 증거 배재 원칙이 결백한 사람에게는 아무 도움이 안 되고 범죄자에게는 큰 도움이 되는 것이다.

보호 범위의 축소

가장 큰 문제는 수정헌법 4조의 적용 범위가 축소된다는 점이다. 귀도 칼라브레시 판사는 이렇게 언급했다. "내 경험으로 보건대 증거 배제 원칙은 미국에서 사생활 권리가 깊이 쇠퇴하는 데 가장 크게 일조했다."[11] 판사들은 재판에서 증거를 배제하고 싶어 하지 않는다. 수정헌법 4조 위반을 군이 지적해서 주요 증거가 배제되면 꽤 나쁜 결과가 나올 수 있다. 가장 간단하게 이를 막는 방법은 위반 사항을 지적하지 않는 것이다. 따라서 증거 배제 원칙 때문에 법원은 수정헌법 4조의 범위를 되도록 좁게 설정하게 된다.

형사소송절차 전문가인 예일 카미사르는 "축소된 상태로라도 수정헌법 4조가 진지하게 존중받는 것이, 이론상으로만 존재하는 수정헌법 4조의 장대한 확장보다는 훨씬 낫다"라고 말했다.[12] 이 견해의 문제는 현재 수정헌법 4조가 너무 축소된 나머지 제대로 존중받지 못한다는 데 있다. 이미 수정헌법 4조는 보호 범위가 너무 좁아서 많은 상황을 규율하지 못하고 있다.

그리고 증거 배제 원칙은 사람들이 수정헌법 4조를 싫어하게 만든다. 범죄자가 수정헌법 4조를 들먹이며 이득을 취하는 것을 보면서 수정헌법 4조가 지키려는 권리를 존중하지 않게 되는 것이다. 또, 수정헌법 4조에 의거해 증거를 배제하는 판사는 헌법적 권리를 지킨 영웅으로 찬사받기는커녕 사회의 배신자라는 오명을 쓴다.

해결책을 찾아서

위와 같은 이유로, 나는 증거 배제 원칙이 심각한 문제를 일으키고 있으며 모든 것을 감안할 때 수정헌법 4조의 준수를 강제하는 수단으로 적절치 않다는 결론에 도달했다. 몇 가지 조치들을 통합적으로 사용한다면 증거 배제 원칙보다 더 현실적인 대안이 될 수 있을 것이다. 우선 수정헌법 4조의 준수를 강제하기 위한 수단이 가져야 할 핵심 요건들은 다음과 같다.

1. 억제: 충분한 정도의 억제 효과가 있어야 한다. 즉, 이런 조치들은 수정헌법 4조를 기꺼이 지키게 할 정도로 경찰이 싫어하는 일이어야 한다.
2. 존중: 수정헌법 4조를 충분히 존중하는 것이어야 한다. 너무 사소한 조치는 수정헌법 4조의 권리가 중요하지 않다고 말하는 셈이 된다. 위반 시의 제재가 강력해야 수정헌법 4조가 존중되고 있음을 나타낼 수 있다.
3. 피고에게 문제 제기 수단 제공: 수정헌법 4조가 위반되었을 경우 피고가 이의를 제기할 유인이 있어야 한다. 그렇지 않으면 위반해도 문제 삼을 일이 없을 테니, 경찰은 수정헌법 4조를 무시해도 된다고 생각하게 될 것이다.

나는 수정헌법 4조의 준수를 강제하기 위한 조치로 다음과 같은 것들을 제안한다. 이 조치들을 함께 사용하면 증거 배재 원칙에 대해 실행 가능한 대안이 될 수 있을 것이다.

교육과 억제

법원은 수정헌법 4조를 위반한 경찰이 교정 교육을 받도록 명령해야 한다. 해당 경찰은 교육 후 적절한 시험을 통해 교육을 제대로 이수했음을 보여야 한다. 이는 교정적 교육이어야 하며 쉬어가는 일정 정도여서는 안 된다. 엄격한 교정적 교육이 증거 배제 원칙보다 효과적으로 위반을 억제할 수 있을 것이다. 한 연구에 따르면, 법원에서 어떤 수색활동의 위반 사항을 경찰에 알려도 이것이 경찰관들에게 공지되지 않는 경우가 많다. 또한 경찰관들을 대상으로 수정헌법 4조에 의하면 무엇이 허용되고 무엇이 금지되는지 묻는 간단한 테스트를 진행했더니 절반이 약간 넘는 정도만 맞는 답을 적었다. 이 연구는 이렇게 결론 내렸다. "경찰관들이 무엇이 불법인지를 모르면 불법적인 행동을 하지 않게끔 억제시킬 도리가 없다."[13] 증거 배제 원칙과 달리 교육은 억제 효과를 낼 수 있을 뿐 아니라 경찰관에게 반드시 따라야 하는 규칙이 무엇인지 교육하는 역할도 할 수 있다.

외부의 감독

경찰기관과 연방 수사기관들이 소속 경찰관과 요원들을 교육하고 수정헌법 4조를 존중하도록 독려할 유인이 있어야 한다. 이러한 유인을 만들기 위해, 법원은 매년 독립적인 전문가가 위반 비율이 높은 기관을 조사 및 감독하게 해야 한다. 위반 비율이 일정 수준 이하로 떨어지면 법원의 감독은 끝나게 된다. 경찰기관이 외부 감독을 피하고 싶을 것이기 때문에, 이 조치는 경찰 내부적으로도 관리·감독을 향상시키는 유인이 될 것이다.

투명성과 책무성

모든 위반은 통계로 기록되고 공개되어야 한다. 지금은 수정헌법 4조 위반 건에 대해 알려진 바가 거의 없다. 위반 사실들을 공개해두면 경찰기관 간에 위반 비율 등을 비교할 수 있고, 이는 책무성을 높이는 기제가 될 수 있다.

준수에 대한 보상

현재로서는 경찰이 수정헌법 4조의 권리를 존중할 때 받는 보상은 없는 반면, [수정헌법 4조를 위반해가면서] 범죄를 끈질기고 공격적으로 조사하는 것에는 많은 보상이 있다. 보상 체계가 더 균형 잡혀야 한다. 수정헌법 4조를 잘 준수하는 경찰은 상여금이나 포상 등으로 인정받아야 한다.

벌금

수정헌법 4조가 위반되었을 때 피고가 소송을 제기할 유인이 있어야 한다. 수정헌법 4조를 위반하면 경찰기관과 연방기관이 피고에게 벌금을 지불하게 함으로써 처벌이 이루어져야 한다. 그리고 금액은 판사가 부과해야 한다. 배심원은 범죄자에게 피해 보상을 해주려하지 않을 가능성이 크기 때문이다. 벌금의 하한선도 정해져 있어야 한다. 과도하지는 않아도 상당한 정도는 되어야 하고, 피고 측 변호사가 최선을 다해 피해를 주장할 수 있도록 변호사 비용도 지불되어야 한다. 의도적인 위반은 부주의로 인한 위반보다 벌금의 액수가 커야 한다.

불성실

되도록 증거는 배제되면 안 되지만, 그래도 이 원칙이 강제되어야 하는 경우들이 있다. 경찰이 수정헌법 4조를 부정직하고 불성실하게 어긴 경우에는 증거 배제 원칙이 일반적인 제재 수단으로 적용되어야 한다. 불성실에 의한 위반은 벌금이나 교육으로는 잘 해결되지 않기 때문이다. 「돌리 맵」 사건은 불성실에 의한 위반이었다. 경찰은 영장이 필요하다는 것을 알면서도 청구하지 않았고, 엉뚱한 종이를 영장이라며 거짓으로 보였다. 즉, 그들은 알고 있었지만 신경 쓰지 않았다. 이 경우에는 증거 배제 원칙이 적합한 제재 조치였다. 하지만 잘 몰랐거나 수정헌법 4조의 규칙이 모호해서 위반하게 된 경우에는 증거 배제 원칙이 일률적으로 적용되어선 안 된다.

미국과 달리 다른 나라들에서는 의무적 배제보다 재량적인 배제를 채택하는 경우가 많다. 해당 건에서 증거를 배제할지를 판사가 결정하게 하는 것이다. 영국과 호주에서는 경찰이 분명하게 규칙을 어겼을 때는 판사가 증거를 배제하지만, 규칙이 모호해서 어겼을 때는 배제하지 않는다. 캐나다도 재량적 배제를 택하고 있다. 독일도 마찬가지여서, '사생활의 권리'와 '모든 증거를 다 드러내는 것이 가져올 사회적 이득' 사이의 이익을 형량해 배제 여부를 결정한다.[14] 크레이그 브래들리 교수는 증거 배제 원칙이 여러 나라에서 어떻게 적용되고 있는지를 연구했는데, "분명하고 명문화된 규칙에 기초해 있고 법원, 특히 최고법원이 진지하게 존중할 경우에 재량적 배제 체제의 효과가 있다"라고 밝혔다.[15]

증거 배제 원칙 포기

증거 배제 원칙은 수정헌법 4조를 강제하기 위한 필요악으로 마지못해 인정되어왔다. 하지만 이 원칙은 사람들이 기대하는 대로 작동하지 않는다. 헌법적 권리를 존중하도록 독려하지는 못하면서 경찰과 대중이 수정헌법 4조를 싫어하게 만든다. 이 원칙의 필요성에 대한 통념을 재검토하고, 넘어설 방안을 생각해야 할 때이다.

14장 형사소송절차로서의 수정헌법 1조

경찰이 당신의 정치적 신념, 종교, 독서 이력, 당신이 쓴 글, 당신이 한 말 등을 알고자 한다고 생각해보자. 경찰은 아마존에 당신이 구매한 책 목록을 요구하고 페이스북에 당신과 소통하는 사람들의 목록을 요구할 것이다. 이런 경우에 당신은 얼마나 보호를 받을 수 있을까?

이에 대한 답은 형사소송절차법과 관련 있다. 앞에서 설명했듯이, 정부가 당신에 대한 정보를 어떻게 얻을지는 기본적으로 수정헌법 4조가 규율하는데, 현재로서는 당신의 권리를 보호하는 데 대개 실패하고 있다.

그런데 위와 같은 수색은 수정헌법 1조상의 권리에도 영향을 미친다. 수정헌법 1조는 언론·종교·신념·결사의 자유 등 광범위한 권리를 포함한다.[1] 정부가 당신에 대한 정보를 수집하고 있다는 사실을 아는 것만으로도 수정헌법 1조가 보장하는 당신의 권리가 침해된다. 수정헌법 1조는 이에 대한 보호를 제공할까?

이 질문이 제기되는 경우는 흔치 않다. 일반적으로 법조인들은 수정헌법 1조가 형사소송절차와 관련 있다고 생각하지 않는다. 로스쿨에서 수정헌법 1조와 4조는 다른 과목에서 다룬다. 별도의 영역으로 간주되는 것이다. 하지만 수정헌법 1조도 수정헌법 4조와 함께 형사소송절차의 중요한 원천으로 여겨져야 한다. 수정헌법 1조에 새로운 역할을 부여하는 대담한 주장이지만, 사실 이 역할은 수정헌법 1조에 매우 잘 부합한다.

공통된 역사

수정헌법 1조와 4조는 공통된 역사를 가진다. 둘 다 언론·종교·신념·결사의 자유를 요구하는 과정에서 나왔다.[2] 18세기 영국에서는 정부를 비판하는 사람들을 선동적 명예훼손seditious libel이라는 혐의로 억누르는 경우가 많았다. 식민지 미국에서도 1,000건이 족히 넘는 '선동적' 연설이 기소되었다.[3] 이 사건 중 일부가 '건국의 아버지'들에게 큰 영향을 미쳤다. 일례로, 1735년에 언론인 존 피터 젱어가 선동적 명예훼손으로 당시 영국 식민지이던 뉴욕에서 재판을 받게 되었는데, 배심원단이 억압적인 법을 뒤집고서 무죄를 선고했다.[4] 젱어 사건은 "식민지에서 서서히 일고 있던 언론 자유 불꽃의 도가니" 역할을 했다.[5]

영국의 「윌크스 대 우드Wilkes v. Wood」 사건도 식민지 미국에서 큰 반향을 불러일으켰다.[6] 존 윌크스는 당대에 유명했던 난봉꾼으로, 언제

3부 헌법적 권리

나 빚에 시달렸고, 늘 싸움에 휘말렸으며, 종종 결투를 벌이곤 했다. 술을 (아주 많이) 좋아했고 수많은 정부, 매춘부와 사랑에 빠졌다. 영국 최고의 추남이라 할 만큼 못생겼었는데, 30세부터 이가 빠졌다고 한다. 또한 하원의원에 당선되었다가 의회에서 추방되기를 반복했다.[7]

뜻밖에도 윌크스는 자유를 수호하기 위해 싸운 위대한 영웅이 된다. 그는 1762년에서 1763년 사이에 익명으로《노스브리턴》이라는 제목의 풍자 잡지를 펴냈다. 그런데 이 중 제45호에 왕을 날카롭게 비판하는 내용이 담겨 있었다.[8] 당국은《노스브리턴》제45호에 대한 것이라면 무엇이건 수색하도록 승인한 일반영장을 가지고 윌크스의 집에 들이닥쳐 글과 잡지를 압수하고 그를 체포했다.[9] 당시에는 일반영장이 남발되어 언론에 재갈을 물리고 정치적 반대자들을 억압하기 위한 수단으로 흔히 쓰였다.[10]

윌크스는 일반영장 관행에 항의하며 소송을 제기했다. 재판에서 찰스 프랫 대법원장은 정부가 일반영장을 사용할 권한을 갖는다면 "이 나라 모든 이의 신체와 재산에 영향을 미치고 대상자의 자유를 전적으로 침해하게 될 것"이라고 배심원단에게 말했다.[11] 배심원단은 윌크스의 손을 들어줬고 이 사건은 전설이 되었다. 윌크스 사건은 언론 자유의 거대한 승리로 여겨졌고, 영국 매체들은 이를 널리 보도했다. '45'라는 숫자가 런던 전역에서 분필로 그려졌고, 영국을 방문하고 돌아온 벤저민 프랭클린은 15마일에 걸쳐 집집마다 문에 '45'가 그려진 것을 보았다고 말했다.[12] 식민지 미국에서도 윌크스는 영웅으로 찬사받았다.[13]

「윌크스」 사건 판결 2년 뒤, 존 엔틱이 일반영장으로 선동적 명예훼손 혐의를 씌우던 관행에 도전했다. 월크스 때처럼 엔틱의 집이 수색당했고 그가 쓴 글이 압수되었다. 「엔틱 대 캐링턴Entick v. Carrington」 사건에서 캠든 경(「월크스」 판결의 찰스 프랫 대법원장과 동일 인물)은 일반영장 관행을 맹렬히 비판했다.[14] 캠든은 "누군가가 쓰거나 펴낸 글이 사법 당국으로부터 범죄적이라고 판단된 바가 없고 그 글을 쓰거나 펴낸 행위로 유죄를 선고받은 일 또한 없는데도, 집을 다 뒤져서 가장 소중한 비밀들을 끄집어낸다"라고 일반영장 관행에 대해 지적했다.[15] 「엔틱」 사건 판결 역시 식민지 미국에서 열렬한 환호를 받았다. 월크스와 캠든 경에 대한 존경이 얼마나 컸던지, 그들의 이름을 따서 지은 마을 이름들이 생길 정도였다. 펜실베니아의 월크스배리, 뉴저지의 캠든 등이 그런 사례들이다.

형사소송절차 분야 전문가인 윌리엄 스턴츠가 말했듯이, 수정헌법 4조의 기원은 "경찰활동을 규율하는 것보다는 표현의 자유를 지키는 것과 더 많은 관련이 있었다".[16]

형사소송절차와 수정헌법 1조

수정헌법 1조상의 권리

정부가 당신의 정보를 수집하면 당신이 스스로를 표현하고 다른 사람과 소통하며 새로운 사상을 탐색하고 정치적 집단에 참여할 수 있는 역량을 위축시킨다. 정부의 감시로부터 보호받지 못한다면, 많은 논의와 대화가 아예 이루어지지 못하거나 숨죽인 채 이루어질 것이다. 또, 정부가 정보의 원천을 추적한다면 발화자의 익명성이 없어져 민주적 참여의 효과가 잠식된다. 발화의 익명성은 자유로운 표현을 보장하는 데 꼭 필요하다. 연방 대법원도 사회적으로 호응받기 어려운 견해가 표현될 수 있으려면 익명성을 보호해야 한다고 밝힌 바 있다. "역사를 보면, 박해받았던 집단들은 억압적인 법과 제도에 대해 익명이 보장된 상태로 비판할 수 있었거나, 아니면 전혀 발언을 할 수 없었거나, 둘 중 하나였다."[17]

수정헌법 1조는 지적인 탐색도 보호한다.[18] 정부가 당신의 정보를 수집한다면, 논쟁거리인 책을 읽거나 탄압받는 견해에 대해 알아보고 싶은 마음이 위축될 것이다. 결사의 자유도 억눌리게 된다. 정부가 회원정보를 파악하고 있다는 것을 알면 어떤 단체들에는 참여하기가 꺼려질 수 있는 것이다.[19] 정부가 기자를 소환해서 취재원의 신상을 밝히게 한다면 언론의 자유도 훼손된다. 이렇듯, 정부의 정보수집활동은 수정헌법 1조상의 권리를 직접적으로 위협한다.

그런데 정작 수정헌법 4조가 제공하는 보호는 수정헌법 1조상의 권리와 관련된 영역들에서 퇴보해왔다. 그래서 이제 정부는 제출명령만으로도 누군가의 통신 내용과 저술 내용, 또 그가 어떤 사상들을 탐색했는지 등의 정보를 쉽게 획득한다.[20] 종종 제출명령은 법원의 검토 과정도, '상당한 이유'도, 정부활동에 대한 제한도 거의 없는 상태로 발부된다.[21] 스턴츠가 지적했듯이, 케네스 스타 특별검사는 빌 클린턴 전 대통령의 성추문 사건을 조사할 당시 영장보다 제출명령을 훨씬 많이 이용했다.

스타 검사의 특검팀이 원하는 자료를 무엇이건 획득할 수 있게 승인해준 것은 경찰과 경찰이 가진 수색 권한이었다기보다 대배심과 대배심이 가진 제출명령 권한이었다. 수색은 상당한 사유와 합리적인 의심을 밝혀야 하고 대개 영장을 발부받아야 하지만, 제출명령은 대상자에게 불합리하게 큰 부담을 지우지 않는 한 아무것도 요구하지 않기 때문이다. 그리고 대상자에게 불합리하다고 여겨질 만한 부담이란 대체로 존재하지 않는다.[22]

앞에서 언급했듯이, 제3자에게 넘어간 정보에 대해서는 수정헌법 4조가 적용되지 않는다. 기록과 서류가 어떤 정보를 담고 있는지보다는 기록과 서류가 어디에 있고 그것을 누가 가지고 있는지에 초점을 맞추고 있기 때문이다.[23] 옛날에는 개인의 서류나 서신이 소유자의 집 안에 있었기 때문에 항상 수정헌법 4조의 보호를 받았다. 대화도 사적인 장소에서 이루어지거나 편지로 이루어졌기 때문에 영장 없이는 접근할 수 없었다. 하지만 지금은 집에 틀어박혀서 인터넷을 하더라도 다른 곳에 있는 제3자가 그 정보를 갖게 된다. 수정헌법 1조상의 활동은 더 이상 사적인 공간에서만 이루어지지 않으며, 따라서 수정헌법 4조의 보호를 받지 못한다.

이렇듯 수정헌법 4조가 보호의 역할을 제대로 하지 못하기 때문에, 수정헌법 1조 자체가 형사소송절차에서 독자적으로 보호의 원천이 되어야 한다.

언제 수정헌법 1조의 보호가 필요한가
정부는 수정헌법 1조가 보장하는 시민들의 활동을 직접적으로 금지하지 않더라도 수정헌법 1조를 위반할 수 있다. 대법원의 해석에 따르면, 수정헌법 1조는 언론·종교·신념·결사의 자유를 '위축chilling'시키지 못하도록 당국의 활동을 제약한다.[24] 각급 법원들도 정부의 정보수집활동이 여러 맥락에서 수정헌법 1조상의 자유를 간접적으로 금지하거나 '위축'시킨다고 지적해왔다. 정치활동을 감시하고, 익명의 발언자를 색출하며, 개인이 특정 사상을 받아들이는 것을 막고, 정치집단과의 관련성을 파악하고, 제출명령을 보내 언론이나 제3자 기관들에게 개인의 독서 이력이나 발언 정보를 공개하도록 요구하는 일 등이 모두 이런 경우에 해당한다.[25] 만약 범죄 혐의로 기소될 경우에 어떤 책이 재판에서 불리하게 사용될 수 있다는 것을 안다면 당신은 그 책의 구매를 꺼리게 될 것이다.[26] 또, 특정 종교나 정치 단체의 웹사이트를 방문하지도 않게 될 것이다. 꼭 실제로 기소·고발되는 경우가 아니더라도, 당신이 말하거나 읽는 내용이 수사·체포의 빌미가 될 수 있다는 두려움만으로도 당신은 몸을 사리게 될 것이다.

기소나 수사의 우려 때문에만 위축 효과가 발생하는 것이 아니다. 대상자들이 구체적인 범법 행위와 관련된 게 아니더라도, 정부는 광범위한 정보수집을 통해 발언의 자유를 위축시킬 수 있다. 정부가 사람들의 발언이나 가입 단체 등에 대한 정보로 테러리스트 블랙리스트를 만들어도, 시민들은 자신이 목록에 올랐는지조차 모를 수 있다. 혹은 정부가 사람들의 발언이나 독서 이력에 대한 정보를 방대하게 모아서 저장했다가 훗날 임의의 목적으로 사용할 수도 있다. 이런 경우에, 당신은 정부가 당신의 정보를 수집하는지 여부는 확실히 입증하기 어렵겠지만 수정헌법 1조의 광범위성 원칙overbreadth doctrine에 의거

해 불필요하게 광범위한 정부활동이 다수의 권리를 침해한다고 항의
할 수는 있다.[27] 정부의 정보수집프로그램이 수정헌법 1조상의 자유
를 상당히 침해할 경우, 그 프로그램이 구체적인 목표에 맞춰 좁은 범
위로 한정되지 않는다면 헌법에 부합하지 않을 정도로 광범위하다고
간주될 수 있다.

수정헌법 1조의 보호 수준은 어떠해야 하는가

수정헌법 1조를 적용한다면, 정부의 정보수집활동은 구체적인 목
적에 알맞은 좁은 범위 내에서 한정적으로 사용되는 한에서만 허용
되어야 한다. 그렇다고 해서 정부가 도입하려는 프로그램이 아예 금지
되는 일은 거의 없을 것이다. 정부가 얻을 효과가 상당하다면 그 활동
을 허용하되, 정부가 따라야 할 절차들만 의무화하면 된다. 이러한 절
차들은 수정헌법 4조에서처럼 상당한 이유와 영장을 요구하는 등의
방식으로 마련할 수 있을 것이다.

수정헌법 1조의 새로운 역할

오랫동안 법조계에서는 수정헌법 1조가 형사소송절차와 관련이
없다고 여겨왔다. 하지만 수정헌법 1조가 자유로운 활동을 보장하는
언론·종교·신념·결사의 영역에서 수정헌법 4조가 퇴보한 만큼, 수정
헌법 1조를 시민의 권리를 보호하는 수단으로 재설정할 필요가 있다.
수정헌법 1조상의 권리가 정부의 수사 과정에서 침해되는 것을 막기
위해 수정헌법 1조를 형사소송절차의 일부로 보는 것은 타당하고 필

요한 일이다. 수정헌법 4조와 함께, 수정헌법 1조도 형사소송절차상의 권리 보호 원천으로 고려되어야 할 때이다.

4부

새로운 기술들

15장 애국법 폐지와 사생활

2001년 9·11테러가 있고서 얼마 후, 의회는 '테러 행위 차단과 저지에 필요한 적절한 수단을 제공해 미국을 단결시키고 강화시키는 법*'을 통과시켰다. 이렇게 투박한 이름이 붙은 이유는, 줄여서 '미국 애국법USA PATRIOT Act'이라고 부르기 위해서였다.[1]

애국법은 기존의 전자감시법에 대해 제안되었던 여러 변경 개정안들을 쓸어 모아 만든 법이다. 역설적이게도 대부분 9·11테러와는 직접적인 관련이 없으며, 이전에 법무부가 의회에 제안했다가 법제화에 실패한 법안들을 재탕한 것이다. 9·11 직후 의회가 뭐라도 열심히 하는 모습을 보이려 하자, 존 애슈크로프트 법무장관은 법안을 제안하

---

* Uniting and Strengthening America by Providing Appropriate Tools Required to Intercept and Obstruct Terrorism Act

도록 법무부에 지시했고 법무부는 묵혀두었던 법안들을 긁어모아 의회에 보냈다.[2] 이번에는 의회가 그 법안들을 통과시키는 데 훨씬 적극적인 모습을 보였다.

애국법은 곧바로 논란거리가 되면서 사생활-안보 논쟁의 핵심으로 떠올랐다. 다큐멘터리 영화 〈화씨 9/11〉에서 감독 마이클 무어는 의원 상당수가 표결 전에 법안을 읽어보지도 않았다고 비난했다. 무어는 "내가 할 수 있는 유일한 애국적인 일은 애국법을 읽는 것"이라며 아이스크림 트럭으로 국회의사당을 돌면서 스피커에 대고 애국법을 큰 소리로 읊는다.[3]

애국법의 제정은 사생활 권리를 속속들이 발라내는 추세의 분수령으로 흔히 여겨진다. 애국법에 대해 사람들과 이야기를 나눠보면, 한결같이 사생활을 죽이는 법이라고 한탄한다. 이전에는 정부의 감시로부터 사생활을 강하게 보호받고 있었는데, 애국법 때문에 보호가 사라졌다고 생각하는 듯하다.

하지만 모든 논란이 애국법에만 쏠리는 바람에, 더 일반적으로 법이 사생활을 잘 보호하고 있는지에 대해서는 논의가 충분히 이루어지지 않고 있다. 애국법에 대해 쏟아지는 불만 중 대부분은 사실 애국법 한참 전부터 있었던 문제들이다. 애국법이 내일 폐지된다고 해서 프라이버시가 회복될까? 아닐 것이다. 애국법에 문제가 많은 것은 확실하다. 하지만 이것은 빙산의 일각일 뿐이다.[4] 애국법의 문제 중 상당수가 기존의 전자감시법에도 있었다. 정보감시와 관련된 문제는 애국법에서 시작된 것이 아니며, 애국법만 없앤다고 해결되는 것도 아니다. 우리는 전자감시법을 전체적으로 재점검해야 한다.

4부 새로운 기술들

애국법과 인터넷 프라이버시

애국법 비판론자들은 애국법이 이메일과 웹 서핑에 대한 프라이버시를 축소시켰다고 지적한다. 애국법 지지자들은 인터넷 프라이버시가 오히려 확장되었다고 주장한다. 어느 한쪽이 틀린 걸까? 사실 둘 다 어느 정도 맞는 면이 있다.

이 이야기를 파악하려면 애국법 이전에 전자감시법이 어떻게 작동하고 있었는지를 알아야 한다. 애국법은 무無에서 창조된 것이 아니다. 이전에도 여러 법들이 전자감시를 규율하고 있었다. 우선 수정헌법 4조가 있다. 수정헌법 4조가 적용되는 영역은 높은 수준의 보호를 받는다. (대체로 상당한 이유로 뒷받침된 영장을 요구한다.) 그리고 법률은 헌법보다 낮은 수준의 보호를 제공할 수 없게 되어 있다.

추가적으로 전자통신사생활보호법ECPA이라는 연방 법률이 전자감시로부터 대상자를 보호한다. ECPA는 감청법Wiretap Act, 저장통신법Stored Communications Act, 전화번호기록장치법Pen Register Act의 세 가지 법으로 구성되어 있다. 각각 전자감시의 서로 다른 측면을 규제하며 서로 다른 수준의 보호를 제공한다. 이 법들은 애국법보다 먼저 생겼고 애국법이 제정된 뒤에도 거의 변경되지 않았다.

전자감시법은 '내용 정보'와 '봉투 정보'를 구분한다. 우편으로 보내는 편지를 생각해보면 간단하다. 내용 정보는 편지에 쓰인 내용 자체이고, 봉투 정보는 수신인의 이름, 주소와 발신인의 반송 주소이다. 전자감시법은 내용 정보에 대해서는 높은 수준의, 봉투 정보에 대해서는 낮은 수준의 보호를 제공한다.

내용-봉투의 구분은 연방 대법원이 수신자 전화번호 목록(봉투 정보)은 수정헌법 4조의 보호 대상이 아니라고 판시한 데서 정립되었다.[5] 통화로 나눈 대화(내용 정보)는 수정헌법 4조의 보호를 받는다. 의회는 이 구분을 포착해 ECPA에서 명문화했다. 내용 정보는 감청법과 저장통신법에 의해 높은 수준의 보호를 받고, 봉투 정보는 전화번호기록장치법에 의해 낮은 수준의 보호를 받는다.[6]

'높은 수준'과 '낮은 수준'은 차이가 상당히 크다. 감청법은 상당한 이유로 뒷받침된 영장을 사전에 발부받도록 요구한다. 수정헌법 4조의 요구 사항과 같다. 이에 더해, 감청법은 전자감시 이외의 방법은 왜 효과적이지 않은지를 당국이 입증하도록 요구한다. 그 외에도 몇 가지 추가적인 요구 사항들이 있다.[7] 반면 전화번호기록장치법은 영장이나 상당한 이유를 요구하지 않는다. "획득될 것으로 예상되는 정보가 진행 중인 수사와 유관"하다는 것만 밝히면 되는데,[8] 그리 어려운 일이 아니다. 그리고 법원은 수사 당국의 주장에 대한 근거를 면밀히 검토하지도 않으며, 당국의 말을 의심 없이 받아들여야 한다.[9]

하지만 봉투 정보를 내용 정보보다 낮은 수준으로 보호하는 것은 잘못이다.[10] 봉투 정보도 개인의 사적인 활동을 꽤나 노출할 수 있으며, 어떤 경우에는 내용 정보만큼 (혹은 그보다 더) 노출할 수도 있다. 무엇을 말하는지보다 누구에게 말하는지가 더 신경 쓰이는 경우도 있는 법이다. 13장에서도 언급했듯이, 소통하는 상대방의 신분을 보호하는 것은 수정헌법 1조가 보장하는 결사의 자유의 핵심이다. 봉투 정보라고 해서 아무것도 아닌 게 아니다. 봉투 정보의 프라이버시도 내용 정보만큼 강하게 보호되어야 한다.

봉투-내용 구분의 가장 큰 문제는 현대의 과학기술과 부합시키기가 어렵다는 점이다. 편지와 전화에서는 이 구분이 잘 들어맞는다.(〈표2〉 참조) 이메일까지만 해도 그리 어렵지 않게 적용할 수 있다. 이메일 헤더(제목 및 수·발신자 정보 등을 포함한 이메일 상단)를 봉투 정보로, 본문 내용을 내용 정보로 보면 된다.

하지만 웹사이트 접속은 문제가 훨씬 복잡하다.

〈표2〉 봉투 정보와 내용 정보의 구분

테크놀로지	봉투 정보	내용 정보
편지	수신인, 발신인의 이름과 주소	편지 내용
전화	수신인, 발신인의 전화번호	대화 내용

IP주소

인터넷프로토콜Internet Protocol, IP주소는 인터넷에 연결된 컴퓨터가 개별적으로 부여받는 고유 번호이다. 형태는 86.116.230.181과 같다. 각각의 웹사이트도 IP주소를 가지고 있다. 얼핏 보면 IP주소는 숫자들의 목록이어서, 전화번호나 주소처럼 봉투 정보로 보인다.

하지만 IP주소는 그보다 훨씬 많은 정보를 담는다. 정부가 IP주소의 목록 전체를 확보한다면 당신에 대해 아주 많은 것을 알아낼 수 있다. 당신이 인터넷을 어떻게 돌아다녔는지를 추적할 수 있기 때문이다. IP주소 정보로 즐겨 찾는 상점, 관심 있는 정치 단체, 성적 판타지, 건강 문제 등을 알아낼 수 있다. 따라서 IP주소는 전화번호보다 알려주는 정보가 많다. 누구와 통화를 했는지도 꽤 많은 정보를 노출하지만, 어디를 방문했는지는 더 많은 사적 정보를 노출한다. 당신이 무엇을 읽고 어떤 생각을 하는지가 반영되기 때문이다.

URL

URL~uniform resource locators~은 어떨까? 브라우저를 통해 인터넷 사이트에 들어가면 상단 긴 박스에 URL이 나타난다. URL은 인터넷상에 있는 특정 정보의 위치를 나타낸다. 주소와 비슷해서 얼핏 생각하기에는 봉투 정보로 보인다.

하지만 사실은 이보다 더 복잡하다. 아마존에서 책을 검색한다고 치자. 당신이 내가 쓴 책『평판의 미래: 인터넷에서의 가십, 루머, 사생활~The Future of Reputation: Gossip, Rumor, and Privacy on the Internet~』에 관심이 있어서 그 책의 웹페이지에 들어갔다. 다음은 해당 URL이다.

http://www.amazon.com/Future-Reputation-Gossip-Privacy-Internet/dp/0300144229/ref=pd_sim_b_1

보다시피 URL에는 책의 제목이 담겨 있다. 당신이 인터넷에서 무엇을 봤는지가 드러나는 것이다.

URL은 검색어도 포함할 수 있다. 당신이 췌장암에 걸려서 치료법을 알고 싶어 한다고 치자. 구글 검색창에 '췌장암 치료에 가장 좋은 병원~best hospital for treatment of pancreatic cancer~'이라고 입력했다.

그러면 검색 결과를 보여주는 웹페이지로 가게 되는데, 그 URL은 다음과 같다.

4부 새로운 기술들

http://www.googl.com/hl=en&source=hp&q=best+hospital+f
or+treatment+of+pancreatic+cancer&aq=&aqui=&aql=&oq=&gs_
rfai=&fp=59568d73ba32e248

자세히 보면 URL에 검색어가 보일 것이다. 모든 검색은 검색어를 포함한 URL을 생성한다.

이렇듯 URL은 정보의 위치만이 아니라 훨씬 많은 내용을 노출한다. 검색 내용을 포착하기 때문이다. 미디어학자 마셜 맥루언의 유명한 말을 패러디하자면, 봉투가 곧 내용인 셈이다.[11]

내용인가 봉투인가

애국법이 제정되기 전까지 IP주소와 URL이 내용 정보인지 봉투 정보인지는 결론이 나지 않은 상태였다. 우선 헌법적 측면에서는, 연방 대법원이 이 문제를 수정헌법 4조와 연관시켜 생각하지 않았다. 일부 하급법원에서만 수정헌법 4조를 언급했을 뿐이다. 다음으로 법률적 측면에서는, 전화번호기록장치법에서 전화번호만이 언급되었을 뿐 IP주소나 URL에 대한 지침은 없었다. 이 법은 '전화선을 통해 걸어진 번호'를 기록하는 장치만을 대상으로 하고 있었다.[12]

이 상황에서 애국법이 등장했다. 애국법은 '전화를 걸거나, 정보의 경로를 잡거나, 주소를 할당하거나, 신호를 보내는 정보'를 모두 포괄하는 것으로 [전화번호기록장치의] 정의를 확장해, 전화선뿐 아니라 다양한 전송 형태를 포함시켰다.[13]

이런 변화가 무엇을 의미할까? 애국법은 전화번호기록장치법에

'경로를 잡거나' '주소를 지정하는' 것을 포함시켜서 이메일 헤더, IP 주소, URL까지 포괄하게 만들려 했던 것 같다. 즉, 이메일 헤더와 IP 주소와 URL을 모두 봉투 정보로 규정하려 한 것으로 보인다.(〈표3〉 참조)

〈표3〉 봉투 정보와 내용 정보에 대한 애국법의 견해

테크놀로지	봉투 정보	내용 정보
우편	수신자와 발신자의 이름과 주소	편지 내용
전화	수신자와 발신자의 전화번호	대화 내용
이메일	헤더(수신인, 발신인, 참조인)	이메일 본문 내용
웹 서핑	IP주소, URL	해당 웹사이트에 게시된 내용

사생활보호론자들은 격노했다. IP주소와 URL을 포함한 위치·경로 데이터를 봉투 정보로 본다는 것은 모든 이런 정보에 대해 낮은 수준의 보호만 제공한다는 뜻이었다. 반면 법학 교수 오린 케르는 애국법을 지지하면서, 전화번호기록장치법의 범위를 넓힌 것은 사생활 보호를 확장시킨 것이라고 주장했다.[14] 수정헌법 4조가 이메일 헤더, IP주소, URL 등을 보호하지 못할 바에야(아직 대법원 판결이 없는 상태였다), 전화번호기록장치법이 약하게나마 보호를 제공할 수 있고, 아예 없는 것보다는 낫다는 것이었다.

다른 한편으로, 애국법은 IP주소나 URL이 내용 정보인지 봉투 정보인지의 문제를 더 헛갈리게 만들었다. 애국법은 IP주소나 URL을 봉투 정보라고 선언함으로써 이에 대해 지속되던 논쟁을 종결시키고자 했다. 하지만 전혀 그러지 못했다. 전화번호기록장치법에는 해당 장치를 통해 획득되는 정보가 "어떤 통신 내용도 포함하지 않아야" 한다는 문구(애국법 제정으로 추가된 문구이다)가 있기 때문이다.[15] 따라서 IP주소와 URL이 콘텐츠를 담고 있다면 전화번호기록장치법의 적용 범위에 포함될 수 없다. 그런데 IP주소와 URL을 포함하는 것이야말로 전화번호기록장치법의 범위를 확장한 목적이 아니던가. 결국 애국법이 문제를 더 꼬이게 만든 셈이다.

애국법 215조와 국가안보제출명령

애국법에서 가장 많은 비판을 받는 부분은 215조이다.

> FBI 국장이나 (특수요원 책임 보좌관Assistant Special Agent in Charge 이상의 직위를 가진) 국장 권한 대행은 국제테러와 비밀 첩보 행위에 맞서 미국을 보호하기 위한 조사를 진행할 때, 미국인을 대상으로 하는 경우 대상자를 수정헌법 1조가 보호하는 활동만으로 특정한 게 아니라는 전제하에서, 대상자의 도서, 기록, 서류, 신문 등을 포함한 실물 자료의 산출을 요구하는 명령서의 발부를 청구할 수 있다.[16]

이 조항은 상당한 경종을 울렸는데, 특히 책과 신문 등이 언급되었기 때문이다. 많은 이들이 215조를 맹비난했다. 미국도서관협회는 215조에 반대하는 캠페인을 대대적으로 벌였고, 정부가 215조를 활용해 개인의 도서관 기록을 확보할 수 있게 될 것이라고 지적했다.

이 캠페인은 큰 반향을 일으켜서 '성난 사서들의 공격Attack of the Angry Librarians'이라는 별명까지 얻었다. 그러자 의회는 도서 대출 기록을 획득하는 데는 215조를 활용할 수 없게 제한하는 법을 추가로 제정했다. (하지만 컴퓨터 사용 기록의 획득은 허용되었다.)[17]

215조는 물론 문제가 많다. 애국법의 다른 많은 부분들도 마찬가지이다. 하지만 이것들은 새로운 문제가 아니다. 비슷한 조항들이 애국법 이전부터 있었다. 몇몇 연방 법률은 애국법 이전에도 국가안보제출명령National Security Letter, NSL을 허용했는데, 이것은 215조와 매우 비슷한 방식으로 작동한다.[18] NSL을 받은 기관은 지목된 개인에 대한 기록과 데이터를 수사 당국에 넘겨야 한다. 여기에는 영장도, 상당한 이유도, 법원의 감독도 필요로 하지 않는다. 그리고 NSL을 받은 기관은 자료 제출에 의무적으로 응해야 한다. 한 추정에 따르면, FBI는 연간 3만 건의 NSL을 발송한다.[19] 애국법을 없애면 215조는 없어지겠지만 NSL은 없어지지 않는다.

게다가 애국법 이전에도 도서관 정보는 그리 높은 수준의 보호를 받지 못했다. 대부분의 주 법에 따르면 정부가 제출명령만으로 도서관 기록을 얻을 수 있는데,[20] 앞서 말했듯이 제출명령은 거의 보호를 제공하지 않는다. 215조가 보호 수준을 더 낮춘 것은 맞지만 215조 이전에도 법은 충분한 보호를 제공하지 않았다.

애국법의 상징성

애국법은 정부가 수행하는 정보수집활동에 대한 모든 논란을 피

4부 새로운 기술들

뢰침처럼 빨아들였다. 애국법의 여러 조항에 문제가 있는 것은 사실이지만, 애국법은 정부의 감시에 관한 여러 법 중 일부에 지나지 않는다. 우리는 큰 그림을 보아야 한다. 법은 애국법 이전에도 심각하게 많은 문제를 안고 있었다. 애국법만 폐지된다고 사생활이 회복되지는 않는다.

16장 법과 기술의 문제

정부가 내 이메일을 읽으려 한다고 생각해보자. 나는 이메일을 쌓아두는 편이라 보내고 받은 이메일이 수천 건 저장되어 있다. 이것들을 본다면 내 삶을 속속들이 알 수 있을 것이다. 당연히 나는 정부가 내 메일 계정을 뒤지지 않길 원한다.

좋은 소식은, 의회가 만든 여러 법률이 정부가 우리의 이메일에 언제 어떻게 접근할 수 있는지를 규제하고 있다는 점이다. 정부의 정보수집을 규율하는 제도 중에서 연방 법률이 차지하는 역할이 점점 커지고 있다. 특히 새로운 과학기술이 관여되어 있을 경우, 법원이 판결문을 통해 헌법적 권리를 해석하는 방식보다 의회가 법률을 제정하는 편이 정부활동을 규율하는 데 더 효과적이라고 보는 전문가들도 있다.

그럼 법률은 내 이메일을 어떻게 보호하는가? 여기에 나쁜 소식이 있다. 이 질문에 답하기가 무진장 어렵다는 것이다. '상당히 많이'라든지 '약한 수준'이라든지 하는 식의 일반화조차 하기 어렵다. 기껏해야 '상황에 따라 다르다'라고만 말할 수 있을 뿐이다. 어떤 이메일시스템을 사용하는지, 내 이메일이 어떻게 저장되는지, 이메일이라는 것이 생겨나기 한참 전에 만들어진 법률들을 법원이 어떻게 해석하는지 등에 따라 답이 달라진다. 앞으로 하나하나 설명할 예정이니, 머리가 복잡해질 각오를 하시라.

법률이 이메일 프라이버시를 어떻게 보호하는지는 답하기 쉬워야 마땅하다. 이메일은 오늘날 가장 널리 쓰이는 소통 형태이다. 어떻게 여기에 대해 간단한 답이 없단 말인가?

그 이유는, 법이 새로운 기술들을 따라잡지 못하고 있어서 그렇다. 법률로 정부활동을 규율하자는 사람들은 입법부가 사법부보다 과학기술들을 따라잡는 데 더 능하다는 점을 근거로 든다. 하지만 변화하는 기술을 다룰 규칙을 만드는 데 수완이 없기는 의원이나 판사나 매한가지일 수 있다. 해결책은 '입법부 위임론'이나 '사법부 위임론'이 아니라, 의회와 법원이 협력해서 기술의 진화에 맞는 규칙을 만드는 것이어야 한다.

모든 규칙이 1년만 지나면 낡은 것이 되는 상황에서라면, 법은 늘 기술을 따라가느라 허덕일 것이고, 그러면서도 결코 기술을 따라잡지 못할 것이다. 이 문제를 해결할 수 있을까? 가능할 것이다. 하지만 '입법부에 위임'하는 게 답이 될 수는 없다.

입법부 위임론

전자감시법 전문가인 오린 케르는, 새로운 기술들을 다루는 규칙을 만드는 데는 의회가 법원보다 낫다며[1] 이 문제를 의회에 위임해야 한다고 주장한다. 의원들은 수정헌법 4조를 적용하는 판사들보다 더 종합적인 규칙을 만들 수 있고, 의회가 만드는 법률이 수정헌법 4조보다 더 명료하며, 의원들이 판사들보다 기술적인 변화를 더 잘 따라잡을 수 있다는 것이다.[2]

하지만 케르의 설명은 세 가지 모두 틀렸다. 우선 법률의 보호는 수정헌법 4조의 보호보다 종합적이지 않다. 의회는 새로운 기술 중 많은 것을 규제하지 못한다. GPS가 위치를 추적할 수 있는데도, 정부가 감시활동에 이를 활용하는 것에는 규제가 없다. 위성감시에 대한 규제, 라디오주파수 추적장치에 대한 규제, 건물 안에서의 움직임을 추적할 수 있는 열화상장치에 대한 규제 모두 없다.

정부가 디지털 기록들을 확보하려는 것에 대해서는 의회가 법률을 만들긴 했지만 여기에는 빈틈이 많다. 적어도 두 개의 법률이 정부가 금융 기록에 접근하는 것을 규율하고 있는데도, 금융 기록이 보호되지 않는 상황은 매우 많다. 고용주, 집주인, 상인, 채권자, 데이터베이스회사 등이 가진 금융 기록은 보호되지 못한다.[3] 이런 법률들은 노출되는 정보 자체보다 그 정보를 누가 보유하고 있는지에만 초점을 맞춘다. 동일한 정보라도 어떤 제3자가 가지고 있는지에 따라 보호 여부가 달라진다. 이렇듯 새로운 기술에 대한 법률적 규제는 전혀 종합적이라 볼 수 없으며, 보호가 제공되는 경우라 해도 허점이 많다.

두 번째로, 법률들은 수정헌법 4조만큼이나 불명료하다. 어쩌면 더 심할 것이다. 오린 케르조차 연방 전자감시법들이 "아예 파고들지 못할 정도는 아니지만 복잡하기로 유명하긴 하다"라고 인정했다.[4] 각급 법원들은 이런 법률들이 "안개에 싸여" 있고 "뱅뱅 꼬여" 있으며 "폭발물의 철선을 다루는 것" 같고 "혼란스럽고 불확실"하다고 지적해왔다.[5]

세 번째, 변화하는 기술에 대처할 규칙들을 입법부가 꼭 사법부보다 더 잘 만들 수 있는 것은 아니다. 케르는 법원이 의회와 달리 "기술의 변화에 맞춰 규칙들을 빠르게 업데이트할 수 없다"라고 했지만,[6] 이는 의회도 마찬가지이다. 인터넷, 이메일 등 수많은 기술들이 생겨난 지난 몇십 년 동안, 의회가 전자감시법에 대해 중요한 개정안을 통과시킨 것은 한두 번뿐이다. 더 예전으로 거슬러 가보더라도, 전화가 발명되고 도청 문제가 제기된 것은 19세기지만 의회가 도·감청을 규제한 것은 1934년이 되어서였다. 그 법은 제정되자마자 효과가 없다는 것이 드러났고 경찰과 사생활보호론자 모두에게서 비웃음을 사는 놀라운 위업을 달성했다.[7] 1968년에야 감청법이 다시 개정되어서, 현재 전화감시가 그럭저럭 규율되고 있다.

그 다음에는 컴퓨터가 부상했다. 1968년 이후, 의회가 제대로 관련법 개정을 준비한 것은 1986년이 처음이었다. 전자감시법에 컴퓨터가 포함되어야 한다는 것을 깨달은 것이다. 그렇게 해서 나온 법이 전자통신사생활보호법ECPA이다. 그리고 나서 현재까지는 별로 달라진 것이 없다. 소소한 개정들이 있긴 했지만 인터넷과 이메일에 대한 사생활 보호의 기본적인 구조는 지난 25년 동안 거의 변화가 없었다.

그 이후의 주된 개정이 2001년의 애국법인데, 이것은 구조적 변경이라기보다 기존에 제안되었던 이런저런 개정안들을 긁어모은 것에 불과했다.

그리하여, 1986년에 마련된 ECPA가 오늘날 전자감시법의 토대이다. 1986년에 나는 애플IIe, 배불뚝이 흑백모니터, 플로피디스크를 쓰고 있었고, 컴퓨터 용량은 스무 페이지 이상의 문서를 저장할 수 없었다. 이메일이나 인터넷은 뭔지도 몰랐다. 말할 것도 없이 그 이후로 시대가 많이 달라졌다.

역사를 통해 알 수 있는 것이 있다면, 변화하는 기술을 따라잡는 일을 의회가 법원보다 그리 더 잘 해오지는 못했다는 것이다. 사실 놀라운 일도 아니다. 오히려 의회에 기대하는 것이 더 이상한 일이다. 연방 법률은 통과되기가 쉽지 않고, 큰 사건이 없으면 법안에 대한 관심을 환기하기도 쉽지 않다. 이와 달리 법원은 관련한 소송이 나올 때마다 이 문제를 다루어야 한다. 따라서 이런 문제는 의회보다 법원에서 더 자주 다루어진다.

그래서, 내 이메일은 보호되고 있는가

첫머리의 질문으로 돌아가보자. 정부가 내 이메일을 읽고자 할 때 연방 법률은 사생활을 어떻게 보호하는가? 말했듯이 답은 매우 복잡하다. 적어도 세 개의 연방 법률이 이메일을 규율한다. ECPA에 속하는 감청법, 저장통신법, 전화번호기록장치법인데, 각각 다른 수준의 보호를 제공한다.

감청법은 의사소통이 일어나는 도중에 끼어들어 내용을 확보하는 경우를 규율한다. 전형적인 사례가 전화 감청이다. 감청법은 정부가 상당한 이유를 제시해 사전에 영장을 발부받도록 요구한다. 이를 어기면 제재가 있으며[8] 그 밖에 다른 제약들도 있어서 수정헌법 4조보다 보호 수준이 높다.

저장통신법은 "전자적으로 저장"된 통신정보에 대한 감시를 규율한다.[9] 경찰이 통신회사에 요청해 가입자 목록을 확보하려 하는 경우가 해당된다. 보호 수준은 중간 정도인데, 대체로 상당한 이유와 영장을 요구하는 것만큼 강하지는 않다.

전화번호기록장치법은 정부가 경로정보나 주소정보를 취하려 하는 것을 규율하며 낮은 수준의 보호를 제공한다. 상당한 이유와 영장을 요구하는 것보다 보호 수준이 현저히 낮다.[10]

사용하는 이메일의 유형에 따라, 이메일이 저장되는 방식에 따라, 정부가 이메일에 접근하는 방식에 따라, 감청법이 적용될 수도 있고, 저장통신법의 몇몇 부분들이 적용될 수도 있으며, 전화번호기록장치법이 적용될 수도 있고, 아무 법도 적용되지 않을 수도 있다.

감청법은 의사소통 도중에 정부가 끼어들어 정보를 얻으려 할 때 프라이버시를 보호한다. 누군가 당신에게 전화를 걸어 통화하고 있는데, 정부가 전화선에 끼어들어 통화 내용을 들었다면 감청법의 규율 대상이 된다.

그러면 누군가 당신에게 이메일을 보냈고 당신보다 먼저 정부가 그 메일을 읽는다고 해보자. 이 경우 감청법이 적용될까? 그럴 수도 있고 아닐 수도 있다. 이메일 통신은 전화 통신과 다른 방식으로 이동한다. 보내진 이메일은 일단 인터넷서비스제공업체ISP로 가서 당신이 다운로드할 때까지 기다린다. 이메일이 보낸 이의 컴퓨터에서 ISP로 가는 도중 혹은 ISP에서 당신의 컴퓨터로 가는 도중에 정부가 읽는다면, 감청법이 적용되어 높은 수준의 보호를 제공할 것이다. 하지만 이메일이 ISP의 서버에서 기다리고 있는 동안 정부가 읽는다면 어떻게 될까? 이메일이 이동 중이 아니라 저장된 상태이므로 감청법 대신 저장통신법이 적용되고, 따라서 조금 더 낮은 수준의 보호가 제공될 것이다.

그렇다면 정부가 웹메일을 보려 하는 경우에는 어떻게 될까? 나는 회사 이메일을 내 컴퓨터에 다운로드해서 보기보다는 브라우저로 계정에 접속해서 본다. 또 지메일과 야후메일 계정도 갖고 있다. 이메일을 읽고 난 뒤에는 바로 지우지 않고 아카이브 삼아 꽤 오래 놔둔다. 저장통신법은 "전자적으로 저장"된 통신을 보호하므로 이 경우에 적용이 될 것 같아 보인다.

하지만 문제는 그렇게 간단하지 않다. 웹메일의 구조는 웹메일이 없던 시절에 만들어진 법과 잘 맞아떨어지지 않는다. 저장통신법은 전산서비스를 두 가지 유형으로 나눈다. 이메일을 위한 '전자통신서비스electronic communications service, ECS'와 데이터 처리 및 저장을 위한 '원격정보처리서비스remote computing service, RCS'이다. 이 둘은 각각 다른 수준의 보호를 받는데, ECS에 대한 보호 수준이 RCS보다 높다. (ECS와 RCS의 구분은 여기에서 상세히 다루지 않을 것이다. 클라우드 컴퓨팅과 같은 최신 기술들이 ECS인지 RCS인지, 혹은 둘 다 아닌지에 대해서도 아직 논란이 많다.)

상식적으로 생각하면 웹메일은 ECS에 속할 것 같아 보인다. 이메일서비스이고 메일이 전자적으로 저장되니 말이다. 하지만 이 법에서 말하는 "전자적 저장"이란, 통신 과정에서 "부수적으로" 발생하는 "일시적이고 중간적인 저장" 또는 "전자통신서비스의 통신 내용이 그 내용의 백업을 위해 저장되는 것 일체"를 의미한다.[11] 이런 정의는 투박하고 혼란스럽다. 이메일이 ISP의 서버에서 다운로드를 기다리는 동안에는 "전자적으로 저장"된 것이 맞다. 저장통신법 제정 당시에 염두에 둔 것이 바로 이런 방식이었다. 이 법은 모뎀으로 전화를 걸어서 이메일을 컴퓨터에 다운받아 읽던 시절에 생겼다. 당시로서야 대단히 앞날을 내다본 것이었는지 몰라도, 그때 의원들은 구글 같은 회사가 생겨서 사람들에게 몇 기가바이트의 저장 공간이 달린 무료 이메일서비스를 제공하리라고는 상상하지 못했다. 1986년에는 1기가바이트도 어마어마한 사치였을 것이다. 오늘날처럼 방대한 저장 용량이 옛 서부에서 토지가 분배되던 것보다 훨씬 빠르게 분배되는 것을 보았다면 당시 의원들은 SF 영화를 보는 양 어리둥절했을 것이다.

이메일은 웹메일 계정에 무한히 오래 저장될 수 있기 때문에, 법무부는 이메일을 더 이상 "일시적으로 저장"된 것이 아닌 "원거리에 저장된 파일"로 봐야 한다고 해석했다.[12] 그리고 이메일이 "백업을 위해" 저장된 것이 아닐 수도 있다. 저장통신법에서 말하는 백업은 ISP의 백업이지, 개인적인 백업이 아니었기 때문이다.[13]

그러므로 내가 웹메일을 아카이브처럼 사용하는 것은 ECS의 정의에 맞아떨어지지 않는다. RCS에는 해당될 가능성이 있지만, ECS보다 약한 수준의 보호를 받게 된다. 그리고 RCS에 해당되는지도 불분명하다. 1986년에는 컴퓨터 저장 공간을 제공하는 업체가 "저장이나 전산 처리" 이외의 목적으로 콘텐츠에 접근하는 경우 RCS가 아니라고 보았다. 그런데 요즘 웹메일서비스업체들은 광고를 싣기 위해 콘텐츠에 접근한다. 따라서 RCS가 아닐 수도 있는 것이다.

여기서 끝이 아니다. 수·발신인, 참조인 등이 적힌 이메일 헤더는 세 번째 법, 전화번호기록장치법의 적용을 받는다. 이런 얘기를 계속할 수도 있지만 이쯤에서 줄이기로 하자. 이 정도만 해도 변화하는 기술을 옛 규칙에 끼워 맞추는 것이 매우 헷갈리고 비생산적인 일이라는 점은 분명히 전달되었으리라 생각한다.

어떻게 해결할 것인가

'법과 기술의 문제'는 의회가 법원보다 낫다거나 법원이 의회보다 낫다는 식으로 간단히 해결할 수 없다. 관건은 법적 규칙이 만들어지는 방식에 있기 때문이다. 법은 충분히 폭넓고 유연해야 한다. 그래야 빠르게 변화하는 기술에 대처할 수 있다. 하지만 현재의 전자감시법들은 제정 당시에 존재하던 기술들만 염두에 두고 만들어져 있기 때문에, 기술이 달라지면 시대에 뒤떨어지게 될 수밖에 없다. 그래서 정부의 정보수집에 대해 시민적 권리를 얼마나 보호할 것인지를 논할 때, 사생활 침해의 정도가 어느 정도인지보다 기술과 법리의 세부사항에만 치중하게 된다.

이런 상황에서 경찰은 새로운 기술들을 교묘하게 활용해 사생활 보호 수준이 높은 규율을 피해간다. 새로운 기술이 사생활을 심각하게 침해하는 경우가 많은데도, 논의는 그 기술이 기존의 법적 프레임에 맞는지 여부로만 한정되곤 한다. 그 법적 프레임이라는 것도, 그 기술이 아예 없었거나 지금처럼 발달되지 않았던 수십 년 전에 만들어진 것이다.

FBI가 폭력조직 가담 혐의를 받고 있던 니키 스카르포의 컴퓨터 비밀번호를 알아내고자 한 적이 있었다. FBI 요원들은 자판 입력을 기록하는 키로거key logger 장치를 스카르포의 컴퓨터에 설치해 비밀번호를 알아냈다(그의 아버지 니키 스카르포 시니어의 수감 번호였다). 스카르포는 이 장치가 도청장치와 비슷하므로 감청법이 적용되어야 한다고 주장했다. 그런데 FBI가 영리하게도 오프라인 상태일 때만 이 장치가 작동되도록 했기 때문에, 통신이 발생하는 도중에 정보를 가로챈 것이라고 볼 수 없었다.[14] 이렇게 해서 FBI는 법을 교묘히 피해갔다.

복잡한 ECPA 조항들의 미로를 헤매는 동안, 새로운 기술들 때문에 정부활동의 효율성과 시민 사생활의 보호 사이에 균형이 깨지고 있진 않은지를 묻는 질문은 사라져버렸다. 가장 핵심이어야 할 원칙이 기술적인 사항들에 밀려나버린 것이다. 원칙이 기술에 지침을 주어야지, 거꾸로가 되어서는 안 된다. 법은 세부조항의 수수께끼에 빠지지 말고 다음과 같은 실질적인 문제를 다루어야 한다. 정부가 도입하는 특정한 기술이 사생활에 위협이 되는가? 어떤 위협인가? 어떻게 완화되거나 통제될 수 있는가?

법은 변화하는 기술에 충분히 대처할 수 있도록 유연해야 한다. 그러기 위해서는 기본 원칙에서 시작해야 한다. 법원이 의회에 모든 판단을 위임해서는 안 된다. 그리고 수정헌법 4조의 범위를 폭넓게 해

석해야 한다. 11장에서 설명한 '범위의 질문'으로 말해서, 합리적으로
판단할 때 정부의 정보수집활동이 심각한 문제를 야기한다고 여겨지
면 수정헌법 4조가 언제나 적용되어야 한다.

그렇다면 법원은 수정헌법 4조에서 어떠한 기본 원칙을 이끌어내
야 할까? 이는 '절차의 질문'에 해당한다. 수정헌법 4조하에서 어떤
종류의 감독과 규제가 마련되어야 하는지에 대한 질문인 것이다. 나
는 다음의 세 가지를 사생활과 안보 문제를 규율할 때의 기본 원칙으
로 제안한다.

1. 수집과 사용의 최소화: 정부는 당면한 목적에서 꼭 필요한 정
   도 이상으로는 개인정보를 수집하지 않아야 한다. 수집된 데이터
   는 차후에 수집 당시 특정되지 않았던 목적으로는 사용되지 않
   아야 하며, 합리적으로 필요하다고 여겨지는 일정 기간이 지나면
   삭제되어야 한다.

2. 의심 내용의 특정: 정부는 특정한 의심 사유가 있는 경우로만
   개인정보수집을 한정해야 한다. 12장에서 말했듯, 저인망 수색
   은 제한되어야 한다.

3. 감독: 정부의 정보수집과 그 사용은 적절한 감독을 받아야 한
   다. 정부의 행동이 남용되지 않고 제한적으로 이루어질 수 있도
   록, 또 대중에 대해 책무를 질 수 있도록 관리·감독을 받아야
   한다.

이런 것들은 광범위한 일반 원칙이다. 세부사항을 채워나가는 것

은 입법자들의 역할이다. 그리고 법원은 이러한 일반 원칙에 부합하는 세부 법률이 제정되면 그것을 존중해야 한다. 과거에는 법원이 수정헌법 4조를 재해석하면서 법률의 공백을 메워왔다. 하지만 이렇게 만들어진 해석들에 맞지 않는다는 이유만으로 특정한 정보수집을 부당하다고 봐서는 안 된다. 법원의 사법적 해석으로 성립된 수정헌법 4조의 규칙에서 벗어나더라도 일반 원칙에 맞는 법률이 의회에서 제정된다면 법원은 그것을 받아들여야 한다. 법원은 규칙 제정을 독점하는 곳이 아니다. 그리고 이 부분에서 법원과 의회는 유의미한 협력을 할 수 있다.[15]

전자감시 관련 법률들은 새로운 원칙을 토대로 다시 마련되어야 한다. 현재로서는 정부가 진행하는 정보수집의 많은 형태가 법률의 보호 밖에 있다. 법률이 새로운 기술과 맞지 않기 때문이다. 지금은 무언가가 법 조항에 맞지 않으면 보호가 되지 않는다. 이에 반대되는 접근 방법, 즉 폭넓고 포괄적인 접근 방법으로 바뀌어야 한다. 아주 예외적인 경우를 제외하고는 정부가 수행하는 모든 형태의 정보수집을 규율할 수 있어야 하는 것이다. 기본적으로 모든 정보수집 형태에 대해 상당한 이유와 영장을 요구하는 것이 그 출발점일 수 있다.[16] 이를 일반 원칙으로 두고, 기준이 이보다 완화되어도 좋은 구체적인 예외 사항들을 법에 마련하면 된다.

이러한 접근 방법은 논의의 초점을 재설정한다는 점에서 중요하다. 기술적인 세부사항에서 벗어나, 해당 사안에서 영장 절차가 당국에 과도한 부담인지 여부를 면밀히 논의할 수 있게 되는 것이다. 어떤 새로운 기술에 대해 영장 절차가 부적절할 경우, 그 입증책임은 수사 당국이 져야 한다. 즉, 수사 당국이 새로운 기술장치를 도입하려 하는데 영장 절차를 면제받고 싶다면, 그 장치가 사생활을 침해하지 않으며 영장 절차가 불필요하다는 점을 수사 당국이 의회에 입증해야 한다. 지금의 법에서는 FBI가 새 감시장치를 몰래 시도해보는 것이 가능하다. 하지만 정부가 사용하는 기술이 공개되어서 (때로는 맹렬한) 문제 제기가 일어야만 의회가 그 기술에 대해 알아보고 규율할 법률을 만들 책임감을 느끼게 된다. 새로운 기술을 정보수집에 사용할 때는 그러한 사용의 비용과 편익을 반드시 살펴보아야 한다. 신기술 사용의 필요성을 정부가 입증하도록 만들면, 비용과 편익을 따져보는 중요한 과정을 건너뛰게 될 일은 없을 것이다.

세세하고 복잡하게 조항을 해석하는 방식보다 위와 같이 일반 원칙에 의거하는 간단한 방식이 기술의 변화에 대처하기에 더 적합하다. 원칙 중심의 접근법은 수사 당국이 책무를 지면서 제한적으로만 감시기술을 활용하도록 해줄 것이다.

17장 공공장소에서의 사생활

1998년 영화 〈에너미 오브 스테이트〉에서 윌 스미스는 부패한 국가안보국 인사의 범죄 증거를 우연히 갖게 된다. 이 때문에 무지막지한 감시하에 놓이게 되어, 가는 곳마다 카메라에 잡히고, 위성으로 감시되며, 자동유도장치로 추적당한다. 영화에 등장하는 감시기술들은 과장된 할리우드식 상상이 아니라 대부분 실제로 존재한다.

영국에서는 400만 대가 넘는 카메라가 런던을 거의 한 치도 놓치지 않고 들여다보고 있다. 다른 대도시들도 마찬가지이다. 잇따른 테러공격에 대처하기 위해 영국에서는 1994년부터 감시시스템에 CCTV를 이용한 영상감시가 포함되었다.[1]

이런 시스템이 미국에도 도입될까? 어떤 사람들은 "영국은 헌법이 없지만 미국은 있다"라며 "그런 종류의 감시체제를 도입할 수 없을 것"이라고 생각한다. 하지만 이 생각은 틀렸다. 미국 정부도 그렇게 할 수 있고 그렇게 하고 있다. 중앙집권화된 영국과 달리 미국은 시스템이 분절되어 있긴 하다. 하지만 미국에서도 영상감시는 확장되고 있다. 오늘날 공공장소에서는 정부의 감시카메라가 어딘가에 계속해서 새로 설치되고 있다고 보면 된다. 현재 워싱턴에는 정부가 설치한 4,800대의 감시카메라가 있고 시카고에는 700대가 있다. 2005년에 나온 보고서에 의하면 미국 도시 중 25퍼센트가 감시카메라에 투자하고 있었으며, 이 수치는 이후 더 늘었다.[2]

수정헌법 4조와 전자감시법은 영상감시를 규율하는가? 그렇지 않다. 공공장소의 영상감시는 수정헌법 4조의 보호 범위에도, 전자감시법의 보호 범위에도 포함되지 않는다. 하지만 공공장소에서의 영상감시는 반드시 규율되어야 한다.

영상감시를 규율하지 않는 이유

듣는 것과 보는 것

당신이 카페의 야외 테이블에서 친구와 수다를 떨고 있다고 해보자. 정부가 몰래 녹음장치를 설치해 이 대화를 엿들었다. 전자감시법은 이에 대해 당신을 보호할까?

보호한다. 감청법은 당신이 몰래 감청당하지 않게 보호한다. 이 보호는 당신이 녹음되리라고 예상하지 못하는 상황에서 감청이 이뤄졌을 경우에 적용된다.[3] 당신이 있던 곳이 공공장소이고 근처의 사람들이 당신의 말을 들을 수 있었다는 사실은 중요하지 않다. 당신은 여전히 감청법의 보호를 받는다.

이번에는 정부가 테이블 옆 길가에 세워둔 자동차에 몰래카메라를 달았다고 생각해보자. 영리한 경찰이 당신과 친구의 모습을 영상으로 담고, 독순술에 능한 사람을 고용해 대화 내용을 알아냈다. 이 경우 감청법은 당신을 보호하는가?

이번에는 아니다. 무음 영상감시에는 감청법의 도청금지규정이 미치지 않는다.[4] 음성이 담기지 않았기 때문이다. 따라서 당신은 보호받지 못한다. 단, 해외 첩자라면 보호받을 수 있다. 이 경우에는 당국이 사전에 법원명령을 받아야 한다. FISA가 해외 첩자에 대한 영상감시를 규율하고 있기 때문인데, 당국은 "찾고자 하는 정보의 속성과 감시하고자 하는 대화 및 행동의 유형에 대한 상세 설명"을 제시해야 하며 "그런 정보를 일반적인 수사 기법으로는 얻기 어렵다고 볼 상당한 이유"를 입증해야 한다.[5] 해외 첩자는 영상감시에서 보호받는데 미국 시민은 보호받지 못하는 것이다.

전자감시법은 정부가 당신의 대화를 엿듣는 것에는 높은 수준의 보호를 제공하지만 당신의 행동을 엿보는 것에 대해서는 보호하지 않는다. 이 구분은 합리적이지 않다. 영상감시도 음성감시와 비슷한 종류의 프라이버시 위협을 제기한다. 한 판결문에 언급되었듯이, "무차별적이라는 점에서 영상감시는 도청이나 녹음과 다르지 않다. 오히려 영상감시 쪽이 사생활을 더 침해한다. 겉에서 더듬는 수색보다 열어서 내부를 보는 수색이 더 침해적인 것과 같다. 그렇다고 영상감시가 더 심각한 것도 아니다. 녹음용 마이크도 감시카메라만큼이나 변별적 인지력이 없다. 둘 다 전자적으로 포착할 수 있는 범위 안에 있기만 하면 수사에의 관련성이나 중요도를 가리지 않고 모조리 포착한다".[6]

또 다른 판결문은 이렇게 언급했다. "몰래카메라에 자위행위가 기록된 본 사건이 보여주듯이, 때로는 영상감시가 훨씬 사생활 침해적이다"[7]

법이 '보는 것'보다 '듣는 것'을 더 강하게 보호하는 이유는 의회가 법을 협소하게 만들었기 때문이다. 감청법이 통과된 1968년에 의회는 모든 형태의 감시활동을 전반적으로 규율하려던 것이 아니었고, 도청 같은 음성감시에만 초점을 두고 있었다. 1986년에 ECPA를 제정해 이메일로 범위를 확장했을 때도 모든 감시 형태를 규율하려던 것이 아니라 전자 통신을 보호하는 것에만 초점을 두고 있었다.

'사생활＝비밀'의 패러다임

당신이 공공장소에 있는데 정부가 감시카메라로 행동을 기록한다고 해보자. 당신은 수정헌법 4조의 보호를 받을 수 있을까?

없다. 수정헌법 4조는 사생활에 대한 합리적 기대가 있을 때만 당신의 사생활을 보호하는데, 연방 대법원은 당신이 공공장소에 있어서 누군가가 당신의 이야기를 들을 수 있는 경우에는 사생활을 기대할 수 없다고 본다.

현재 수정헌법 4조의 해석에 의거한 영상감시 관련 법률은 사적 공간과 공공 공간에서 이루어진 감시를 구분한다. 사적 공간이면 사생활이 보호되지만 공공 공간이면 보호되지 않는다. 이는 9장에서 설명한 '사생활＝비밀'의 패러다임에 따른 것이다. 다른 사람들 모르게, 숨겨진 곳에서, 비밀리에 존재하는 것만이 사생활로 간주되며 법은 그런 것만을 보호한다. 무언가가 다른 이에게 노출되었거나 공공장소

　　　　　　　　　　　4부 새로운 기술들

에서 벌어졌다면 더 이상 비밀이 아니므로 법적 보호를 받을 수 없다.

이 법은 조지 오웰이 그린 빅브라더의 억압적 세계를 염두에 두고 만들어진 듯하다. 집집마다 대형 TV스크린이 장착되어 사람들의 일거수일투족을 감시하는 세계 말이다. 그 세계에서는 사람들이 TV를 보는 동안 정부가 사람들을 본다.[8] 정부가 당신의 집에 TV스크린을 설치하려 한다면 수정헌법 4조가 보호할 것이다. 우리는 오웰적인 디스토피아로부터는 안전한 셈이다. 하지만 당신의 자그마한 사적 공간을 벗어나면 현재의 법은 당신을 보호하지 못한다.

'사생활=비밀'의 패러다임이 얼마나 경직되어 있는지는 다음의 경우를 보면 잘 알 수 있다. 정부가 새 위성을 발사하고 새로운 카메라 감시시스템을 도입해서 공공장소에서 벌어지는 모든 활동을 매 순간 관찰할 수 있게 되었다고 해보자. 이때 수정헌법 4조는 사람들의 사생활을 보호해주는가?

그렇지 않다. 「캘리포니아 대 시라올로_California v. Ciraolo」 사건에서 법원은 공공장소를 내려다보는 것에 대해서는 사생활을 합리적으로 기대할 수 없다고 판단했다.[9] 앞서 언급한 상황에서 정부는 당신이 태어날 때부터 죽을 때까지 공공장소에서 한 일을 모조리 기록할 수 있지만, 수정헌법 4조는 적용되지 않을 것이다. 아니, 정부가 [미국의] 3억 인구 전체가 평생에 걸쳐 공공장소에서 한 일을 모조리 기록할 수 있어도, 수정헌법 4조는 어느 것에도 적용되지 않을 것이다.

이것이 지금의 법이다. 헌법[수정헌법 4조]은 당신이 자택과 같은 사적 장소에 있을 때는 영상감시에 대해 사생활을 보호하지만 공원, 가게, 식당에 있을 때는 보호하지 않는다. 그리고 전자감시법은 당신이 해외 첩자일 때만 당신을 보호한다.

감시활동에 대한 규제

'사생활=비밀'의 패러다임 버리기

공공장소에서 이루어지는 영상감시에 대해 더 많은 보호가 필요할까? 많은 이들이 공공장소에서는 사생활이 합리적으로 기대되지 않는다고 주장한다. "밖에 있는데 어떻게 사생활이 가능하단 말인가?"

이것이 '사생활=비밀' 패러다임의 논리이다. 하지만 공공장소에서도 사람들이 어느 정도의 사생활을 기대한다는 점에서 이 논리는 틀렸다. 완전한 비밀을 기대하지는 않아도 모든 것이 낱낱이 기록되리라 기대하지도 않는다. 우리가 밖에 있을 때도 주위 사람들 대부분은 우리에게 특별히 관심을 기울이지 않는다. 많은 사적인 일들이 공공장소에서 일어난다. 약이나 위생용품을 산다든지, 책을 본다든지, 잡지를 뒤적인다든지 하는 일이 모두 공공장소에서 벌어진다. 공공장소에서 우리는, 군중 속의 한 사람으로서 실질적으로는 드러나지 않을 것을 기대한다.[10]

공공장소에서건 사적 장소에서건 영상감시는 사생활을 침해한다. 공공장소에서의 감시도 자기 검열을 일으키고 행동을 위축시킨다.[11] 법학자 줄리 코언이 말했듯이, "모든 첫 번째 시도와 어설픈 시작이 모조리 기록된다면 무난한 의사결정만 하려는 경향이 강화될 것이다".[12]

4부 새로운 기술들

감시는 자유를 제약한다. 감시는 우리에 대한 정보의 타래를 만들어 우리를 과거에 묶어놓는다. 또, 익명으로 자유롭게 말하는 것을 어렵게 만든다. 우리가 하는 행동의 자발성을 감소시키고, 보는 눈을 의식해서 움직임과 행동에 더 예민해지게 만든다.[13] 정치적인 저항에 참여하는 경우에는 감시가 일으키는 위축 효과가 더 크다. 호응을 얻기 어려운 정치적 견해를 가졌다는 이유만으로 박해나 비난을 받을 수도 있고, 블랙리스트에 올라 불이익을 받을 수도 있다. 감시가 만연해 있으면 사회적으로 경시되는 단체나 명분에 참여하기가 훨씬 더 어렵고 위험해진다.

감시는 매우 강력한 형태의 수사활동이다. 감시는 수색을 넘어선다. 행동, 사회적 관계, 그리고 말하고 행한 모든 것을 기록하기 때문이다. 구체적인 정보를 겨냥해 찾아내는 경우와 달리, 감시는 저인망 수색처럼 원래 목적을 훨씬 넘어서는 정보까지 수집한다. 또, 일반적인 수색과 달리 한 번에 끝나지 않고 오래 지속된다.

감시는 감시자에게 큰 권력을 준다. 감시가 시민에게 주는 피해는 감시당한다는 사실만이 아니다. 감시자들을 통제할 방법이 없다는 것도 시민이 입는 피해이다. 감시는 사람들이 감시자들의 판단을 의심하고 걱정하게 만든다. 우리의 내밀한 정보가 노출되면 어쩌나? 감시로 드러난 정보는 어떻게 쓰일까?

정부는 시민들에 대해 방대한 정보를 저장했다가, 정치적으로 불온해 보이는 사람이 있으면 사소한 잘못이라도 찾아내 불이익을 줄 수 있다. 대상자가 창피해하거나 난감해할 정보를 획득해서 그를 협박하는 데 사용할 수도 있다. 또, 그런 정보를 당국이 부주의로 혹은 그를 비방하기 위해 고의로 흘릴 수도 있다. 한번은 영국에서 어떤 사람이 손목을 그어 자살을 기도하는 장면이 CCTV에 포착되었다(자살 기도는 실패했다). 그 영상이 TV프로그램 〈크라임 비트〉에 나갔는데, 당사자 얼굴을 '숨김 처리'하지 않은 채로 방영되었다.[14]

이런 문제는 감시 장소가 공공장소이든 사적 장소이든 상관없이 발생한다. 무언가를 규제할지 말지를 정할 때는 문제가 무엇인지를 먼저 파악하고 그에 따른 규제 방안을 고안하는 것이 순서이다. 맹목적으로 '사생활=비밀'의 패러다임이나 다른 사생활 논리들을 따를 것이 아니라, 먼저 이렇게 물어야 한다. 이 상황은 문제를 발생시키는가? "그렇다"라는 답이 나왔다면, 그 다음에 이렇게 물어야 한다. 문제를 고치거나 최소화하기 위해 법은 무엇을 할 수 있는가?

어떤 장소에서건 정부의 감시는 발언의 자유와 저항의 자유를 막는다. 감시는 감시자들에게 막강한 권력을 주며, 그 권력은 남용될 수 있다. 법은 이런 문제들을 다루고 고칠 수 있어야 한다.

감시자들을 감시하기

감시카메라를 옹호하는 사람들은 범죄 억제 효과를 이야기한다. 하지만 여러 연구가 그런 효과가 별로 없다는 결과를 보여주었다. 캘리포니아 주 버클리에서 68대의 감시카메라를 연구한 바에 따르면, 재산 범죄는 카메라 근처에서 감소했다. 폭력 범죄도 카메라 근처에서 줄긴 했는데, 카메라와 떨어진 곳에서는 오히려 늘었다. 카메라가 범죄를 억제했다기보다는 발생 장소만 이동시킨 셈이다.[15] 또, 영국의 CCTV시스템을 조사한 한 연구는 "조사 대상이 된 범죄유형들을 종합적으로 볼 때 CCTV카메라가 유발한 억제 효과는 없는 것으로 나타났다"라고 밝혔다.[16] 정부 발주로 수행되었던 이 연구에 따르면, 카메라는 심지어 범죄에 대한 공포를 줄이는 데도 실패했다.

감시카메라가 범죄 억제 효과가 없다는 지적이 제기될 때면, 감시카메라 지지자들은 적어도 이미 발생한 범죄를 해결하는 데에는 유용하다고 주장한다. 실제로 런던 지하철 폭탄테러범은 CCTV영상에 모습이 포착되었다. 뉴스나 수사물에는 감시카메라에 범인이 찍힌 모습이 많이 등장한다. 감시카메라를 둘러싼 논쟁은 흔히 '감시카메라가 주는 이득' 대 '사생활 침해의 우려'의 구도로 이루어진다.

이는 2장에서 이야기한 양자택일의 논리이다. 감시활동이 규제를 받아야 한다는 것은 감시 자체를 하지 말라는 말이 아니다. 감시에 대해 유명한 경구가 하나 있다. "누가 감시자들을 감시하는가?" 감시자들이 합당하게 규제를 받고 책무를 다하게 만들어야 한다.

따라서 영상감시에는 다음과 같은 지침이 적용되어야 한다.

1. 책무성과 투명성: 모든 영상감시는 감독과 점검을 받아야 한다. 감시의 효과와 성과에 대한 정보, 남용과 문제점에 대한 정보는 모두 기록으로 남겨져야 한다.
2. 남용에 대한 강한 제재: 영상감시로 얻은 정보가 누출되거나 남용되면 강한 제재가 따라야 한다.
3. 옛 데이터의 삭제: 영상감시로 확보한 데이터가 무기한 보관되어서는 안 된다. 일정 기간이 지나면 폐기해서, 후에 다른 목적으로 남용되는 것을 막아야 한다.

4. 업무 확대 방지: '업무 확대mission creep'는 원래의 한도를 넘어서 업무가 확장되는 것을 말한다. 영상감시의 경우, 어떤 목적으로 수집된 데이터나 설치된 기술이 나중에 다른 목적에 쓰이는 것을 의미한다. 감시의 목적은 사전에 특정되어야 하고, 감시로 얻은 데이터는 그 목적으로만 사용되어야 한다. 새로운 목적으로 써야 할 필요가 생기면 법원에서 허가를 받아야 한다. 법원은 정부가 그 데이터를 새로운 목적에 사용해서 얻는 이득이 시민적 자유와 사생활에 미치는 피해를 능가한다는 것을 입증할 경우에만 이를 승인해야 한다.

5. 수정헌법 1조상의 권리 보호: 영상감시 데이터는 연설, 저항, 정치적 결사, 종교, 사상의 탐색 등과 관련된 경우에 가장 높은 수준의 보호를 받아야 한다. 정부는 절박하고 긴요한 상황이 아니면 이러한 데이터를 사용하지 않아야 한다.

18장 정부의 데이터마이닝

나는 아마존 애용자이다. 사이트에 들어갈 때마다 아마존은 말한다. "어서 오세요. 대니얼!" 그들은 나를 알고 있다! 그들은 또 말한다. "당신을 위한 추천 상품입니다." 그들이 추천하는 상품은 꽤 맘에 든다. 내가 좋아할 법한 책과 물건들을 다양하게 추천해주는데, 적중률이 꽤 높다.

아마존의 추천서비스는 데이터마이닝을 활용한 것이다. 데이터마이닝은 개인정보를 모으고 분석해 프로파일들을 만들어서 사용자들의 특성을 파악한다. 아마존은 내 구매 이력을 패턴이 비슷한 다른 사람들의 구매 이력과 비교한다. 내가 영화 〈반지의 제왕〉을 구매했다면 아마 영화 〈해리포터〉를 추천할 것이다. 〈반지의 제왕〉을 구매한 많은 사람들이 〈해리포터〉도 구매했기 때문이다. 고유한 자아로 존재하고 싶은 열망이 얼마나 크든 간에, 사람들은 서로서로 꽤나 비슷하며 꽤나 예측가능하다.

그래서 어떤 정부 당국자들은 이렇게 생각한다. 데이터마이닝이 아마존 같은 기업에서 이렇게 효과적이라면, 수사 업무에서 잘 작동하지 말란 법이 없지 않은가? 데이터마이닝으로 누군가가 〈해리포터〉를 구매할 가능성을 예측할 수 있다면, 누군가가 범죄를 저지르거나 테러에 가담할 가능성도 데이터마이닝으로 예측할 수 있지 않겠는가?

일반적인 경찰 수사는 과거에 일어난 범죄를 다룬다. 즉, 이미 범죄를 저지른 사람을 찾는 것이 관건이다. 그런데 대테러활동은 예방적인 경우가 많다. 상황이 벌어지기 전에 테러리스트를 먼저 찾아내고자 하는 것이다. 그래서 정부는 데이터마이닝에 지대한 관심을 보인다. 미래에 테러를 일으킬 법한 사람을 미리 알고 싶은 것이다.

데이터마이닝 활용에 찬성하는 사람들은 특정한 행동패턴이나 특성이 테러활동과 관련 있을 가능성이 크므로, 정보를 분석해 패턴을 찾아내면 테러리스트를 포착하는 데 크게 도움이 될 것이라고 주장한다. 리처드 포스너 판사는 "국제테러과 대량살상무기의 시대에, 정부는 개인정보를 포함한 방대한 정보를 찾고 모으고 고르고 수집해야 할 절박한 필요가 있다"라고 말했다.[1]

이들은 데이터를 컴퓨터가 분석하므로 사람이 직접 개인정보들을 보는 일은 거의 없을 것이며, 따라서 사생활은 침해되지 않을 것이라고 주장한다. 대부분의 데이터는 이미 데이터베이스에 있는 것들이어서 개인정보를 새로이 드러내지는 않는다고도 말한다. 법학자 에릭 골드먼은 대부분 사람들은 자신의 데이터가 분석되는지도 모를 거라며

4부 새로운 기술들

이렇게 언급했다. "이런 상황은 고대 동양의 우화를 상기시킨다. 숲에서 나무가 쓰러졌는데 아무도 그 소리를 듣지 못했다면, 소리를 냈다고 할 수 있는가?"[2]

정부는 데이터마이닝을 사용해야 할까? 어떤 경우에 허용될 수 있을까?

정부의 데이터마이닝

2002년에 국방부는 존 포인덱스터 소장의 지시로 통합정보인식 TIA이라는 데이터마이닝프로그램을 개발하기 시작했다. 미국 시민들의 금융, 교육, 의료 등에 대한 방대한 데이터베이스를 모으고 분석해서 테러리스트의 프로파일과 비슷한 사람을 찾아내려는 것이 목적이었다. 포인덱스터에 따르면, 테러리스트는 "과거의 테러리스트 사례들로 유추해낸 행동패턴"을 보면 잡을 수 있을 터였다.[3]

TIA프로그램은 자체 웹사이트와 근사한 로고도 가지고 있었다. 로고는 피라미드 상단에 눈이 그려져 있고 그 눈에서 빛이 나와 지구를 비추고 있었으며, 아래쪽에는 라틴어로 '아는 것이 힘*이라는 모토가 쓰여 있었다.

TIA프로그램이 언론에 보도되자 엄청난 비난이 일었다. 《뉴욕타임스》의 보수 성향 칼럼니스트였던 고故 윌리엄 새파이어가 비난 대

---

* SCIENTIA EST POTENTIA

열의 선봉에 섰다. 새파이어는 포인덱스터가 "기업이 영업의 일환으로 데이터를 이용하는 것과 정부가 비밀스럽게 감시하는 것 사이의 경계를 부수려고 작심한 것 같다"라며 "3억 미국인에 대한 컴퓨터 파일을 만드는 일에 2억 달러를 할당했다"라고 지적했다.[4]

집중 조명을 받자 국방부는 재빨리 로고를 없애고 프로그램 이름을 테러정보인식Terrorism Information Awareness으로 바꾸었으며, 사생활을 보호하겠다고 약속했다. 하지만 너무 늦었었다. 사람들의 비난이 너무 거세서 상원은 TIA예산안을 만장일치로 부결시켰고 TIA는 수그러들었다.[5]

그렇지만 TIA는 사라지지 않고 여러 다른 프로젝트에서 바스켓볼Basketball, 제노아IIGenoaII, 톱세일Topsail과 같은 모호한 이름으로 살아남았다. 별도 웹사이트까지 있었던 TIA와 달리, 이런 프로젝트들은 더 은밀하게 행해진다.[6]

TIA에 쏟아진 대중의 분노로부터 정부는 어떤 교훈을 얻었을까? 방대한 데이터마이닝이 국민들에게 큰 우려를 불러일으키므로 적절한 감독·제약·사생활 보호조치 없이는 도입하지 말아야 한다? 천만의 말씀이다. 정부가 얻은 교훈은, 데이터마이닝은 비밀리에, 모호한 이름으로, 웹사이트나 전체주의 같은 로고 없이 진행되어야 한다는 것이었다.

TIA와 그 아류격인 프로젝트들에 이어, 정부는 또 다른 데이터마이닝프로그램들을 준비하고 있다. 한 정부 보고서는 "TIA가 빙산 하나의 일각 정도라기보다는, 수없이 많은 빙산들 중 작은 빙산 하나"라고 말했다.[7] 9·11 이후 교통안보국은 FBI의 지원을 받아 항공 승객에 대한 데이터마이닝프로그램을 개발하고 있다. 항공기 이용을 금지하고, 추가적인 검색을 받게 하고, 탑승을 금지시킬 대상을 가려내려는 것이다. 그 밖에도 수많은 데이터마이닝프로그램들이 사용 중이거나 개발 중이다. 어떤 보고서에 따르면 이런 프로그램이 대략 200개나 된다.[8]

데이터마이닝의 문제점

데이터마이닝 지지자들은 사생활 침해가 아주 미미할 것이라고 말한다. 리처드 포스너는 이렇게 주장했다.

대부분 전자적 수단으로 이루어지는 방대한 개인정보의 수집이 사생활을 침해한다고들 이야기하지만, 데이터를 기계로 수집·처리하는 것 자체로는 사생활을 침해하지 않는다. 데이터가 매우 방대하기 때문에, 먼저 컴퓨터가 이름, 주소, 전화번호 등 가치가 있을 법한 항목들로 검색해서 선별한다. 이러한 초기 선별은 사생활 침해와 거리가 멀며(컴퓨터는 지각이 없다), 오히려 대부분의 사적인 데이터를 정보요원들이 읽지 못하게 막아준다.[9]

포스너에 따르면, 데이터마이닝의 잠재적인 위험은 "정부에 비판적이거나 정치적 반대 견해를 가진 사람을 협박"하거나 "조롱하고 창피를 주는 목적"으로 사용되는 경우뿐이다.[10] 이런 주장은 데이터마이닝이 일으킬 수 있는 사생활 침해의 문제를 너무 좁게 설정해서 많은 문제들을 제거해버린다. 정보의 노출, 그리고 노출하겠다는 위협(협박)에만 초점을 맞춘 것이다. 그러나 그 외에도 다음과 같은 수많은 문제를 야기한다.

부정확성

데이터마이닝을 통한 행동 예측은 정확성이 매우 떨어진다. '패턴'은 반복되는 속성이 있긴 하지만, 완전히 규칙적이지는 않다. 내일도 중력이 작용하리라는 것은 꽤 확신을 가지고 예측할 수 있다. 하지만 날씨에 대해서는 그렇지 않다. 그리고 인간의 행동은 날씨보다 더 예측이 어렵다. 다음의 세 가지 프로파일을 보자.

1. '존'은 이집트에서 태어나고 자란 젊은 남성이다. 부모는 무슬림이지만 종교적 성향이 강하지는 않았다. 아버지는 성공한 변호사였고 어머니는 부유한 집안 출신이다. 누이가 둘 있는데 한 명은 의사, 다른 한 명은 교수이다. 존은 카이로대학교에서 건축을 전공했다. 나중에는 독일에 살면서 도시계획회사에서 일했다. 친구가 많았고 룸메이트들과 함께 살았다. 그러다가 점점 종교에 빠져들어 기도 모임을 만들었다. 독일에서 5년을 지낸 후, 미국으로 와서 비행기 조종을 배우기 위해 항공학교에 등록하기로 했다.[11]

2. '매트'는 뉴욕 버펄로에서 태어나고 자란 젊은 남성이다. 부모는 가톨릭이지만 매트는 나중에 불가지론자가 되었다. 누이가 둘 있다. 부모는 중산층이었고 아버지는 제너럴모터스공장에서 일

했다. 고등학교에서는 우수한 학생이었지만 대학은 중퇴했다. 총기 수집을 좋아했고 총기 소유권을 강하게 지지했다. 매트는 컴퓨터 프로그래밍도 좋아했다. 미 육군에 자원했고 전역한 뒤에는 보안경비로 일했다. 군에서 만난 몇몇 친구들과는 계속 가까운 관계를 유지했다.[12]

3. '빌'은 중년 남성으로, 시카고에서 태어났고 부모는 중산층이었다. 어린 나이에 하버드대학교에 합격했다. 미시간대학교에서 수학 박사학위를 받았고 버클리대학교에서 교수가 되었다. 그러다 교수를 그만고 숲에 오두막을 짓고 살았다. 역사책 읽는 것을 좋아했고 자전거를 즐겨 탔으며 텃밭을 가꿨다.[13]

'존'은 9·11테러의 주동자인 모하메드 아타이다. '매트'는 1995년 오클라호마시티 앨프리드뮤러 연방 정부청사에 폭탄을 터뜨려 168명을 숨지게 한 티모시 맥베이이다. '빌'은 유나바머Unabomber로 알려진 시어도어 카진스키이다. 카진스키는 20년에 걸쳐 사람들에게 우편으로 폭발물을 발송했다. 이들 세 명은 매우 상이한 배경과 신념을 가지고 있었다. 아타는 급진 이슬람을 믿었고, 맥베이는 미 정부의 권력이 통제불능이라고 믿는 불가지론자였으며, 카진스키는 현대 기술과 산업을 혐오한 무신론자였다.

테러리스트는 단일한 성향을 갖고 있는 것이 아니라 다양한 특성을 갖고 있기 때문에 정확한 프로파일을 구성하기가 매우 어렵다. 아타, 맥베이, 카진스키는 정치·종교적 신념, 어린 시절, 가족, 사회·경제적 배경, 지식수준이 서로 크게 달랐다. 그리고 흥미롭게도 셋 다 일반적인 가정 출신이었다. 이들과 비슷한 배경, 정치·종교적 신념, 행동 패턴을 가진 사람은 매우 많겠지만 이들이 다 테러를 의도하고 있지는 않을 것이다.

미래의 테러리스트가 저지를지 모르는 행동은 과거의 테러리스트의 행동과 비슷할 수도 있지만 매우 다를 수도 있다. 과거의 정보에서 도출한 패턴에 초점을 맞추다 보면 잠재적 테러리스트의 행동과 특성의 새로운 점들을 놓치게 될 수 있다.[14]

데이터마이닝 지지자들은 모든 테러리스트가 과거를 반복하지는 않아도 공통점이 있기 때문에, 행동패턴을 보는 것이 여전히 도움이 된다고 주장할 것이다. 하지만 데이터마이닝이 몇몇 테러리스트를 제대로 찾아낸다 해도, '잘못된 양성반응'을 너무 많이 일으키지는 않아야만 효과가 있다고 말할 수 있다. 테러리스트가 아닌데도 프로파일이 일치해서 의심 받는 사람이 너무 많지는 않아야 하는 것이다.

그런데 전 세계에서 날마다 200만 명 이상이 비행기를 탄다.[15] 데이터마이닝프로그램이 1퍼센트의 확률로 잘못된 양성반응을 나타낸다면(매우 낮게 잡은 값이다), 매일 무려 20만 명의 결백한 사람을 테러리스트로 지목한다는 말이 된다.[16]

정확하지도 않고 그 효과가 불확실한데도 정부는 데이터마이닝에 왜 그렇게 관심이 많을까? 데이터베이스회사들의 공격적인 마케팅이 한 가지 이유일 것이다. 9·11 이후 데이터베이스회사들은 정부 당국자들을 만나 데이터마이닝의 장점을 열렬히 설파했다.[17] 데이터마이닝이 기업활동의 경우에는 대체로 효과가 컸기 때문에, 능수능란한 마케팅 전문가들이 화려하게 장점을 이야기하기는 어렵지 않았을 것이다.

4부 새로운 기술들

하지만 데이터마이닝이 기업활동의 맥락에서 고객 행동을 예측하는 데에 효과적이라고 해서 대테러활동의 맥락에서 테러리스트의 행동을 예측하는 데에도 효과적이리라는 법은 없다. 상업적 용도일 때는 정확성이 그리 중요하지 않을 수 있다. 오류가 나더라도 그 피해가 작기 때문이다. 아마존이 계속 엉뚱한 책을 추천하더라도, 고객이 그냥 넘어가면 그만이다. 하지만 정부의 데이터마이닝이 부정확하다면 그 피해가 매우 심각하다. 결백한 사람이 반복적으로 추가 검색 및 조사를 받거나 항공 이용이 금지될 수도 있으며, 심지어 체포될 수도 있다.

수정헌법 1조와의 충돌

또 다른 위험은 데이터마이닝이 수정헌법 1조가 보호하는 활동들을 토대로 의심스런 사람을 지목할 수 있다는 점이다. '의심스런 프로파일'은 사람들의 발언, 회합, 종교 등에 대한 정보를 포함하고 있을 수 있다. 누군가를 추가 검색 대상으로 분류하거나, 비행기 탑승을 제한하거나, 블랙리스트에 올렸는데 그 판단의 근거가 수정헌법 1조가 보호하는 활동들이었다면, 이는 매우 심각한 문제이다. 당국이 작성한 프로파일이 그 사람의 자유로운 발언을 토대로 만든 것이 아니라고 우리가 어떻게 확신할 수 있는가? 불온한 정치 성향을 가졌다는 이유만으로 추가적인 감시를 하려 한다면 어쩔 것인가? 누군가의 프로파일이 그의 종교 때문에 만들어진 게 아니라고 우리가 어떻게 확신할 수 있는가? 불온한 정치집단에 속했다고 해서 공항에서 추가적인 검색을 받아도 되는 것인가?

수정헌법 1호는 자유로운 독서나 발언을 보호하는데, 이런 정보를 정부가 수집한다면 그 활동들을 위축시킬 수 있다. 그런 정보가 누출되지 않더라도 당신은 불온한 책을 읽거나 일반적이지 않은 견해를 말하는 것을 꺼리게 될 수 있다. 당신이 무엇을 말하고 읽는지를 정부가 알 수 있다는 사실만으로도, 그리고 그런 정보를 당신의 행동을 예측하는 데 사용할 수 있다는 사실만으로도, 당신이 발언하고 읽는 활동들은 크게 위축될 것이다.

내가 구글에서 리친이라는 물질에 대해 검색을 했다고 해보자. 리친은 아주까리에 있는 독성물질로, 흡입하면 목숨을 잃을 수 있다. 다음은 입력한 검색어들이다.

- 리친 구하기
- 아주까리 파는 곳
- 리친 치사량
- 리친 주입하는 법
- 아주까리로 리친 만드는 법

여기에 더해, 아마존에서 "바보들을 위한 독약 가이드"라는 책을 구매했다고 해보자. 꽤 의심스러워 보이지만 사실 나는 매우 결백할 수 있다. 예를 들자면, 내가 리친 살인 사건이 나오는 소설을 쓰는 중이었을 수 있다. 나는 떳떳하고 아무런 범죄의 의도가 없지만, 당국자가 눈에 불을 켜고 이런 활동들을 들여다보기를 원하지는 않는다. 인터넷상에서의 구매 이력 때문에 위험 경고를 울려대는 컴퓨터도 원하지 않는다. 나는 결백을 주장할 수 있지만, 결백을 설명해야 하는 상황이나 공항에서 추가 검색을 받는 상황을 걱정하면서 살지 않아야 마땅하다.

물론 어떤 사람은 검색도 계속하고 책 구매도 계속 할 수 있을 것이다. 하지만 모두가 아무 거리낌 없이 그럴 수 있진 않다. 어떤 사람들은 걱정이 되어서 리친 같은 단어를 더 이상 검색하지 않을 것이다. 발언·집필·독서의 자유를 소중하게 여기는 사회라면, 이는 매우 심각한 문제이다.

평등의 문제

데이터마이닝은 법 앞에서 인종이나 종교 등에 상관없이 누구나 평등하게 대우받아야 한다는 원칙에도 문제를 일으킨다. 인종이나 종교가 프로파일에 어느 정도 사용되었는지를 우리가 어떻게 알 수 있는가?

데이터마이닝이 오히려 편견과 차별을 없애는 데 도움이 된다고 주장하는 사람들도 있다. 컴퓨터가 분석하므로 인간의 편견이 개입될 가능성이 낮아진다는 것이다.[18] 실제로, (사람이 만든 프로파일을 입력해서 사용하지 않고) 이미 확인된 테러리스트들을 컴퓨터가 스스로 분석해서 프로파일을 도출하는 방법도 있다. 하지만 이 경우에도 인간의 판단이 개입된다. 우선 누가 '확인된 테러리스트'인지를 판단해야 한다. 프로파일은 컴퓨터나 알고리즘에 숨겨진 편견 섞인 가정을 포함하고 있을 수 있다. 컴퓨터가 중립적으로 분석하더라도 그러한 가정이 결과에 반영될 수 있는 것이다.

그래도 데이터마이닝을 통해 프로파일을 만드는 것이 다른 방법보다는 낫다고 주장하는 이들도 있다. 법학자 프레더릭 샤워는 프로파일링을 아예 안 할 수는 없다며, 데이터마이닝이 없다면 당국자들이 주관적으로 의심 인물을 지목하게 될 것이라고 언급했다. 그런 주관적 판단도 일종의 프로파일에 기초한다. 이때의 프로파일은 명시적으로 작성되지 않은, 암묵적인 것이다. 그러므로 샤워에 따르면, "문제는 프로파일을 사용할 것이냐 아니냐가 아니라 공식적으로 문서화된 프로파일을 사용할 것이냐 비공식적이고 암묵적인 프로파일을 사용할 것이냐이다".[19] 전자가 후자보다 덜 주관적이기는 하겠지만, 공식 프로파일에도 단점은 있다. 공식 프로파일은 재량적이라기보다는 시스템적이다. 인종, 종교, 발언 등 편견이 섞이기 쉬운 정보들이 혼합되어버릴 수 있는 것이다. 사람이 프로파일을 만드는 경우에는 이 문제를 감독할 수 있다. 누군가를 왜 의심스럽다고 판단했는지를 담당자가 법원에서 설명하면 되는 것이다. 뒤에서 다시 설명하겠지만, 기계가 하는 데이터마이닝은 이런 종류의 투명성을 가질 수 없다. 명문화된 프로파일이라 해도 공개되어 있지 않고 감독을 받지 않는다면 암묵적인 프로파일보다 낫다고 할 수 없다.

적법절차

데이터마이닝은 적법절차와 관련된 문제도 야기한다. 대니얼 스타인복은 이렇게 지적했다. "대테러활동에서 데이터마이닝상의 의사결정을 할 때, 가장 놀라운 점은 사실상 거의 모든 경우에 고지 절차, 소명 기회 등 당사자의 참여를 보장하는 아주 기본적인 절차가 그의

4부 새로운 기술들

자유를 박탈하기 전에도, 후에도 전혀 존재하지 않는다는 점이다."[20]
데이터마이닝프로그램에서 의심스럽다고 지목된 사람들은 이의 제기를 할 수 있을까? 소명 기회를 가질 수 있을까? 그러한 기회를 가지려면 얼마나 걸릴까? 변호사를 선임할 권리가 있을까? 잘못된 데이터는 수정될 수 있을까? 어떤 방식으로 수정될까?

당신이 결백한데도 계속 요주의 인물로 지목하는 데이터마이닝프로그램이 있어서, 이의를 제기하려 한다고 해보자. 당신은 정부가 프로파일을 재점검하기를 원할 것이고, 소명할 기회를 가지고 싶을 것이다. 그 기회를 가질 수 있을까? 아마 그러지 못할 것이다. 프로파일이 기밀이기 때문이다. 데이터마이닝 지지자들은 프로파일이 공개되면 테러리스트들이 그 프로파일에 있는 행동을 안 하도록 조심할 것이라며 기밀유지를 주장한다.

하지만 당신과 일치한다는 프로파일이 무엇인지를 모른다면 어떻게 그 프로파일에 대해 이의를 제기할 수 있겠는가? 프로파일링시스템이 숨겨져 있다면 사회가 그것을 어떻게 평가할 수 있겠는가?

미래에 할 법한 행위를 잘못 짚은 것은 과거에 한 행동을 잘못 짚은 것보다 반박하기가 훨씬 어렵다. 당국이 수사 중에 나의 과거 행동을 잘못 짚었다면 재정신청을 통해 해결할 수 있다. 하지만 내가 미래에 할지도 모르는 행동을 당국이 잘못 예측하는 경우, 예를 들어, 내가 미래에 테러에 가담할지 아닐지를 잘못 예측하는 경우에는 이를 검토하고 수정할 수 있는 사법적 조치가 아직 없다. 그런데도 나는 탑승을 제한당하거나 추가적인 검색을 당하는 등의 피해를 볼 수 있다.

데이터마이닝프로그램이 당신을 잠재적 테러리스트라고 잘못 예측해서 당신이 이의를 제기하고자 한다고 해보자.

데이터마이닝 담당자(이하 '담당자'): 당신의 행동패턴을 보니 당신은 미래에 테러에 가담할지도 모릅니다.

당신: 나는 결백해요.

담당자: 아니지요, 아직 아무 일도 하지 않았을 뿐입니다.

당신: 내가 결백한 게 중요하지 않다는 말인가요?

담당자: 아직 결백하다고 해서 미래에도 그러리라는 보장은 없다는 겁니다.

당신: 아직 하지 않은 일을 미래에도 하지 않을 것이라고 증명하려면 어떻게 해야 하죠?

담당자: 당신은 증명할 수 없습니다. 그래서 당신을 평생 감시하려는 겁니다.

당신: 왜 내가 미래에 테러에 가담하리라고 생각하시는 거죠?

담당자: 알려드릴 수 없습니다. 그러면 당신은 행동패턴을 바꿀 것이고 우리가 당신 같은 잠재적인 테러리스트를 추적할 수 없게 될 테니까요.

당신: 하지만 나는 테러리스트가 되지 않을 거라고요.

담당자: 당신이 테러리스트가 되지 않는 이유는 우리가 당신을 특별히 면밀하게 감시하고 있기 때문이지요.

실제로는 이런 대화를 나누지 않을 것이다. 데이터마이닝에 대한 어떤 세부사항도 당신에게 공유되지 않을 것이기 때문이다. 앞서 말했듯이, 이 경우에 직면하게 되는 문제는 카프카의 『소송』에 나오는 상황과 비슷하다. 소설에는 체포가 되긴 했는데 도무지 이유를 알지 못해 무력감에 시달리는 남자가 나온다. 무슨 일이 벌어지고 있는지, 어떻게 해야 결백을 증명할 수 있는지를 필사적으로 알아내려 하지만, 체포 사유에 대해 반박하는 것은 고사하고 그 사유가 무엇인지조차 알아내지 못한다. 데이터마이닝은 사람들을 이런 관료제적인 늪에 빠지게 만든다. 의심을 받아도 왜 의심받는지를 도무지 알 수 없고, 그래서 그 의심에 대해 해명할 수도 없는 상황에 빠지는 것이다.

투명성

투명성을 갖기 어렵다는 점도 데이터마이닝의 큰 문제이다. 투명성 혹은 공개성은 정부가 대중에 대한 책무를 지고 권한을 남용하지 않게 하기 위해 꼭 필요하다. 브랜다이스 판사는 이렇게 선언했다. "햇빛이 가장 좋은 살균제이고 전등이 가장 효과적인 경찰이다"[21] 제임스 매디슨은 이렇게 말했다. "국민에게 공개된 정보가 없는, 혹은 국민들이 그런 정보를 확보할 수단을 갖지 못하는 민주주의는 비극이나 희극, 또는 둘 다의 전조를 밟고 있는 것이다. 지식은 언제나 무지를 지배한다. 자신의 지도자를 지배하고자 하는 국민은 지식의 권력으로 스스로를 무장해야 한다."[22]

많은 데이터마이닝프로그램이 투명성을 결여하고 있다. 잠재 테러리스트로 지목될 만한 행동패턴이 무엇인지 알려지면 테러리스트들은 그 행동들을 피할 것이다. 이를 막기 위해 프로파일은 비밀로 유지된다. 여기에는 합당한 면이 있다. 하지만 우리 사회는 열린 정부가 지배하는 사회이고, 정부가 공공에 대한 책임을 지는 사회이며, 정부의 활동이 적절한 감독을 받는 사회이다. 우리 사회는 관료들이 만드는 비밀스런 블랙리스트로 유지되는 사회가 아니다. 공공에 대한 책무가 없으면, 국민이 투표로 뽑지 않은 관료들이 감독과 점검을 피해서 데이터마이닝을 사용할 수 있게 된다. 정확성을 확인하는 절차도 없이 정보가 수집될지 모른다. 관리·감독이 없다면 정부가 수집한 정보의 정확성을 어떻게 평가하는지 대중이 알 수 없다. 프로파일이 인종, 발언, 그 밖에 기준으로 삼기에 문제 있는 요소들에 기반하고 있다 해도 이를 공론화하는 것이 불가능하다. 누군가가 계속 억울하게 지목되어 문제 제기를 하고 싶어도 프로파일 내용이 공개되지 않는다면 방법이 없다.

투명성이 없으면 안보와 사생활의 균형을 잡기가 불가능해진다. 데이터마이닝이 사생활과 헌법적 권리를 침해할 소지가 매우 크다는 점, 데이터마이닝의 안보상 이득이 아직 증명되지 않은 추측에 불과하다는 점, 그리고 안보를 위해 쓸 수 있는 다른 대안들이 많다는 점을 고려한다면, 현재 데이터마이닝이 실용적인 정책 수단으로 거론되어야만 하는지 의문이다. 적어도 데이터마이닝에 대한 연구나 조사는 해야 한다고 말하는 사람도 있을 것이다. 나쁠 것은 없지만, 이때에도 연구·조사에 들어가는 비용과 효과적이면서 피해도 적은 다른 안보 조치에 들어가는 비용을 견주어봐야 한다.

4부 새로운 기술들

언제 허용되어야 하는가

정부가 데이터마이닝을 활용하는 것은 우려스럽다. 전혀 하지 말아야 한다는 말은 아니다. 특정한 위협이 존재하고 잠재적인 범인을 높은 확률로 지목할 만한 구체적인 정보가 있다면 데이터마이닝을 지지할 수 있다. 하지만 일반적인 행동 예측을 위해 이루어지는 데이터마이닝은 지지하지 않는다. 이 경우는 본질적으로 저인망 수색과 다를 바가 없다. 거대한 그물을 던져놓고 뭐라도 걸리기를 기다리는 것이다. 일반영장과도 비슷하다. 모호한 일반영장으로 수색과 체포가 남발되는 것에 저항하기 위해 수정헌법 4조가 만들어지지 않았던가.

정부의 데이터마이닝이 필요한 경우와 그렇지 않은 경우를 더 구체적으로 알아보기 위해 다음의 시나리오들을 생각해보자.

째깍거리는 시한폭탄

FBI가 믿을 만한 정보원으로부터 두 명의 젊은 남성이 트럭을 빌려서 내일 로스앤젤레스의 한 건물을 폭파하려 한다는 제보를 받았다고 해보자. 제보자에 따르면 이들은 사우디아라비아 출신이고 현재는 귀화한 미국 시민이다. 종교는 이슬람교이고, 제보자는 이들을 사원에서 만났다. 그리고 이 사원에 다니는 신도는 1,000명이 넘는다. FBI가 확보한 정보는 여기까지가 전부이다. 요원들은 이 정보를 가지고 수사에 착수한다.

FBI는 그 사원에 다니는 신도들의 목록과 트럭회사의 임대 기록을 확보하고, 이 둘을 비교해서 남성 신도 중 트럭을 빌린 사람이 있는지 알아보려고 한다. FBI가 이 기록들을 얻는 것은 허용되어야 할까?

그렇다고 생각한다. 이런 형태의 데이터마이닝은 법원의 적절한 감독하에서라면 찬성이다. 단지 감이나 추상적인 프로파일에 의존해서가 아니라, 구체적인 공격 가능성에 대한 구체적인 정보를 바탕으로 이루어지는 것이기 때문이다. 촉박한 시간과 추가정보의 필요성을 생각할 때, 신도 목록과 트럭 임대 기록을 비교하면 테러 의심 인물을 빠르게 짚어내는 데 도움이 될 것이다. 이 기록들이 필요하다는 설명은 단순한 추측이 아니며, 충분히 타당성을 갖는다.

이런 형태의 데이터마이닝을 허용하되, 법원의 강력한 감독하에서 이루어지게 해야 한다. 정부는 제보 내용이 합당함을 증명하기 위해서 법원에 그 내용을 설명해야 한다. 또 사원 기록은 종교의 자유와 관련되므로 정부가 신중히 사용해야 한다. 정부는 왜 트럭 임대 기록만으로는 부족한지를 법원에 설명해야 하고, 사용한 다음에는 기록을 폐기해야 한다.

의심스러운 항공학교 학생

최근에 붙잡힌 한 테러리스트가 아랍계이고 항공학교 출신임이 밝혀져서, 당국이 수사를 진전시키기 위해 이런 특성을 가진 사람을 모두 찾아내려 한다고 생각해보자.

이런 경우는 예측적인 데이터마이닝에 속하는데, 보통 비용이 이득을 능가한다. 시한폭탄 시나리오에서와는 달리 여기에는 구체적인 위협이 없다. 그저 의심스럽게 여겨지는 사람들을 추적하려는 것일 뿐, 특정 행동패턴이 미래의 테러 모의와 관련 있다는 것을 보여주는 증거나 제보는 없다. 이전의 테러리스트가 아랍계이고 항공학교에 다녔다는 사실만으로 파일럿이 되고자 하는 모든 아랍계 사람을 요주의 대상으로 삼는 것은 합리적이지 않다.

항공 승객 검색

정부가 잠재적 테러리스트의 프로파일을 만들었다고 하자. 그리고 그 프로파일과 일치하는 사람들은 공항 검색대에서 추가 수색을 받게 하고, 거부할 경우 탑승을 금지한다고 생각해보자.

이런 형태의 데이터마이닝은 금지되어야 한다. 이 프로파일은 추측에 불과하다. 실질적인 테러 위협이 아닌 인종, 언어, 종교 같은 요인으로 사람들을 골라낸 게 아니라고 확신할 수도 없다. 투명성도 부족하고 정확성을 보장할 보호조치도 없다. 시스템이 반복적으로 지목하는 바람에 계속 추가 검색을 받거나 탑승을 금지당하는 사람들이 이의를 제기할 절차도 없다.

"테러리스트는 중동의 젊은 남성이라는 것을 다 아는 마당에 할머니를 검색하는 것은 이상하지 않은가?" 이렇게 생각하는 사람도 있을 것이다.

과거의 테러리스트들이 대개 젊은 중동 남성들이었던 것은 맞지만, 꼭 그렇지도 않다. 여성과 비非아랍계 사람들도 테러에 가담한 사례가 있다.

할머니가 테러리스트일 가능성은 매우 낮을 것이다. 하지만 이런 식으로 보면 누구나 테러리스트일 가능성이 매우 낮다. 날마다 비행기를 타는 수백만 명 중에서 테러리스트를 찾는 것은 건초 더미에서 바늘을 찾는 것과 같다. 프로파일에 일치하는 사람이 그렇지 않은 사람보다 테러를 저지를 가능성이 통계적으로 조금 더 높을지는 모르지만, 여전히 매우 낮은 확률이다. 따라서 매우 낮은 확률을 위해 데이터마이닝 방식을 동원하고 수많은 사람들을 수색하는 것은 비용이 너무 크다. 누구도 자신이 어찌할 수 없는 특성 때문에 체계적으로 불리한 취급을 받아서는 안 된다. 단지 아랍계 남성이라는 이유만으로 공항에서 시간이 지체되고, 환승을 놓치고, 신체 수색을 당해서는 안 된다. 특정 인종이라는 이유로 다른 사람들보다 항공 여행이 더 방해받고 덜 존중받아서는 안 되는 것이다. 프로파일이 그의 행동과 관련된 것이라 해도, 그는 법이 보장한 활동들을 하는 데 제약을 받아서는 안 된다. 자신이 누구인지, 무엇을 했는지 정부에 해명해야 하는 상황에 처해서는 안 된다. 이는 그가 다른 이들과 평등하지 않게, 내재적으로 의심스러운 사람으로 취급받는 것이기 때문이다. 법을 지키는 시민은 누구라도 이렇게 취급받아서는 안 된다.

데이터마이닝은 신중하게

정부는 데이터마이닝의 유혹에 빠져 있다. 하지만 과연 데이터마이닝이 이토록 관심을 받고 자원이 투입될 가치가 있는지는 의문이다. 사생활과 안보의 균형을 맞추려 할 때의 목표는 가장 효과적인 안보 조치를 선택하고 적절하게 관리·감독하에 두는 것이어야 한다. 데이터마이닝의 효과는 아직 확인되지 않았다. 적절한 감독 방법도 아직 제시되지 않았다. 투명성이 부족해서 안보 이익과 사생활 침해 사이의 균형을 잡는 데 큰 장애가 되고 있기도 하다.

언젠가는 데이터마이닝이 효과적인 안보 수단이 될 수도 있을 것이다. 하지만 현재로서는 데이터마이닝 지지자들이 그것의 문제점을 어떻게 다룰지, 그리고 논란이 적은 다른 조치들보다 왜 더 좋은지를 설명해야 한다. 이런 점들에 대해 아직 설명된 바가 없다.

19장 러다이트 논리

신원 확인의 정확도를 높여야 한다는 목소리가 높다. 각광받는 기술로는 생체인식식별biometric identification이 있는데, DNA, 목소리, 홍채 같은 신체적 특성으로 신원을 확인하는 것이다. 지지자들은 생체인식식별이 완벽하게 구현되면 더 이상 사기나 사칭이 없을 것이라고 말한다.

이런 기술이 사생활 침해의 우려가 있다고 하면, 지지자들은 새로운 기술을 받아들여야지 러다이트Luddite처럼 무턱대고 저항만 해선 안 된다고 말한다. 하지만 새로운 기술을 성급하게 받아들이는 이들은 '타이태닉 현상Titanic phenomenon'을 고려하지 않는다. 타이태닉호를 지은 사람은 자만에 빠져서 배가 가라앉을 가능성을 고려하지 않았고, 그래서 배에는 구명정이 충분히 실리지 않았다. 새롭게 제안되는 안보조치들에는 물론 장점도 있겠지만, 실패할 경우에 초래될 결과에 대해서는 논의가 이뤄지지 않고 있다. 실패의 결과가 재앙적일 수 있는데도 말이다.

타이태닉 현상은 새로운 기술의 장점이 오히려 이전의 기술에 비해 너무 큰 부담으로 작용하게 되는 상황을 일컫는다. 새로운 기술에 막무가내로 저항해서도 안 되겠지만 그것들을 수용하는 것은 지금보다 훨씬 신중하게 생각해야 한다.

생체인식식별의 약속과 위험

오랫동안 정치인들은 가짜 신분증을 만드는 게 너무 쉽다고 우려해왔다. 2005년에 의회는 대테러 안보 수준을 높이기 위해 '리얼ID법 Real ID Act'이라는 것을 만들었다. 신분을 더 확실히 입증해주는 서류가 있을 때만 주 정부가 운전면허증을 발급해주도록 하는 내용이었다.[1] 주 정부로서는 비용이 증가되는 조치여서 상당한 반발이 일었다.

그 후로도 신원 증명 방식을 강화하는 법안들이 계속해서 나왔다. 예를 들어, 최근 찰스 슈머와 린지 그레이엄 상원의원이 제출한 법안에 따르면, 모든 미국인과 합법적 이주민들은 생체인식식별카드를 소유해야만 일자리를 구할 수 있게 된다. 이 카드는 사회보장국의 각 지역사무소에서 발급하며, '조작이 불가능하게' 제작될 것이었다.[2]

생체인식식별은 신원을 더 정확히 확인해서 안보에 기여한다고 약속한다. 변경이 불가능한 신체적 특성(홍채, 걸음걸이, 표정, 심지어는 체취까지)을 활용해 신원을 파악하는 기술은 이미 존재해왔다. 생체정보를 이용한다는 개념은 알퐁스 베르티옹이라는 프랑스 경찰이 처음

고안했다고 알려져 있다. 그는 1883년에 발 크기, 두상, 문신, 흉터와 같은 특징으로 신원을 확인하는 시스템을 개발했다.[3] 오늘날 가장 일반적으로 사용되는 생체인식식별은 지문이다. 지문은 사람마다 고유하기 때문이다. 전 국토안보부 장관 마이클 처토프에 따르면 지문은 "진짜 당사자와 그를 사칭하는 사람을 구분해주는 이상적인 표식이다. 간단히 말해서, 지문은 거짓말을 하지 않는다".[4]

생체식별기술 지지자들은 테러리스트가 가짜 신분증을 만들지 못하게 해야 한다고 말한다. 현재의 신원 증명 방식은 석기시대 것이나 마찬가지여서 새 기술로 현대화해야 한다고도 말한다. 사회학자 아미타이 에치오니는 "개인의 신원이 제대로 식별된다면 공공 안전은 상당히 향상될 것이고 경제적 비용도 현저히 줄어들 것"이라고 언급했다.[5] 신체 일부만으로 식별되기 때문에 신분증이나 서류를 가지고 다닐 필요도 없다. 패드에 눈을 갖다 대거나 손을 올리기만 하면 되는 것이다.

한편, 사생활보호론자들은 국가적인 신원확인시스템이 정부에 너무 큰 권한을 주게 될 것이라고 우려한다. 역사적으로도 국가가 이런 시스템으로 사람들을 모아 학살하는 등, 불미스런 목적에 악용된 경우가 많았다. 막강한 감시 도구가 되기 쉽고 사람들의 이동을 추적하는 데도 쓰일 수 있다.[6]

이런 주장에도 옳은 점이 있기는 하다. 하지만 타이태닉 현상과 관련해서 더 중요한 것은 '러다이트 논리'이다. 안보강화론자들이 새로운 기술에 반대하는 사람들을 러다이트라고 비난하는 것에서 지어진 이름인데, 러다이트는 19세기 산업혁명기에 기계화에 저항하던 사

람들을 일컫는다. 전 국토안보부 정책담당 차관보 스튜어트 베이커는
이렇게 주장했다. "나는 정부의 신기술 도입에 맹렬히 반대하는 사생
활 맹신자들에게 조금도 공감하지 못한다. 현대 정보기술을 거부할
때 겪어야 할 비효율을 우리는 더 이상 감당할 수 없다." 그는 또, 사
생활보호론자들이 "'변화는 나쁘다'라며 경고음만 계속 울려대는" 러
다이트들이라고 비난했다.[7]

타이태닉 현상

타이태닉 현상을 우려한다면, 신기술을 받아들이기 전에 그것이
초래할 악영향을 생각해봐야 한다. 무언가가 너무 커지면 다시 없애
거나 되돌리기가 어려운 법이다. 생체정보는 신원 확인의 문제를 완전
히 새로운 규모와 차원으로 바꿔놓았고, 국가가 여기에 준비가 되어
있다고는 보기 어렵다. 정부 권력이 비대해져 초래될 사생활 문제를
차치하고서라도, 또 다른 위험 요소가 있다. 바로 데이터가 누출될 가
능성이다.

생체인식식별은 개인의 물리적 특성을 데이터베이스에 있는 정보
와 비교해 일치 여부를 확인하는 기술이다. 당신이 지문인식기가 있
는 문을 지나갈 때, 손가락을 센서에 대고 승인이 나면 문이 열린다.
당신 손가락의 지문을 읽고 데이터에 저장된 당신의 지문과 일치하는
지 확인하는 것이다.[8]

그런데 이 데이터베이스가 사기꾼의 수중에 들어간다면 당신의
지문(혹은 홍채나 DNA)으로 당신의 신분을 도용할 수 있게 된다. 홍

채인식기에 고화질로 인화한 홍채 사진을 갖다 대서 기계를 속일 수도 있다. 어느 기술자가 유리에 남겨진 지문으로 가짜 지문을 만들고 11개의 문에서 통과 실험을 했는데, 11개 모두에서 지문인식기를 통과했다. 독일에서 이루어진 연구에 따르면, "실험을 진행한 모든 지문인식기가 가짜 지문을 잡아내지 못했다".[9] 또 지금의 구식 식별 방식에서는 비밀번호나 신분증을 잃어버리면 바로 바꾸거나 재발급을 받을 수 있지만 생체정보는 그럴 수가 없다.

그런 데이터가 유출되면 재앙적인 결과를 낳게 될 것이다. 말했듯이, 지문이나 동공은 바꿀 수 없기 때문이다. 혹 영화 〈마이너리티 리포트〉에 나오는 세계에 산다면 모를까. 미래를 배경으로 한 〈마이너리티 리포트〉에서는 모든 사람이 홍채 인식으로 식별된다. 거리를 걸어가면 홍채스캐너가 대상을 파악해서 그에게 딱 맞는 광고를 보여주는 식이다. 그러던 어느 날 범죄예방시스템에서 주인공 앤더튼이 곧 살인을 저지를 것이라는 예측이 나오고, 도주하던 앤더튼은 잡히지 않기 위해 안구를 이식한다.[10] 그러나 현실에서 우리는 눈을 바꿔 끼울 수 없다. 누군가가 당신의 홍채정보를, 혹은 다른 생체정보를 도용한다면 그대로 끝장인 것이다.

더 심각한 문제는 현재의 데이터 보안이 매우 취약하다는 점이다. 2005년 이래로 수억 건의 개인정보가 해킹되거나 누출되었다. 언론의 관심이 쏟아졌지만 문제는 해결되지 않았다. 통계에 따르면 2005년에서 2010년 사이에 3억 4,700만 건의 기록이 손상되었다.[11] 정보 보안에는 분명히 문제가 있으며 나아질 기미도 보이지 않는다.

생체인식식별이 무조건 나쁘다는 것은 아니다. 문제는 적절한 법

4부 새로운 기술들

적 구조가 없어서 그것을 책임감 있게 활용하지 못한다는 것이다. 이 것은 러다이트식의 주장이 아니라 신기술을 다룰 준비가 더 필요하다는 주장이다. 신기술을 받아들이자는 사람들이 너무 성급한 건데도, 그들은 신중하자고 말하는 사람들을 러다이트라고 비난한다.

미래에 생체정보가 크게 누출되는 사고가 발생하리라는 데 내기를 걸 수도 있다. 그런 일이 생기면 우리는 누출 사고를 알려주는 서신을 받게 될 것이다.

아무개 씨 귀하

홍채, 지문, DNA를 포함한 귀하의 몇몇 정보가 누출되었음을 알려드리게 되어 대단히 유감스럽게 생각합니다. 저희 직원이 집으로 가져가던 노트북을 도난당했습니다. 귀하의 생체정보는 향후 사기 행각에 사용될 수 있습니다. 잃어버린 귀하의 데이터를 찾기 위해 저희가 최선을 다하고 있음을 양지하여 주시기 바랍니다. 저희는 과학자들을 고용해 동공, 지문, DNA를 바꿀 수 있는 새로운 수술 방법을 개발할 예정입니다. 수술이 가능해지면 귀하께 할인가격을 제시해드리겠습니다. 불편을 끼쳐 대단히 죄송합니다.

여러분의 친구, FBI

현재로서는 남용을 막거나 적절한 감독을 할 만한 규제 체계가 마련되어 있지 않다. 이 책 전반에 걸쳐 말했듯이, 사생활과 보안 관런 법규들은 이미 활용 중인 기술들조차 제대로 다루지 못하고 있다. 하물며 기술이 더 강력해진다면 훨씬 개선된 법적 환경이 필요한 법이다. 기존의 문제들이 한층 더 복잡해질 것이기 때문이다. 사생활보호론자들의 주장을 러다이트라고 치부해버리기 전에, 신기술에 대비하는 법적 환경을 구축해야 한다.

나는 생체인식식별을 반대하는 게 아니다. 지금의 신원 확인 방식보다 더 정확하긴 할 것이다. 하지만 그것이 실패할 때를 대비하지 못했다면 아직 받아들일 준비가 되지 않은 것이다. 타이태닉 현상을 막자는 것은 신기술을 거부하자는 말이 아니라 신중하고 사려 깊게 접근하자는 말이다.

'이 문제부터 고치자'는 논리

생체인식식별과 같은 새로운 도구를 지지하는 사람들은 테러 위협이 너무나 중대하기 때문에 이러한 기술들을 바로 도입해야 한다고 주장한다. 일단 안보상에 문제가 하나 있으니, 그것부터 빠르게 고쳐야 한다는 것이다.

안보강화론자들은 어떤 문제를 하나 지적하고서, 일단 그것부터 고치자는 논리를 많이 편다. '이 문제부터 고치자'는 논리이다. 더 나은 신원확인시스템을 도입하자고 주장하는 사람들의 말처럼, 현재의 신원 확인 방식에 문제가 있는 것은 사실이다. 그 문제가 안보에 영향을 미치는 것도 사실이다. 그래서 안보를 위해 식별 체계를 개선하자는 주장은 반박하기가 어렵다. 특히 생체인식식별처럼 해당 기술이 이

4부 새로운 기술들

미 존재하는 경우에는 더욱 그렇다.

하지만 '이 문제부터 고치자'는 논리는 타당성이 부족한 전제를 깔고 있다. 본인들이 불평하는 바로 그 문제가 다른 문제들보다 먼저 고쳐져야 한다는 것이다. 왜 식별 체계의 문제가 다른 문제들보다 우선순위가 높아야 하는가? 왜 이 문제가 가장 절박한 안보상의 문제인지는 설명된 적이 없다. 식별 체계가 개선되면 사기나 도용 같은 문제는 해결할 수 있을 것이다. 하지만 실제로 신분증 위조가 간편한 탓에 테러가 용이해지는지는 확실치 않다. 자금과 자원이 한정되어 있기에, 가장 중요한 문제부터 먼저 다뤄야 한다. 특정한 신기술을 도입해야 할 절박하고 긴요한 필요성을 설명하지 못한다면, 그로 인해 생길 수 있는 악영향을 다룰 수 있을 때까지 조금 더 기다려도 된다.

실재하는 문제를 무시해서도 안 되겠지만, 그렇다고 서둘러야만 하는가? 눈에 띄는 문제에 먼저 달려들기보다, 여러 문제들을 따져보고 우선순위를 결정해야 한다. 강력한 신기술을 사용하려는 경우, 그리고 그 기술이 막대한 부작용을 낳을 수 있는 경우에는 특히 더 신중해야 한다.

신중해야 하는 이유

새로운 안보기술이 등장할 때 정책 결정자들이 서둘러 도입하려 달려드는 경우가 왕왕 있다. 그 기술에 따르는 사생활 문제를 해결하겠다고 말은 하지만 실상 그 문제는 나중으로 미루어놓는다. 기술을 먼저 받아들이고, 결과에 대한 걱정은 나중에 하자는 것으로 보인다.

이런 순서는 바뀌어야 한다. 신기술에 대해 우리는 출산을 준비하는 부모처럼 접근해야 한다. 부모는 아이가 태어나기 전에 요람을 준비한다. 부지런한 예비 부모처럼, 우리도 새로운 기술을 도입하기 전에 먼저 준비가 되어 있어야 한다. 현존하는 문제들은 사실 기술 문제가 아닌 경우가 많다. 정작 문제는 취약한 법적 구조에 있다. 새로운 기술을 도입할 것인지를 두고 서둘러 논의를 진행하기 전에, 그 기술을 잘 받아들일 수 있게, 그리고 심각한 부작용이 생길 경우에 대비할 수 있게 준비할 필요성을 모두가 인정해야 한다.

맺는 글

오늘날 사생활과 안보를 견주는 저울은 거의 언제나 안보가 이기도록 기울어져 있다. 하지만 '정부의 목적'과 '시민적 자유와 권리' 사이의 이익형량은 왜곡 없이 이루어져야 한다. 안보와 사생활이 서로 충돌하는 경우도 있긴 하지만, 제로섬의 상충관계인 것은 아니다. 사생활과 안보는 조화될 수 있다. 안보프로그램이 적절한 감독을 받게 하고, 정부의 개인정보 사용에 일정한 제한을 두며, 정부가 통제된 방식으로 정보를 수집하도록 만들면 된다.

사생활과 안보 논쟁에 단골로 등장하는 논리들의 오류를 파악하고, 법의 작동 방식을 이해하며, 문제를 현실적으로 해결할 수 있는 실용적인 접근을 취할 때, 우리는 생산적인 토론을 통해 사생활과 안보의 균형을 잡을 수 있다. 이 책이 제시한 방안에는 동의하지 않더라도, 이제까지의 낡고 비생산적인 논의에서 벗어나야 한다는 데는 모두 동의하리라 생각한다. 이제는 늘 제기되는 양자택일의 논리, '숨길 게 없으면 된다'는 논리, 시계추 논리 등이 아니라 더 중요한 문제들에 집중해야 한다. 이러저러한 안보조치가 사생활과 시민적 자유에 미칠 수 있는 악영향은 무엇인가? 그런 악영향은 어떻게 줄일 수 있는가? 어떤 종류의 관리·감독이 필요한가? 얼마나 효과적인가? 안보조치의 효과를 크게 침해하지 않으면서 사생활을 보호하는 것이 가능한가?

여론조사들은 종종 잘못된 질문을 던진다. 정부가 아무 제약을 받지 않은 채로 정보를 수집하는 것과 테러리스트가 활개를 치는 것 사이의 양자택일 상황으로 보이게 만드는 것이다. 법체계도 비슷한 수렁에 빠져 있어서 사생활 보호에 도움이 되지 않는다. 수정헌법 4조는 정부의 방대한 정보수집활동으로부터 사생활을 거의 보호하지 못해왔고, 디지털 시대 들어서는 그 적절성이 더 떨어지고 있다. 전자감시를 규제하는 법률들은 사실상 낡은 법률이 되었다. 그 결과, 정부의 정보수집은 법의 제재를 벗어나서 수많은 문제를 일으키게 되었다. 규율과 규제는 수집하려는 정보가 어디에 있고 누가 가지고 있는지에만 초점을 맞춰서는 안 된다. 기술 변화로, 이제는 많은 정보가 사적인 공간 밖에 위치해 있다. 이런 것들이 규제를 벗어나게 두면 안 된다. 법은 정보의 속성에 집중해야 하고, 정부의 활동이 사생활 침해의 소지가 있다면 언제나 개입해야 한다. 수정헌법 1조상의 권리를 침해할 때도, 그리고 합리적 기준으로 볼 때 심각하다고 여겨질 다른 문제들을 야기할 때도, 정부활동은 규제될 수 있어야 한다.

화려한 수사를 떼어내고 보면, 안보강화론자들의 주장은 그저 이런 것이다. "우리를 규제하지 말라고!" 누군가가 수정헌법 4조나 전자감시법의 범위를 넓히는 것에 반대하거든, 그런 반대 주장이 미칠 파장을 생각해보기 바란다. 그 주장이 이기게 되면 감독도, 규제도, 책무도 없이 감시가 이루어지는 상황이 초래될 수 있다.

　　　　　　　　　　　　숨길 수 있는 권리

나는 실용주의자로서, 우리가 모든 방법과 수단으로 길을 내야 한다고 생각한다. 정부가 도입하려는 안보조치를 평가할 때, 다음과 같은 기본 원칙에 대해 물어야 한다.

1. 그 안보조치는 효과적으로 작동하는가?
2. 사생활이나 시민적 자유에 문제를 야기하는가?
3. 어떤 종류의 감독이나 규제가 그러한 문제들을 해결 또는 완화할 수 있는가?
4. 사생활과 안보가 상충해 타협이 필요하다면, 사생활을 보호하기 위해 안보조치는 어느 정도까지 제약되어야 하는가? 이러한 제약이 그 안보조치의 효과성을 얼마나 저해할 것인가? 그런 규제는 그 정도의 비용을 감수할 만큼 가치가 있는가?

안보조치들을 평가하는 방법은 엄정하게 세워져야 한다. 그래야 사생활도 더 보호될 뿐 아니라 더 효과적으로 고안된 안보조치도 생겨날 수 있다. 비효과적인 안보조치들을 잘라내는 것은 사생활의 승리일 뿐 아니라 안보의 승리이기도 하다. 더 나은 안보조치를 탐색하게 만들기 때문이다.

어떤 이들은 우리가 정부를 더 믿어줘야 한다고 말한다. 에드거 후버 당시의 FBI처럼 지나쳤던 적도 있긴 했지만 미국 정부는 결코 빅브라더가 되지는 않을 것이라고 말이다. 안보강화론자들은 전체주의를 우려하는 사생활보호론자들의 공포가 과장된 것이라고 말한다. 그리고 안보 당국자들이 더 폭넓은 유연성과 재량권을 갖게 해서 위협에 빠르게 대처하도록 해야 한다고 말한다.

하지만 건강한 민주정부라면 그저 정부를 믿으라고만 해서는 절대로 안 된다. 건강한 민주사회는 정부가 무조건 자신을 믿으라고 요구하는 사회가 아니라, 강한 규칙과 절차가 마련되어 있어서 정부가 어느 선을 벗어나지 않게 만드는 사회이다.

진정한 해법과 유의미한 접근법은 분명히 존재한다. 논의의 장애물들을 제거하고 나면, 생산적이고 꼭 필요한 논의들이 가능해질 것이다. 사생활과 안보가 둘 다 중요하며, 둘 다 보호받을 가치가 있다는 것을 인정해야만 이런 논의를 진전시킬 수 있다.

이 책은 모든 해답을 제시해 논쟁을 종결짓기 위해 쓴 것이 아니다. 나는 이 책이 이제까지의 논쟁에서 나온 오류들을 짚어내고, 법에 대해 잘못 알려진 점들을 바로잡는 데 기여할 수 있기를 바란다.

이제까지 법은 반드시 해결해야 하는 문제와 반드시 필요한 원칙들을 종종 놓치곤 했다. 이제 논쟁을 새로 시작하자. 이번에는 더 생산적인 논쟁이 되도록 하자. 그리고 이번에야말로 진전을 이루자. 잡음과 혼동을 없애고 나서 보면, 무엇이 잘 작동하고 무엇이 그렇지 않은지에 초점을 맞출 수 있을 것이다. 그래야만 유의미한 타협에 도달할 수 있으며, 안보와 사생활이라는 목표를 모두 달성할 수 있다.

숨길 수 있는 권리

"자유를 포기하면 정말로 안전해질까?"

2011년, 오스트리아의 법학도 막스 슈렘스Max Schrems는 회원가입 이후 3년간 그가 페이스북에서 무엇을 했는지에 대한 내역을 페이스북 측에 요청했다. 온갖 시시콜콜한 일상부터 심지어는 이미 그가 삭제한 정보까지, 장장 1,200페이지 분량의 자료가 도착했다. 슈렘스는 "동독 비밀경찰이라도 개인에 대해 이렇게 방대한 자료를 수집하진 못했을 것"이라며 "1,200페이지나 되는 정보라면 나에게 불리하게 악용될 수 있는 정보가 반드시 들어 있게 마련"이라고 말했다.[*]

오늘날의 기술 환경에서는 개인정보를 전례 없이 속속들이, 그리고 전례 없이 방대하게 노출하지 않고 일상을 영위하기가 거의 불가능하다. 페이스북이나 블로그에 스스로 올리는 콘텐츠만이 아니다. 의료 기록이나 납세 기록, 범죄 이력처럼 으레 생각할 수 있는 데이터베이스 정보만도 아니다. 물건을 사든, 집을 알아보든, 은행 업무를 보

---

[*] 〈페이스부키스탄Facebookistan〉(2015), 감독 야코브 고트샤우Jakob Gottschau.

든, 영화를 보든, 택시를 타든, 눈뜰 때부터 잠자리에 들 때까지 일상의 거의 모든 활동이 어딘가에 기록되고 저장된다. 카카오톡 같은 메신저는 예전 같으면 금세 휘발되었을 구어口語 대화를 문자로 보관하며, 인터넷에 입력한 검색어도 고스란히 남아서 예전 같으면 내 머릿속에 있었을 생각이나 관심사가 어딘가에 데이터로 쌓인다. 또, 곳곳의 CCTV카메라와 자동차의 카메라형 블랙박스는 나의 움직임을 나 모르게 관찰하고 기록한다.

이 모든 것이 나의 소비성향을 분석하고, 금융 신용을 확인하고, 배경을 조사하고, 평판을 가늠하는 데 활용될 수 있으며 활용되고 있지만, 나는 내 정보의 수집과 사용, 왜곡과 남용을 통제할 수 있는 길이 별로 없다. 여기에, 내 정보를 수집하고 가공하고 사용하는 주체가 국가권력이라면 문제는 더 심각할 수 있다. 이미 강력한 공권력을 가진 정부가 방대한 사적 정보를 임의로 수집하고 활용할 경우 시민의 자유를 심각하게 침해할 수 있기 때문이다.

이 점이 바로 이 책의 주제이다.

치안과 안보는 정부의 핵심 역할이다. 이를 위해 정부는 수사와 첩보, 즉 의심 가는 사람들의 행적에 대한 '정보수집' 활동을 벌인다. 그런데 9.11테러 이후, "안보를 위해서는 사생활의 침해를 감수해야 한다"라며 정부가 '더 광범위한' 정보수집 권한을 '더 제약 없이' 행사하게끔 허용해야 한다는 목소리가 높아졌다. 실제로 미국에서 정부의 감시 권한을 확대하는 방향으로 법과 제도가 많이 바뀌었고, 국가안보국NSA이 수많은 미국 시민의 국제전화를 도청한 사례에서처럼 대규모 정보수집프로그램이 비밀리에 가동되기도 했다.

비상 상황임을 내세워 '안보냐 사생활이냐'의 양자택일을 강요하는 논리는 우리에게도 익숙하다. 국가보안법이 남용된 숱한 과거 사례까지 찾아볼 것도 없이, 2016년 2월 「국민보호와 공공안전을 위한 테러방지법안」을 직권상정하면서 정의화 국회의장은 "IS 등 국제적 테러 발생과 최근 북한의 도발적 행태를 볼 때 국민 안위와 공공의 안녕질서가 심각한 위험에 직면한 것으로 볼 수 있다"라며 "지금은 국민안전 비상 상황"이라고 말했다.* 반대하는 의원들이 192시간여 동안 필리버스터를 벌이며 막으려 했지만 테러방지법은 결국 통과됐다.

저자 대니얼 솔로브는 안보와 사생활이 상충관계임을 전제로 하는 주장들은 오류이며, 이렇게 잘못 설정된 '안보냐 사생활이냐'의 프레임 탓에 법 제도가 사생활 보호 기능을 위험할 정도로 상실하는 방향으로 후퇴했다고 지적한다. 솔로브에 따르면, 이는 '사생활'을 무언가 당사자가 감추고 싶어 하는 나쁜 일, 혹은 혼자만 간직하고 싶어 하는 내밀한 비밀을 뜻하는 것으로만 여기는 데서 기인한다. 숨길 게 없으면 사적인 정보가 노출된들 대수로운 일이 아닐 테고, 지극히 내밀한 비밀이 드러나지 않는 한 사적 정보 노출이 일으킬 피해는 미미할 것이므로, 안보라는 중대한 이득에 견주면 언제나 사생활이 밀리게 된다는 것이다.

하지만 정부가 개인들로서는 파악하기도 참여하기도 어려운 방식으로 사적 정보를 방대하게 수집하고 사용할 때, 나는 누가 보고 있

---

* 『필리버스터: 민주주의, 역사, 인권, 자유 − 제340회 국회(임시회) 본회의 회의록 제7호 무제한토론 속기록 전문』, 이김, 2016.

을지 모른다는 가능성을 염두에 둘 필요 없이 자유롭게 일상을 영위할 권리, 인간관계나 사상을 자율적으로 형성해갈 권리, 나에 대한 정보의 사용과 남용을 통제하고 관리할 권리를 모두 잃게 된다. 요컨대, 사생활을 보호하는 것은 시민적 자유를 지키는 기반이다. 이런 의미에서, 저자는 합당한 사유 없이 가택이나 문서를 수색·압수당하지 않을 권리를 보장한 미국 수정헌법 4조와 함께 자유로운 언론, 집회, 결사를 보장한 수정헌법 1조도 사생활 보호의 법적 원천이 되어야 한다고 주장한다. 우리나라 헌법도 17조("모든 국민은 사생활의 비밀과 자유를 침해받지 아니한다")와 18조("모든 국민은 통신의 비밀을 침해받지 아니한다")에서 사생활의 권리를 보장하고 있으며, 헌법학자들은 이를 단지 드러내고 싶지 않은 것을 비밀로 둘 권리만이 아니라 자율적인 존재로서의 개인이 자신의 고유한 삶을 자유롭게 영위할 권리라고 해석한다.*

이렇듯 사생활이 자유를 의미한다면, 정부는 정보수집 권한이 남용되지 않도록 매우 신중해야 한다. 남용될 때 침해되는 것이 '사소한 사생활'이 아니라 '시민의 기본권인 자유'이기 때문이다. 물론 정부는 필요에 따라 감청, 압수, 수색, 영상감시, 위치추적 등 다양하고 강력한 정보수집 수단을 활용할 수 있다. 하지만 저자는 필요성과 정당성을 먼저 법원에서 입증한 한에서만 그렇다고 강조한다. 또, 정보수집 권한이 적법하게 발동된 경우에도 '과잉금지의 원칙'에 따라 정보의

---

* 법제처, 『헌법주석서1』, 제1장 총강(http://www.moleg.go.kr/knowledge/bookMagazine/magazineData?pstSeq=51851).

숨길 수 있는 권리

수집은 최소한으로만 이뤄져야 한다. 그렇지 않으면 헌법의 정신을 위배하는 것이 되기 때문이다.*

정부가 실시하려는 조치가 시민의 자유를 침해할 소지가 있을 때, 정부는 그 조치의 정당성을 설명하고 입증할 책무가 있다. 오늘날처럼 기술이 발달해 의심 인물로 특정되지 않은 사람들의 정보까지 저인망식으로 쓸어 모을 수 있는 상황에서는 더욱 그렇다. 그래서 저자는 새로운 기술들이 사생활을 보호하는 법체계를 구멍투성이로 만들지 않도록, 시민적 자유를 보장한다는 일반 원칙에 무게를 두고 접근해야 한다고 주장한다. 우리나라 학자들도 디지털 감청은 그 특성상 '전방위적 감청과 싹쓸이식 수색'으로 수많은 사람들의 권리를 침해하게 되기가 매우 쉬우므로 당국은 아날로그 감청영장에 비해 디지털 감청영장이 '헤아릴 수 없이 무겁다'는 점을 적극적으로 인식해야 한다고 지적한 바 있다.**

그런데 안보 쪽으로 크게 기울어진 안보 대 사생활의 양자택일 구도에서, 미국과 한국은 공히 법 제도가 정부의 신중함을 강화하는 방향이 아니라 책무를 면제하고 비밀기관의 권한을 확대하는 방향으로 역행하고 있다. 하지만 사생활을 보호하자는 것은 정부의 안보조치를 적절한 감독하에 두자는 것이지 안보조치를 없애자는 말이 아니며,

---

* 황성기, 「현행 통신비밀 보호법제의 헌법적 문제점」, 《언론과 법》 14(1), 2015, 1-32: 법제처, 『헌법주석서1』, 제1장 총강(http://www.moleg.go.kr/knowledge/bookMagazine/magazineData?pstSeq=51851).

** 오길영, 「현행 통신비밀보호법의 문제점과 개선방향」, 《언론과 법》 14(1), 2015, 33-69.

정부가 타당성을 설명하고 입증하도록 하면 '안보극장'에 불과한 조치가 아니라 유의미한 효과성을 기대할 수 있는 조치를 고안할 것이므로 오히려 안보 강화에도 도움이 된다. 안보를 중시한다 해서 사생활을 반드시 희생해야 할 이유는 없는 것이다.

이보다 근본적인 의미에서도 안보와 사생활의 상충관계는 거짓이다. 우리가 안보를 원하는 이유는 불안해하고 두려워하면서 살고 싶지 않기 때문이다. 그런데 국가권력이 막강한 사찰 권한을 가진 사회 역시 시민의 입장에서는 불안하고 두렵다. 솔로브는, 오늘날의 기술 환경에서는 정보가 정보수집 권한을 남용하면 감시, 억압, 탄압과 같은 '오웰적'인 문제를 일으키지 않는 경우라 하더라도 '카프카적'인 문제를 일으킨다고 지적한다. 카프카적 문제는 자신의 정보가 수집·가공·활용·남용되는 데 대한 통제력을 개인이 완전히 상실한 데서 생기는 문제로, 저자에 따르면 카프카적 문제도 오웰적 문제 못지않게 국가기관과 국민 사이의 권력관계를 심각하게 기울인다. 그리고 카프카적 문제는 오웰적 문제와 결합할 수 있다. 정부 권한의 남용이 저자가 언급한 수정헌법 1조상의 권리(집회, 결사, 언론 등의 권리)를 침해하는 경우에는 특히 더 그렇다. 이런 사회에서 우리는 안전이 아니라 불안과 두려움을 느낀다.

사생활을 희생하자는 논리에는 '안보와 안전을 강화하기 위해서'라는 이유가 붙지만, 사생활의 희생은 자유의 희생이고 국가권력에 의해 자유를 잃었을 때 우리는 안전하다고 느끼지 못한다. 개인에 대한 정보를 부당하게 수집·조작·왜곡해 가짜 간첩을 만드는 사건을 최근까지도 접해온 우리가 국가정보원의 권한을 확대하는 법을 보고

숨길 수 있는 권리

서 오웰적 상황과 카프카적 상황의 결합을 떠올리며 두려워하는 것은 지나친 반응이 아닐 것이다.* 2016년 2월 테러방지법을 반대하는 필리버스터에 직면했을 때, 정의화 국회의장은 "국정원장과의 비공개 면담에서 국정원이 국민들로부터 스스로 신뢰를 회복하기 위한 후속 조치를 완전하게 시행할 것을 요구하였고 국정원장으로부터 확고한 약속을 받았다"라고 말했다. 하지만 공권력이 얼마나 폭력적일 수 있는지를 익히 잘 알고 있는 상황에서 국정원의 신뢰 회복은 국회의장이 비공개 면담에서 약속을 받아낸다고 이뤄지는 것도 아닐뿐더러, 얼마나 높이 신뢰할 수 있는 정부든지 간에 "민주사회는 정부가 자신을 믿으라고 요구하는 사회가 아니다". 민주사회는, 저자의 말대로, 탄탄한 규칙과 절차가 마련되어 있어서 어느 정부라도 선을 벗어나지 않게 만드는 사회이다.

저자는 안보와 사생활의 논쟁이 오류에 기반한 현재의 논리를 벗어나 유의미하게 진전되기를 바란다고 했다. 그렇지 못하면 너무나 많은 것을 잃게 될 것이라면서 말이다. 이 논쟁을 유의미하게 진전시키는 것은 우리에게도 절실해 보인다. 그렇지 못하면 너무나 많은 것을 잃게 될 것이기 때문이다.

2016년 11월

김승진

---

* 〈자백Spy Nation〉(2016), 감독 최승호.

| 참고문헌 |

들어가는 글

1. Samuel Dash, The Intruders: Unreasonable Searches and Seizures from King John to John Ashcroft 9 (2004).

2. "누구에게든 집은 그의 성채가 되어야 한다"라는 말은 이르게는 1499년 기록에서도 볼 수 있다. 다음을 참고하라. *The Right to Privacy in Nineteenth Century America*, 94 Harv. L. Rev. 1892, 1894 n.18 (1981). 「시메인 사건」에서도 "모든 이에게 가정은 그의 성채이자 요새"라는 유명한 말이 등장한다. 다음을 참고하라. *Semayne's Case*, 77 Eng. Rep. 194 (K.B. 1604), 195.

3. 4 William Blackstone, Commentaries on the Laws of England 168 (1769).

4. William J. Cuddihy, The Fourth Amendment: Origins and Original Meaning, 602-1791, lxi (2009).

5. Tracey Maclin, *When the Cure for the Fourth Amendment Is Worse than the Disease*, 68 S. Cal. L. Rev. 1, 8 (1994). 다음도 참고하라. Leonard W. Levy, Origins of the Bill of Rights 158 (1999).

6. 3 The Debates in Several Conventions on the Adoption of the Federal Constitution 448-49 (Jonathan Elliot ed., 1974).

7. 다음을 참고하라. David R. Johnson, Policing the Urban Underworld: The Impact of Crime on the Development of the American Police, 1800-1887 (1979); Eric Monkkonen, Police in Urban America, 1860-1920 (1981).

8. William J. Stuntz, *The Substantive Origins of Criminal Procedure*, 105 Yale L. J. 393, 435 (1995).

9. Curt Gentry, J. Edgar Hoover: The Man and the Secrets 111 (1991).

10. *Id.* 112-13. (다음을 인용. Rep. J. Swagar Sherley, D-Ky.)

11. *Id.* 113.

12. Ronald Kessler, The Bureau: The Secret History of the FBI 57 (2002).

13. FBI의 현재 규모는 다음 웹사이트에서 확인할 수 있다. http://www/fbi.gov/facts_and_figures/working.htm (2010년 6월 6일에 접속함).

14. Olmstead v. United States, 277 U.S. 438, 469, 464 (1928).

15. *Id.* 473, 478 (Brandeis, J. dissenting).

16. 이 법은 연방 통신법 605조이다. Communications Act of 1934, ch. 652, 48 Stat. 1064 (현재는 47 U.S.C. § 605 (2006)).

17. 다음을 참고하라. Wayne R. Lafave et al., Criminal Procedure 260 (3d ed. 2000).

18. 다음을 참고하라. Whitfield Diffie & Susan Landau, Privacy on the Line: The Politics of Wiretapping and Encryption 155-65 (1998).

19. Kessler, The Bureau, *supra*, 166, 188.

20. Gentry, Hoover, *supra*, 630.

21. 다음을 참고하라. 2 *Hearings before the Select Committee to Study Governmental Operations with Respect to Intelligence Activities of the U.S. Senate*, 94th Cong., 10 (1976) [이후 '처치 위원회 보고서'로 표기].

22. David Cole & James X. Dempsey, Terrorism and the Constitution 6-7 (1999)

23. Gentry, Hoover, *supra*, 140-42, 126.

24. Mapp v. Ohio, 367 U.S. 643, 655 (1961).

25. United States v. Katz, 389 U.S. 347, 358 (1967).

26. Title III, Omnibus Crime Control and Safe Streets Act of 1968, Pub. L. 90-351, § 802, 82 Stat. 197.

27. 다음을 참고하라. United States v. U.S. District Court, 407 U.S. 297 (1972). 처음 이 사건을 담당했던 연방 지방법원 데이먼 J. 케이스(Damon J. Keith) 판사의 이름을 따서 「케이스 사건」이라고도 불린다.

28. Diffie & Landau, Privacy on the Line, *supra*, 178.

29. 2 *Church Committee Report, supra*, 5.

30. *Id.* 9-10.

31. Foreign Intelligence Surveillance Act of 1978, Pub. L. No. 95-511, § 101, 92 Stat. 1783.

32. S. Rep. No. 95-604, 7 (1977). 다음에 다시 나옴. 1978 U.S.C.C.A.N. 3904, 3916.

33. Office of the Attorney Gen., U.S. Dep't of Justice, Domestic Security Investigation Guidelines (1976).

34. Smith v. Maryland, 442 U.S. 735 (1979) (수신 전화번호 목록에 대해서는 사생활을 합리적으로 기대할 수 없다); United States v. Miller, 425 U.S. 435, 443 (1976) (은행 기록

에 대해서는 사생활을 기대할 수 없다); Florida v. Riley, 488 U.S. 445 (1989) (경찰이 헬리콥터를 타고 상공에서 온실을 내려다본 경우 사생활을 합리적으로 기대할 수 없다); California v. Greenwood, 486 U.S. 35 (1988) (버려진 쓰레기에 대해서는 사생활을 합리적으로 기대할 수 없다).

35. Electronic Communications Privacy Act of 1986, Pub. L. No. 99-508, 100 Stat. 1848.

36. Uniting and Strengthening America by Providing Appropriate Tools Required to Intercept and Obstruct Terrorism (USA PATRIOT) Act of 2001, Pub. L. No. 107-56, 115 Stat. 272.

사생활과 안보의 가치

1장. 숨길 게 없으면 된다

1. Bruce Schneier, Commentary, *The Eternal Value of Privacy*, Wired, May 18, 2006, http://www.wired.com/news/columns/1,70886-0.html (2010년 8월 17일에 접속함).

2. Geoffrey R. Stone, Commentary, *Freedom and Public Responsibility*, Chi. Trib., May 21, 2006, 11.

3. Feffrey Rosen, The Naked Crowd: Reclaiming Security and Freedom in an Anxious Age 36 (2004).

4. 〈시큐리티 포커스〉에 NonCryBaby라는 ID를 쓰는 사람이 올린 글, http://www.securityfocus.com/comments/articles/2296/1810518105 (2003. 2. 12).

5. 〈다니엘 파이프스〉에 Yoven이라는 ID를 쓰는 사람이 올린 글, http://www.danielpipes.org/comments/47675 (2006. 6. 14).

6. "Reach For The Stars!", http://greatcarrieoakey/blogspot.com/2006/05/look-all-you-want-ive-got-nothing-to.html (2006. 5. 14).

7. "별개의견"에 annegb라는 ID를 쓰는 사람이 올린 글, http://www.concurringopinions.com/archives/2006/05/is_there_a_good.html (2006. 5. 23).

8. Joe Schneider, Letter to the Editor, *NSA Wiretaps Necessary*, St. Paul, Pioneer Press, Aug. 24, 2006, 11B.

9. *NPR Day to Day: Polls Suggest Americans Approves NSA Monitoring* (NPR 라디오 방송, 2006. 5. 19).

10. Henry James, The Reverberator (1888). 다음에 재출간됨. Novels, 1886-1890, 555, 687 (1989).

11. Daniel J. Solove, *Is There a Good Response to the "Nothing to Hide" Argument?*, "별개의견", http://concurringopinions.com/archives/2006/05/is_there_a_good/html (2006. 5. 23).

12. "별개의견"에 올린 〈'숨길 게 없으면 된다'라는 논리에 맞설 좋은 방법이 있을까요? *Is*

There a Good Response to the "Nothing to Hide" Argument?)에 달린 댓글들을 참고하라. "별개의견", http://concurringopinions.com/archives/2006/05/is_there_a_good.html (2006. 5. 23).

13. Aleksandr Solzhenitsyn, Cancer Ward 192 (Nicholas Bethell & David Burg trans., 1991).

14. Friedrich Dürrenmatt, Traps 23 (Richard & Clara Winston trans., 1960).

15. "별개의견"에 Andrew라는 ID를 쓰는 사람이 올린 글, http://www.concurringopinions/com/archives/2006/05/is_there_a_good.html (2006. 10. 16).

16. David H. Flaherty, *Visions of Privacy: Past, Present, and Future.* 다음에 수록됨. Vision of Privacy: Policy Choices for the Digital Age 19, 31 (Colin J. Bennet & Rebecca Grant eds., 1999).

17. John Dewey, Logic: The Theory of Inquiry (1938). 다음에 수록됨. 12 The Later Works: 1938, 112 (Jo Ann Boydston ed., 1991).

18. 사생활의 개념에 대해서는 내 전작 『사생활의 이해』에서 상세히 다뤘다. 서로 관련은 있지만 또 서로 구별되는 여러 종류의 사생활 문제를 짚어낼 수 있도록 분류법을 제시했다. 다음을 참고하라. Daniel Solove, Understanding Privacy (2008).

19. 다음을 참고하라. George Orwell, Nineteen Eighty-Four (1949).

20. Franz Kafka, The Trial, 50-58 (Willa & Edwin Muir trans., 1956) (1937).

21. Daniel J. Solove, The Digital Person: Technology and Privacy in the Information Age 27-75 (2004).

22. Schneier, *Eternal Value, supra.*

23. Ann Bartow, *A Feeling of Unease about Privacy Law,* 155 U. Pa. L. Rev. PENNumbra 52, 62 (2006), http://www.pennumbra.com/responses/11-2006/Bartow/pdf.

2장. 양자택일 논리

1. *Wartime Executive Power and the National Security Agency's Surveillance Authority: Hearing before the S. Comm. on the Judiciary*, 109th Cong. 15 (2006) (앨버토 곤잘레스 법무장관 발언).

2. Eric A. Posner & Adrian Vermeule, Terror in the Balance: Security, Liberty, and the Courts 12 (2007).

3. Bob Sullivan, *Have You Been Wiretapped?* MSNBS.com, Jan. 10, 2006, http://redtape.msnbc.com/2006/01/have_you_been_w.html (2010년 8월 17일에 접속함. 인용 부호 생략).

4. *National Security Agency*, Rasmussen Reports, Dec. 28, 2005, http://www.rasmussenreports.com/2005/NSA.htm (2010년 8월 17일에 접속함).

3장. 행정부 존중의 위험

1. MacWade v. Kelly, 460 F. 3d 260, 273, 274 (2d Cir. 2006).

2. Timothy Williams & Sewell Chan, *In New Security Move, New York Police to Search Commuters' Bags*, N.Y. Times, July 21, 2005, A1.

3. Richard A. Posner, Not a Suicide Pact: The Constitution in a Time of National Emergency 37 (2006).

4. Eric A. Posner & Adrian Vermeule, Terror in the Balance: Security, Liberty and the Courts 5 (2007).

5. 다음을 참고하라. *Id.* 6, 31, 18.

6. John Mueller, Overblown: How Politicians and the Terrorism Industry Inflate National Security Threats, and Why We Believe Them 13 (2006).

7. 다음을 참고하라. Bruce Schneier, Beyond Fear: Thinking Sensibly about Security in an Uncertain World 239 (2003).

8. 예를 들어 다음을 참고하라. Arialdi M. Miniño, Melonie P. Heron & Betty L. Smith, *Death: Preliminary Data for 2004*, Nat'l Vital Stats. Rep., June 28, 2006, 1, 30 tbl. 7 (2006). 다음에서 볼 수 있음. http://www.cdc.gov/nchs/data/nvsr/nvsr54/nvsr54_19.pdf.

9. 다음을 참고하라. Jeordan Legon, *Survey: "Shark Summer" Bred Fear, Not Facts*, CNN.com, Mar. 14, 2003, http://www.cnn.com/2003/TECH/science/03/13/shark.study/ (2010년 8월 17일에 접속함).

10. Bruce Schneier, *Beyond Security Theater*, Schneier on Security, Nov. 13, 2009, http://www.schneier.com/blog/archives/2009/11/beyond_security.html (2010년 8월 17일에 접속함).

4장. 사생활의 사회적 가치

1. Smith v. City of Artesia, 772 P.2d 373, 376 (N.M. Ct. App. 1989).

2. Thomas I. Emerson, The System of Freedom of Expression 545, 549 (1970).

3. Charles Fried, *Privacy*, 77 Yale L.J. 475, 478 (1968); 다음도 참고하라. Beate Rössler, The Value of Privacy 117 (R.D.V. Glasgow trans., 2005) ("누군가의 사생활을 존중한다는 것은 그 사람을 자율적인 주체로서 존중하는 것이다."); Stanley I. Benn, *Privacy, Freedom, and Respect for Persons*. 다음에 수록됨. Nomos XIII: Privacy 1, 26 (J. Roland Pennock & John W. Chapman eds., 1971) ("누군가를 인간으로서, 스스로 선택하는 자로서 존중한다는 것은 그가 스스로를 창조하는 종류의 일에 관여하고 있으며, 엿보는 것과 같은 작은 침해로도 [그가 자율적인 인간으로서 영위하는 일이] 교란되고 왜곡되고 좌절될 수 있다는 사실을 인정하는 것이다.")

4. 예를 들어 다음을 참고하라. Rakas v. Illinois, 439 U.S. 128 (1978) (자동차 앞좌석 수납칸을 경찰이 수색할 때, 이는 탑승자의 의지에 반해 증거를 수집하는 것이지만 탑승자는 이 수색에 항의할 자격이 없다).

5. Amitai Etzioni, The Limits of Privacy 196, 187-88, 38 (1999).

6. *Id.* 198.

7. John Dewey, Ethics (1908). 다음에 수록됨. 5 The Middle Works: 1899-1924, 268 (Jo Ann Boydston ed., 1978).

8. John Dewey, Liberalism and Civil Liberties (1936). 다음에 수록됨. 11 The Later Works: 1935-1937, 373, 375 (Jo Ann Boydston ed., 1987).

9. Robert C. Post, *The Social Foundations of Privacy: Community and Self in the Common Law Tort*, 77 Cal. L. Rev. 957, 968 (1989).

10. Spiros Simitis, *Reviewing Privacy in an Information Society*, 135 U. Pa. L. Rev. 707, 709 (1987) ("사생활에 대한 고려는 더 이상 특정 개인의 문제들에서 나오는 것이 아니다. 그보다는, 모든 사람에게 영향을 미치는 갈등들을 드러내는 것이다."): 다음도 참고하라. Julie E. Cohen, *Examined Lives: Informational Privacy and the Subject as Object*, 52 Stan. L. Rev. 1373, 1427-28 (2000) ("간단히 말하자면, 정보의 프라이버시는 가장 넓은 의미의 시민사회에 필수적인 구성 요소이다."): Paul M. Schwartz, *Privacy and Democracy in Cyberspace*, 52 Vand. L. Rev. 1609, 1613 (1999) ("정보의 프라이버시는 시민사회의 구성 요소로 파악하는 것이 가장 적합하다.").

비상 시기

5장. 시계추 논리

1. Richard A. Posner, Law, Pragmatism, and Democracy 298 (2003).

2. Terminiello v. Chicago, 337 U.S. 1, 36 (1949) (Jackson, J. dissenting).

3. Posner, Pragmatism, *supra*, 296.

4. William H. Rehnquist, All the Laws But One 224 (1998).

5. Amitai Etzioni, The Limits of Privacy 25 (1999).

6. ABC News/Washington Post Poll, September 11, 2001. 다음에 게재됨. Amitai Etzioni, How Partriotic Is the Patriot Act? Freedom Versus Security in the Age of Terrorism 18 (2004).

7. Gallup Poll, Jan. 28–March 22, 2002. 다음에 게재됨. Etzioni, Patriot Act, *supra*, 18.

8. Floyd Abrams, *The First Amendment and the War against Terrorism*, 5 U. Pa. J. Const. L. 1, 5-6 (2002).

9. Herman Melville, Billy Budd, Sailor (An Inside Narrative) (Harrison Hayford & Merton

M. Sealts, Jr., eds., 1962). 멜빌은 원고를 완성하지 못하고 1891년에 사망했다. 이 원고는 1924년에 출판됐다.

10. 대니얼 콘스테인은 빌리 버드를 재판하기 위해 소집된 비밀 군사법정과 부시 행정부 시절 비밀 군사재판 사이의 유사성을 설득력 있게 짚어냈다. 다음을 참고하라. Daniel J. Kornstein, *Life Imitates Art on Secret Tribunals*, N.Y.L.J., Nov. 28, 2001, Perspectives, 2.

11. 다음을 참고하라. Richard H. Weisberg, The Failure of the Word 133-76 (1984).

12. Eric K. Yamamoto et al., Race, Rights, and Reparations: Law and the Japanese American Internment 38 (2001); 다음도 참고하라. Eugene V. Rostow, *The Japanese American Cases—A Disaster*, 54 Yale L.J. 489 (1945).

13. Schenck v. United States, 249 U.S. 47, 52 (1919).

14. Korematsu v. United States, 323 U.S. 214, 216 (1944).

15. Hirabayashi v. United States, 320 U.S. 81, 95 (1943).

16. 다음을 참고하라. Commission on Wartime Relocation and Internment of Civilians, Personal Justice Denied (1982). 공식 사과는 다음에서 이뤄졌다. Pub. L. No. 100-383, § 2(a), 102 Stat. 903 (1988).

17. 다음을 참고하라. Ellen Schrecker, Many Are the Crimes: McCarthyism in America 359-415 (1998); 다음도 참고하라. Ted Morgan, Reds: McCarthyism in Twentieth-Century America 546-47 (2003).

18. 예를 들어 다음을 참고하라. Sheryl Gay Stolberg, *Transcripts Detail Secret Questioning in 50's by McCarthy*, N.Y. Times, May 6, 2003, A1.

19. David Cole, *Enemy Aliens*, 54 Stan. L. Rev. 953, 960-61 (2002).

20. Stephen Graham, *U.S. Frees 80 Afghan Detainees*, Phila. Inquirer, Jan. 17, 2005, A12.

21. Hamdi v. Rumsfeld, 524 U.S. 507, 535 (2004).

22. 예를 들어 다음을 참고하라. Eric Lichtblau, *U.S. Report Faults the Roundup of Illegal Immigrants after 9/11*, N.Y. Times, June 3, 2003, A1.

23. Jerry Markon, *U.S. to Free Hamdi, Send Him Home*, Wash. Post, Sept. 23, 2004, A1.

24. Posner, Pragmatism, *supra*, 304.

25. 다음을 참고하라. Ellen Schrecker, The Age of McCarthyism: A Brief History with Documents 76-86 (1994); 다음도 참고하라. Seth F. Kreimer, *Sunlight, Secrets, and Scarlet Letters: The Tension between Privacy and Disclosure in Constitutional Law*, 140 U. Pa. L. Rev. 1, 13-71 (1991).

6장. 국가안보 논리

1. *Continued Oversight of the USA PATRIOT Act: Hearing before the S. Comm. on the Judiciary*,

109th Cong. (2005) (앤드루 매카시의 증언, Att'y, Foundation for the Defense of Democracies). 다음에서 볼 수 있음. http://judiciary.senate.gov/hearings/testimony.cfm?id=1493&wit_id=4260 (2010년 8월 19일에 접속함); 다음도 참고하라. Eric A. Posner & Adrian Vermeule, Terror in the Balance: Security, Liberty, and the Courts 18 (2006) (국가안보 사안에서는 "기민하고 적극적이며 비밀리에 행동을 취할 수 있는 행정부의 역량에 우선순위가 주어져야 한다"라고 주장).

2. Trevor W. Morrison, *The Story of United States v. U.S. District Court (Keith): The Surveillance Power*. 다음에 수록됨. Presidential Power Stories 287, 292 (Christopher Schroeder & Curtis Bradley eds., 2008).

3. U.S. Const. art II. § 1.

4. United States v. U.S. District Court (Keith), 407 U.S. 297, 320 (1972).

5. *Id*. 322, 323.

6. Stephen I. Vladeck, *National Security's Distortion Effects*, 32 W. New Eng. L. Rev. 285, 288 (2010).

7. Kirk Semple, *Padilla Gets 17 Years in Conspiracy Case*, N.Y. Times, Jan. 23, 2008, A14.

8. Michael Brick, *Man Crashes Plane into Texas IRS Office*, N.Y. Times, Feb. 18, 2010, A14.

9. United States v. Ehrlichman, 546 F. 2d 910, 926 (D.C. Cir. 1976).

10. 다음을 참고하라. New York Times Co. v. United States, 403 U.S. 713 (1971); 다음도 참고하라. A Culture of Secrecy: The Government Versus the People's Right to Know (Athan T. Theoharis ed., 1998). 존 미첼 법무장관은 뉴욕타임스에 보낸 글에서 펜타곤 문서가 "미국의 국가 방위에 회복시킬 수 없는 피해를 야기하게 될 것"이라고 언급했다. Stephen Dycus et al., National Security Law 1017 (3d ed. 2002).

11. *Brief of United States*, New York Times Co. v. United State. 다음에 인용됨. Louis Fisher, In the Name of National Security: Unchecked Presidential Power and the Reynolds Case 154–55 (2006).

12. *Id*. 156 (다음을 인용. Eirwin N. Griswold, *Secrets Not Worth Keeping*, Wash. Post. Feb 15, 1989, A25).

13. 다음을 참고하라. United States v. Reynolds, 345 U.S. 1, 10 (1953) (정보를 공개할 경우 "국가안보상 드러나지 않아야 할 군사적 사안들이 노출될 위험이 합리적으로 존재한다면" 정부가 정보의 공개를 막을 수 있다고 판결). 국가기밀특권에 대해 더 자세한 내용은 다음을 참고하라. Amanda Frost, *The State Secrets Privilege and Separation of Powers*, 75 Fordham L. Rev. 1931 (2007).

14. Eric Lichtblau, *U.S. Cities "Secrests" Privilege as It Tries to Stop Suit on Banking Records*, N.Y. Times, Aug. 31, 2007, A17.

15. 이 사건의 사실관계는 다음을 참고했다. El-Masri v. United States, 479 F.3d 296, 300 (4th Cir. 2007); Dana Priest, *The Wronged Man: Unjustly Imprisoned and Mistreated, Khaled*

al-Masri Wants Answers the U.S. Government Doesn't Want to Give, Wash. Post, Nov. 29, 2006, C1; Dana Priest, *Wrongful Imprisonment: Anatomy of a CIA Mistake: German Citizen Released after Months in "Rendition,"* Wash. Post, Dec. 4, 2005, A1.

16. El-Masri v. United States, 479 F 3d 296, 309-10 (4th Cir. 2007).

17. *Id.* 308-9, 311. 국가안보법 전문가 로버트 체스니는, 국가 기밀과 관련된 사건들은 '기밀 법정'에서 진행하면 될 것이라고 제안했다. Robert M. Chesney, *State Secrets and the Limits of National Security Litigation*, 75 Geo. Wash. L. Rev. 1249, 1313 (2007).

18. *Reynolds*, 345 U.S. 10-11.

19. Louis Fisher, In the Name of National Security: Unchecked Presidential Power and the Reynolds Case, xi, 28 (2006).

20. 정부의 비공개성과 국가안보에 관한 연구로는 다음을 참고하라. Nathan Alexander Sales, *Secrecy and National Security Investigations*, 58 Ala. L. Rev. 811 (2007); Heidi Kitrosser, *"Macro-Transparency" as Structural Directive: A Look at the NSA Surveillance Controversy*, 91 Minn. L. Rev. 1163 (2007); Mary-Rose Papandrea, *Under Attack: The Public's Right to Know and the War on Terror*, 25 B.C. Third World L.J. 35 (2005).

7장. 범죄-첩보의 구분

1. United States v. U.S. District Court (Keith) 407 U.S. 297, 321-22 (1972) ("본 사건은 국가안보의 국내적 측면만을 다룬다. 본 판결에서는 외국 세력이나 외국 세력의 요원이 관여됐을 가능성이 있는 경우에 대해서는 판단을 하거나 견해를 밝히지 않았지만, 대상자가 외국 세력의 요원인 경우에는 영장 없이 감시가 이뤄져도 헌법에 위배되는 것이 아닐 수도 있을 것이다").

2. The Foreign Intelligence Surveillance Act of 1978, 50 U.S.C. §§ 1801 et seq. (2006). FISA의 배경에 대한 상세 내용은 다음을 참고하라. Peter P. Swire, *The System of Foreign Intelligence Surveillance*, 72 Geo, Wash. L. Rev. 1306 (2004).

3. 50 U.S.C. § 1805 (a).

4. 기간에 대해서는 다음을 비교해보라. ECPA, 18 U.S.C. § 2518(5) (명령서는 30일까지 유효하다). FISA, 50 U.S.C. § 1805(d) (명령서는 90일까지 유효하며 미국인이 아닌 경우 120일까지 유효하다). 당사자 고지에 대해서는 다음을 비교해보라. ECPA, 18 U.S.C. § 2518(8)(D) (감시에 대해 당사자에게 고지해야 한다). FISA, 50 U.S.C. §§ 1806(c), 1825(b) (감시 대상자가 그 감시의 결과로 기소되는 경우, 또는 "감시 사실을 계속해서 비밀로 두는 것이 국가안보에 아무런 이득을 주지 않는다고 법무장관이 판단한 경우"에만 감시 사실을 고지한다). 법원명령 청구서와 법원명령서를 피고[감시 대상자]가 열람할 수 있는지에 대해서는 다음을 비교해보라. ECPA, 18. U.S.C. § 2518(9) (피고가 전자감시에 대한 법원명령 청구서와 법원명령서를 열람하는 것이 허용된다). 50 U.S.C. § 1806(f) ([정부는] "법원명령 청구서, 법원명령서 등 해당 감시와 관련된 문서"를 "법원 단독으로,

비공개로 검토"하도록 요청할 수 있다).

5. United States v. Isa, 923 F.2d 1300 (8th Cir. 1991).

6. *Terror and Death at Home Are Caught in F.B.I. Tape*, N.Y. Times, Oct. 28, 1991, A14.

7. *Isa*, 923 F.2d, 1304-6.

8. Paul Rosenzweig, *Civil Liberty and the Response to Terrorism*, 42 Duq. L. Rev. 663, 689 (2004).

9. John Yoo, War by Other Means: An Insider's Account of the War on Terror 72 (2006); 다음도 참고하라. Stewart Bake, Skating on Stilts: Why We Aren't Stopping Tomorrow's Terrorism 39-69 (2010).

10. The 9/11 Commission Report 254-75 (2004).

11. USA PATRIOT Act, Pub. L. No. 107-56, § 204, 115 Stat. 272 (50 U.S.C. § 1804(a) (7) (B) (2006).

12. *In re* Sealed Case, 310 F.3d 717, 720 (FISA Ct. 2002) ("제출명령 청구는 (…) 이미 발생한 범죄의 증거를 획득하는 것이 해당 감시의 유일한 목적일 경우에만 (…) 기각돼야 한다").

13. 50 U.S.C. § 1805 (a)

14. William C. Banks & M.E. Bowman, *Executive Authority for National Security Surveillance*, 50 Am. U. L. Rev. 1, 87 (2000).

15. Norman C. Bay, *Executive Power and the War on Terror*, 83 Denv. U. L. Rev. 335, 373 (2005) (다음을 인용: Harry S. Truman, 1 Memoirs: Year of Decisions 117 (1955)).

16. Mayfield v. United States, 599 F.3d 964 (9th Cir. 2010). 이 사건에 대한 사실관계는 다음도 참고했다. Mayfield v. United States. 588 F. 3d 1252 (9th Cir. 2010); Mayfield v. United States, 204 F. Supp. 2d 1023 (D. Or. 2007).

17. The 9/11 Commission Report 271 (2004). 요원들이 관련 규칙들을 잘 몰랐다는 점에 대해서는 다음을 참고하라. *Id.* 254-75.

18. David S. Kris, *The Rise and Fall of the FISA Wall*, 17 Stan. L. & Pol'y Rev. 487, 521-24 (2006).

19. William C. Banks, The Death of FISA, 91 Minn. L. Rev. 1209, 1253 (2007).

8장. 비상대권 논리와 법치

1. James Risen & Eric Lichtblau, *Bush Lets U.S. Spy on Callers without Courts: Secret Order to Widen Domestic Monitoring*, N.Y. Times, Dec. 16, 2005, A1.

2. James Bamford, Body of Secrets: Anatomy of the Ultra Secret National Security Agency 5 (2001).

3. James Bamford, The Shadow Factory: The NSA from 9/11 to the Eavesdropping on America 1 (2009).

4. Leslie Cauley, *NSA Has Massive Database of Americans' Phone Calls*, USA Today, May 11, 2006, A1; Susan Page, *Lawmakers: NSA Database Incomplete*, USA Today, June 30, 2006, A1.

5. Siobhan Gorman, *NSA's Domestic Spying Grows as Agency Sweeps up Data,* Wall St. J., Mar. 10, 2008, A1.

6. 앨버토 곤잘레스 법무장관의 증언 (Prepared Statement of Hon. Alberto R. Gonzales, Attorney General of the United States, Feb. 6, 2006). 다음에서 볼 수 있음. http://www.justice.gov/archive/ag/speeches/2006/ag_speech_060206.html (2010년 8월 17일에 접속함).

7. 50 U.S.C. § 1801.

8. 앨버토 곤잘레스 법무장관의 증언. *supra.*

9. U.S. Dep't of Justice, White Paper, Legal Authorities Supporting the Activities of the National Security Agency Described by the President 2 (Jan. 19, 2006). 다음에서 볼 수 있음. http://www.justice.gov/opa/whitepaperonnsalegalauthorities.pdf.

10. Peter Baker, *President Acknowledges Approving Secretive Eavesdropping*, Wash. Post. Dec. 18, 2005, A1.

11. William J. Stuntz, *Secret Service: Against Privacy and Transparency*, New Republic, Apr. 7, 2006, 12, 15.

12. ACLU v. NSA, 493 F.3d 644, 673-74 (6th Cir. 2007).

13. *Id.* 668.

14. 18 U.S.C. § 2511 (2006).

15. 다음을 참고하라. Al-Haramain Islamic Foundation v. Bush, 507 F.3d 1190 (9th Cir. 2007); Hepting v. AT&T Corp., 439 F. Supp. 2d 974 (N.D. Cal. 2006).

16. Foreign Intelligence Surveillance Act of 1978 Amendments Act of 2008, Pub. L. No. 10-261, 92 Stat. 1783.

17. Jack Balkin. *The Party of Fear, the Party without a Spine, and the National Surveillance State*, Balkinization, Aug. 5, 2007, http://balkin.blogspot.com/2007/08/party-of-fear-party-without-spine-and.html (2010년 8월 17일에 접속함).

헌법적 권리

9장. '사생활=비밀'의 패러다임

1. Christopher Slobogin, Privacy at Risk: The New Government Surveillance and the

Fourth Amendment 140-41 (2007).

2. 다음을 참고하라. Daniel J. Solove, The Digital Person: Technology and Privacy in the Information Age 42 (2004).

3. U.S. Const. amend. IV.

4. 법무부 통계국에 따르면, 데이터가 존재하는 가장 최근 해인 2004년에 주 당국과 지역 당국의 정규 경찰은 110만 명이었고 연방 수사 및 치안 기구의 정규요원[무기를 소지할 수 있고 용의자를 체포할 수 있는 요원]은 10만 5,000명이었다. U.S. Dep't of Justice, Bureau of Justice Statistics, Census of State and Local Law Enforcement Agencies, 2004, http://bjs.ojp.usdoj.gov/content/pub/pdf/csllea04.pdf; U.S. Dep't of Justice, Bureau of Justice Statistics, Census of Federal Law Enforcement Officers, 2004, http://bjs.ojp.usdoj.gov/content/pub/pdf/fleo04.pdf.

5. Brinegar v. United States, 338 U.S. 160, 175-76 (1949).

6. Mapp v. Ohio, 367 U.S. 643 (1961).

7. 이 접근법은 '물리적 침입의 원칙'이라고 불린다. 이에 따라 수정헌법 4조는 개인의 문서나 서류를 보호했다. 다음을 참고하라. Boyd v. United States, 116 U.S. 616 (1886). 수정헌법 4조는 또 봉인된 우편물도 보호했다. 다음을 참고하라. Ex Parte Jackson, 96 U.S. 717 (1877). 하지만 정부의 수색이나 감시가 물리적 침입을 수반하지 않을 경우에는 수정헌법 4조가 보호를 제공하지 않았다. 다음을 참고하라. Goldman v. United States, 316 U.S. 129 (1942). (대상자의 자산에 물리적으로 침투하지 않는 녹음장치에는 수정헌법 4조가 적용되지 않는다고 판결).

8. 다음을 참고하라. Samuel Dash, The Intruders: Unreasonable Searches and Seizures from Kong John to John Ashcroft 74 (2004).

9. Olmstead v. United States, 277 U.S. 438, 464 (1928).

10. Id. 472, 473 (Brandeis, J. dissenting).

11. Katz v. United States, 389 U.S. 347 (1967).

12. 배경 사실들은 다음을 참고했다. Harvey A. Schneider, *Katz v. United States, the Untold Story*, 40 McGeorge L. Rev. 13, 13-14 (2009); Brief for Respondent, Katz v. United States, 1967 WL 113606 (Sept. 22, 1967).

13. *Katz*, 389 U.S., 351-52.

14. Id. 361 (Harlan, J. concurring).

15. Carol S. Steiker, *Brandeis in Olmstead: "Our Government Is the Potent, the Omnipresent Teacher,"* 79 Miss. L. J.149, 162 (2009).

16. Oliver v. United States, 466 U.S. 170 (1984).

17. United States v. Dunn, 480 U.S. 294 (1987).

18. California v. Greenwood, 486 U.S. 35 (1988).

19. United States v. Scott, 975 F.2d 927 (1st Cir. 1992).

20. Florida v. Riley, 488 U.S. 445 (1989) (지붕 패널의 일부가 없는 온실을 헬기에서 내려다 본 것을 허용함): 다음도 참고하라. California v. Ciraolo, 476 U.S. 207 (1986) (공중에서 뒤뜰을 내려다본 것을 허용함).

21. United States v. Knotts, 460 U.S. 276, 281-82 (1983).

10장. 제3자 원칙과 디지털 파일

1. United States v. Miller, 425 U.S. 435, 443, 442 (1976).

2. Smith v. Maryland, 442 U.S. 735, 743 (1979).

3. 다음을 참고하라. Guest v. Leis, 255 F.3d 325, 336 (6th Cir. 2001) ("[인터넷 서비스] 정 보는 시스템 운영자에게 이미 넘어간 내용이기 때문에 프라이버시와 관련해 수정헌법 4 조의 적용을 받지 않는다"); 다음도 참고하라. United States v. Kennedy, 81 F. Supp. 2d 1103, 1110 (D. Kan. 2000); United States v. Habrick, 55 F. Supp. 2d 504, 508 (W.D. Va. 1999).

4. 클라우드 컴퓨팅과 프라이버시에 관한 상세 논의는 다음을 참고하라. Nicole A. Ozer & Chris Conley, Cloud Computing: Storm Warning for Privacy? (2010) (다음에 제 출된 보고서. ACLU of North California). 다음에서 볼 수 있음. http://ssrn.com/ abstract=1611820.

5. 다음을 참고하라. In re Jet Blue Airways Corp. Privacy Litigation, 379 F. Supp. 2d 299, 305 (E.D.N.Y. 2005); Dyer v. Northwest Airlines Corp., 334 F. Supp. 2d 1196, 1197, 1199 (D.N.D. 2004).

6. Protecting Your Personal Information, U.S. Census 2010, http://2010/census/ gov/2010census/privacy/index.php (2010년 8월 17일에 접속함).

7. 다음을 참고하라. Daniel J. Solove, The Digital Person: Technology and Privacy in the Information Age 202-9 (2004).

8. 다음을 참고하라. Hoffa v. United States, 385 U.S. 293 (1966) (위장정보원이 제임스 호파 James Hoffa에게 접근해 정보를 캐낸 것과 관련, 수정헌법 4조가 호파에게 보호를 제공 하지 않는다고 판결); Lewis v. United States, 385 U.S. 206 (1966) (피고가 자신의 집에 위장요원을 부른 경우에는 수정헌법 4조가 피고에게 보호를 제공하지 않는다고 판결).

9. 비밀 보장을 지키지 않은 데 따른 피해보상 사례에 관한 연구로는 다음을 참고하라. Neil M. Richards & Daniel J. Solove, Privacy's Other Path: Recovering the Law of Confidentiality, 96 Geo. L.J. 123 (2007).

10. Orin S. Kerr, The Case for the Third-Party Doctrine, 107 Mich. L. Rev. 561, 573-77 (2009).

11. U.S. Const. amend. IV. 제3자 원칙에 대한 비판은 다음을 참고하라. Christopher Slobogin, Privacy at Risk: The New Government Surveillance and the Fourth

Amendment 151-64 (2007); 다음도 참고하라. Richard A. Epstein, *Privacy and the Third Hand: Lessons from the Common Law of Reasonable Expectations*, 24 Berkeley Tech. L.J. 1199 (2009); Jack I. Lerner & Deirdre K. Mulligan, *Taking the "Long View" on the Fourth Amendment: Stored Records and the Sanctity of the Home*, 2008 Stan. Tech. L. Rev. 3 (2008); Susan Freiwald, First Principles of Communications Privacy, 2007 Stan. Tech. L. Rev. 3; Stephen E. Henderson, *Beyond the (Current) Fourth Amendment: Protecting Third-Party Information, Third Parties, and the Rest of Us Too*, 34 Pepp. L. Rev. 975 (2007); Susan W. Brenner & Leo L. Clarke, *Fourth Amendment Protection for Shared Privacy Rights in Stored Transactional Data*, 14 J.L. & Pol'y 211 (2006).

11장. 사생활에 대한 합리적 기대

1. 더 상세한 사실관계는 다음을 참고하라. State v. Athan, 158 P.3d 27 (Wash. 2007).

2. *Id.* 374. 이 편지는 다음을 통해 볼 수 있다. Tracy Johnson, *Ruse to Get Suspect's DNA Upheld—"Very Scary," Privacy Expert Says*, Seattle Post-Intelligencer, May 10, 2007, http://www.seattlepi.com/dayart/PDF/dna2.pdf.

3. California v. Greenwood, 486 U.S. 35 (1988) (골목에 내놓은 쓰레기봉투 속의 내용물은, 그가 버린 것이기 때문에 사생활에 대한 합리적 기대가 있는 것으로 볼 수 없다고 판결); 다음도 참고하라. Elizabeth E. Joh, *Reclaiming "Abandoned" DNA: The Fourth Amendment and Genetic Privacy*, 100 Nw. U.L. Rev. 857 (2006).

4. Commonwealth v. Ewing, 854 N.E. 2d 993, 1001 (Mass. App. Ct. 2006).

5. Commonwealth v. Cabral, 866 N.E. 2d 429, 432 (Mass. App. Ct. 2007).

6. Katz v. United States,389 U.S. 347, 361 (1967) (Harlan, J. concurring).

7. 예를 들어 다음을 참고하라. Susan W. Brenner, *The Fourth Amendment in an Era of Ubiquitous Technology*, 75 Miss. L.J. 1 (2005) (대법원의 사생활 개념이 새로운 기술을 다루기에는 부적절하다고 비판함); Brian J. Serr, *Great Expectations of Privacy: A New Model of Fourth Amendment Protection*, 73 Minn. L., Rev. 583, 642 (1989) ("수정헌법 4조에 대한 현재의 사법적 해석이 공공에 노출된다는 것의 의미에 대해 지나치게 단순하고 논리적으로 부정확한 이론에 근거해 있다"라고 주장); 다음도 참고하라. Lewis R. Katz, *In Search of a Fourth Amendment for the Twenty-First Century*, 65 Ind. L.J. 549, 554-55 (1990) ("우리는 스튜어트 대법관과 할란 대법관이 애초에 의도했던 사생활 기준과 그때 그들이 염두에 두었던 가치들로 돌아가야 한다").

8. Sherry F. Colb, *What Is a Search? Two Conceptual Flaws in Fourth Amendment Doctrine and Some Hints of a Remedy*, 55 Stan. L. Rev. 119, 122 (2002); 다음도 참고하라. Gerald G. Ashdown, The Fourth Amendment and the "Legitimate Expectation of Privacy," 34 Vand. L. Rev. 1289, 1321 (1981); Richard G. Wilkins, *Defining the "Reasonable Expectation of Privacy": An Emerging Tripartite Analysis*, 40 Vand. L. Rev. 1077, 1080 (1987). 하지만

다음도 참고하라. Orin S. Kerr, *Fourth Models of Fourth Amendment Protection*, 60 Stan. L. Rev. 503 (2007).

9. William James, Pragmatism 22, 23 (1991) (최초 출간은 1907년).

10. 다음을 참고하라. Olmstead v. United States, 277 U.S. 438, 464 (1928).

11. Katz v. United States, 389 U.S. 347, 361 (1967) (Harlan, J. concurring) ('사생활에 대한 합리적 기대' 기준을 제시).

12. Christopher Slobogin & Joseph E. Schumacher, *Reasonable Expectations of Privacy and Automony in Fourth Amendment Cases: An Empirical Look at "Understandings Recognized and Permitted by Society,"* 42 Duke L.J. 727, 774 (1993).

13. 많은 학자들이 '사생활에 대한 합리적 기대' 기준의 순환성 문제를 지적했다. 예를 들어 다음을 참고하라. Richard A. Posner, *The Uncertain Protection of Privacy by the Supreme Court,* 1979 Sup. Ct. Rev. 173, 188 (사생활에 대한 합리적 기대가 존재하느냐의 판단은 '순환적'이다. "그러한 기대 자체가 법이 정하는 규칙이 무엇인지에 의존할 것이기 때문이다."); Robert C. Post, *Three Concepts of Privacy*, 89 Geo. L. J. 2087, 2094 (2001) ("합리적 기대가 무엇인지에 대한 사법적 해석은 경찰의 활동에 영향을 미칠 것이다. 그리고 이는 다시 사생활의 의미를 규정하는 사회적 규범에 영향을 미칠 것이다."); 다음도 참고하라. Michael Abramowizc, *Constitutional Circularity*, 49 UCLA L. Rev. 1, 60-61 (2001) ("수정헌법 4조 원칙은 (…) 순환적이다. 사생활에 대한 합리적 기대는 법원이 수색이나 감시가 합리적이지 않다고 이미 판단을 내린 곳에서만 존재할 수 있기 때문이다."); Anthony G. Amsterdam, *Perspectives on the Fourth Amendment*, 58 Minn. L. Rev. 349 (1974) (정부는 우리 모두가 전자감시의 대상이 될 수 있다는 것을 매일 밤 텔레비전에서 발표하는 것만으로도 사생활에 대한 기대를 낮출 수 있게 된다고 지적).

14. Bond v. United States, 529 U.S. 334, 336, 338 (2000).

15. John Dewey, Logic: The Theory of Inquiry (1938). 다음에 수록됨. 12 Later Works, 1925-1953, 1, 110-13 (Jo Ann Boydston ed. 1986).

16. William J. Cuddihy, The Fourth Amendment: Origins and Original Meaning 602-1791, 770 (2009).

17. 예를 들어 다음을 참고하라. Michelle Hibbert, *DNA Databanks: Law Enforcement's Greatest Tool?*, 34 Wake Forest L. Rev. 767, 768 (1999) (DNA 프로파일은 "파일에 유전적 지문이 올라와 있는 당사자의 유전정보를 방대하게 노출할 뿐 아니라, 그의 가까운 친인척들의 정보까지 노출한다"); Sonia M. Suter, *Disentangling Privacy from Property: Toward a Deeper Understanding of Genetic Privacy*, 72 Geo. Wash. L. Rev. 737, 774 (2004) (DNA는 우리의 '기질, 건강, 역량, 외양'에 영향을 미친다).

12장. 혐의 없이 벌이는 수색

1. Bourgeois v. Peters, 387 F. 3d 1303, 1311-12 (11th Cir. 2004).

2. 다음을 참고하라. Terry v. Ohio, 392 U.S. 1, 27 (1968).

3. 다음을 참고하라. Brinegar v. United States, 338 U.S. 160, 175-76 (1949) ("[수사 당국자가] 합리적으로 판단할 때 신뢰할 만하다고 여겨지는 정보를 바탕으로 사실관계들과 정황들을 알고 있고, 그 사실관계들과 정황들이 범법이 저질러졌거나 저질러지고 있는 것으로 보인다는 경고를 대상자에게 합리적으로 주기에 충분한 경우", 상당한 이유가 존재하는 것으로 간주된다).

4. Clifford D. May, *Two Americas and a War*, Wash. Times, Mar. 14, 2008, A18.

5. Glenn Sulmasy & John Yoo, *Katz and the War on Terrorism*, 41 U.C. Davis L. Rev. 1219, 1232 (2008).

6. Curtis Bradley, *Two Models of the Fourth Amendment*, 83 Mich. L. Rev. 1468, 1473 (1985).

7. Treasury Employees v. Von Raab, 489 U.S. 656, 665-66 (1989).

8. 다음을 참고하라. Delaware v. Prouse, 440 U.S. 648 (1979) (의심 사유를 특정하지 않고 음주 단속을 하는 것이 수정헌법 4조하에서 허용된다고 판결); 다음도 참고하라. Illinois v. Lidster, 540 U.S. 419 (2004) (뺑소니 사고에 대한 정보를 얻기 위해 불심검문하는 것을 허용함).

9. William J. Stuntz, *O. J. Simpson, Bill Clinton, and the Transsubstantive Fourth Amendment*, 114 Harv. L. Rev. 842, 848 (2001).

10. Wilson v. Layne, 526 U.S. 603, 605 (1999).

11. Erik Luna, *The Overcrimminalization Phenomenon*, 54 Am. U.L. Rev. 703, 712 (2005).

12. 다음을 참고하라. Alex Kozinski & Misha Tseytlin, *You're (Probably) a Federal Criminal*. 다음에 수록됨. In the Name of Justice 43 (Timothy Lynch ed., 2009).

13. Harvey A. Silverglate, Three Felonies a Day: How the Feds Target the Innocent (2009).

14. Luna, Overcriminalization, *supra*, 712.

15. 기소가 이뤄지는 마약 범죄는 대부분 마약 밀매 건이지만 마약 소유도 징역형을 받을 수 있는 범죄이다. 매년 마약류의 소지로 기소되는 사람은 400명 이하이다. Kozinski & Tseytlin, *Federal Criminal*, *supra*, 46-47.

16. David G. Myers, Exploring Social Psychology 15-19 (1994).

17. James W. Kalat, Introduction to Psychology 270 (8th ed. 2008).

18. 다음을 참고하라. Daniel L. Schacter, The Seven Sins of Memory: How the Mind Forgets and Remembers 146-47 (2001).

19. Stuntz, *Fourth Amendment*, *supra*, 848.

20. Akhil Reed Amar, The Constitution and Criminal Procedure 31 (1997).

21. Anthony G. Amsterdam, *Perspectives on the Fourth Amendment*, 58 Minn. L. Rev.349, 415 (1974). 법학자 파비오 아르실라는 현재 수정헌법 4조의 보호가 "양극단으로 치우쳐 있다"라고 옳게 지적했다. 상당한 이유로 뒷받침된 영장이나 합리성의 근거를 엄격하게 요

구하거나, 아니면 "상황을 전체적으로 본다며 임의적인 이익형량을 한다." Fabio Arcila, Jr., *The Death of Suspicion*, 51 Wm. & Mary L. Rev. 1275, 1341 (2010).

22. 한 학자가 주장했듯이, "아마르는 '상당한 이유' 대신 '합리성'을 근거로 삼자고 제안하는데, 이것은 더 모호하다. '합리성' 기준은 경찰이 하나의 요인(경찰이 요구하는 수색의 타당성)에 집중하기보다 침입의 정도, 범죄의 심각성, 증거의 필요성 등 여러 가지 요인의 상호작용을 평가해야 하도록 만든다. 그 결과, 모든 사건이 불필요하게 고유한 것이 되어서 어떤 사건에 대한 결론도 그 다음 사건이 어떻게 결론 나야 하는지에 대해 지침이 되지 못한다. 따라서 매 사안마다 법원의 승인을 얻게 해서 경찰 자신들이 과거 사건에서 직접 무언가를 일반화해내야 하는 부담을 줄여주는 규칙이 있다면, 경찰로서도 더 나을 것이다." Louis Michael Seidman, *Akhil Amar and the (Premature?) Demise of Criminal Procedure Liberalism*, 107 Yale L.J. 2281, 2296 (1998).

23. 다음을 참고하라. Draper v. United States, 358 U.S. 307, 310-14 (1958).

24. 법학자 폴 옴은 수정헌법 4조가 '삭제할 권리'를 인정하는 것으로 해석돼야 한다고 주장한다. "수정헌법 4조의 문구를 보면 '인멸의 권리'나 (컴퓨터의 경우) '삭제의 권리'를 보장할 수 있을 정도로 포괄 범위가 넓은 것으로 볼 수 있다. 불합리한 압수를 금지하고 있기 때문이다." Paul Ohm, *The Fourth Amendment Right to Delete*, 119 Harv. L. Rev. F. 10, 14 (2005). 싱가포르 국립대학 리콴유 공공정책대학원 빅터 메이어 쉰버거 교수는 데이터를 삭제하는 것의 장점에 대해 상세한 주장을 편 바 있다. 다음을 참고하라. Viktor Mayer-Schönberger, Delete: The Virtue of Forgetting in the Digital Age (2009).

13장. '증거 배제 원칙'이 필요한가

1. 다음을 참고하라. Arnold H. Loewy, *The Fourth Amendment as a Device for Protecting the Innocent*, 81 Mich. L. Rev. 1229 (1983); Tracey Maclin, *When the Cure for the Fourth Amendment Is Worse Than the Disease*, 68 S.Cal. L. Rev. 1 (1994).

2. 법원은 1914년에 위크스 대 미국(Weeks v. United States, 232 U.S. 383 (1914)) 사건에서 증거 배제 원칙을 처음 도입했지만, 연방 정부에만 적용됐다.

3. Mapp v. Ohio, 367 U.S. 643 (1961).

4. 이 사건에 대한 사실관계는 다음을 참고했다. Samuel Sash, The Intruders: Unreasonable Searcheas and Seizures from King John to John Ashcroft 93-97 (2004).

5. Mapp, 367 U.S. 659.

6. Yale Kamisar, *Mapp v. Ohio: The First Shot Fired in the Warren Court's Criminal Procedure "Revolution."* 다음에 수록됨. Criminal Procedure Stories 45, 76 (Carol S. Steiker ed., 2006).

7. People v. Defore, 150 N.E. 585, 587 (N.Y. 1926).

8. United States v. Leon, 468 U.S. 897, 907 n.6 (1984) (강도 혐의 체포자 중 증거 배제 원칙

때문에 풀려나는 경우는 1~2퍼센트 가량이라고 언급함).

9. 일반적으로는 다음을 참고하라. L. Timothy Perrin, H. Mitchell Caldwell, Carol A. Chase, & Ronald W. Fagan, *If It's Broken, Fix It: Moving beyond the Exclusionary Rule*, 83 Iowa L. Rev. 669 (1998).

10. Christopher Slobogin, *Why Liberals Should Chuck the Exclusionary Rule*, 1999 U. Ill. L. Rev. 363, 368-401 (1999).

11. Guido Calabresi, *The Exclusionary Rule*, 26 Harv. J. L. & Pub. Pol'y 111, 112 (2002).

12. Kamisar, *Mapp, supra*, 99.

13. Perrin et al., *Exclusionary Rule, supra*, 735.

14. Craig M. Bradley, The Failure of the Criminal Procedure Revolution 104-12, 115, 123 (1993).

15. *Id.* 130.

14장. 형사소송절차로서의 수정헌법 1조

1. 수정헌법 1조는 다음과 같다. "의회는 국교를 수립하거나 자유로운 종교활동을 금지하는 내용의 법을 제정할 수 없다. 또한 의회는 언론이나 출판의 자유, 사람들이 평화롭게 집회할 권리, 불만 및 침해 사항을 바로잡기 위해 정부에 탄원할 권리를 제한하는 내용의 법을 제정할 수 없다." U.S. Const. amend I.

2. 예를 들어 다음을 참고하라. Marcus v. Search Warrant, 367 U.S. 717, 729 (1961) ("미국의 권리장전은 제약 없이 수색과 압수를 할 수 있는 권한이 표현의 자유를 질식시키는 도구 또한 될 수 있다는 인식에서 만들어진 것이다").

3. Larry D. Eldridge, *Before Zenger: Truth and Seditius Speech in Colonial America, 1607-1700*, 39 Am. J. Legal Hist. 337, 337 (1995).

4. 젱어 재판에 대한 상세 내용은 다음을 참고하라. I Rodney A. Solia, Law of Defamation § 1: 28, 1-24.1 to 1-26 (2d ed. 2000 & Supp. 2005).

5. William R. Glendon, *The Trial of John Peter Zenger*, 68 N.Y. St. B.J., 48, 52 (Dec. 1996).

6. Wilkes v. Wood, (1763) 98 Eng. Rep. 489 (K.B.), 19 Howell's State Trials 1153.

7. 일반적으로는 다음을 참고하라. Arthur H. Cash, John Wilkes: The Scandalous Father of Civil Liberty (2006).

8. William J. Stuntz, *The Substantive Origins of Criminal Procedure*, 105 Yale, L.J. 393, 398 (1995). 윌크스 사건에 대해 더 상세한 내용은 다음을 참고하라. Telford Taylor, Two Studies in Constitutional Interpretation 29-35 (1969).

9. Stuntz, *Substantive Origins, supra*, 398-99.

10. 다음을 참고하라. William J. Cuddihy, The Fourth Amendment: Origins and Original

Meaning 602-1791, 651-52 (2009).

11. *Wilkes*, 98 Eng. Rep. 498, 19, Howell's State Trials, 1167.

12. 다음을 참고하라. Cuddihy, Fourth Amendment, *supra*, 927-30, 942.

13. 다음을 참고하라. Akhil Reed Amar, *The Bill of Rights as a Constitution*, 100 Yale L.J. 1131, 1177 (1991) ("존 윌크스, 그리고 이 견해를 작성한 프랫 대법원장(곧 캠든 경이 된다)은 식민지 미국 사람들에게 영웅이었다").

14. Entick v. Carrington (1765), 95 Eng. Rep. 807 (K.B.), 19 Howell's State Trials 1029.

15. *Id.* 19 Howell's State Trials, 1064.

16. Stuntz, *Substantive Origins, supra*, 395.

17. Talley v. California, 362 U.S. 60, 64 (1960).

18. 사상들을 자유롭게 받아들일 권리에 대한 추가 내용은 다음을 참고하라. Neil M. Richards, *Intellectual Privacy*, 87 Tex. L. Rev. 387 (2008); 다음도 참고하라. Marc Jonathan Blitz, *Constitutional Safeguards for Silent Experiments in Living: Libraries, the Right to Read, and a First Amendment Theory for an Unaccompanied Right to Receive Information*, 74 UMKC L. Rev. 799 (2006); Julie E. Cohen, *A Right to Read Anonymously: A Closer Look at "Copyright Management" in Cyberspace*, 28 Conn. L. Rev. 981 (1996).

19. 다음을 참고하라. MAACP v. Alabama *ex rel.* Patterson, 357 U.S. 449, 462 (1958) ("어떤 단체에 참여하고 있는지에 대해 프라이버시를 침해하지 않는 것은 많은 경우 결사의 자유를 지키는 데 필수적이다. 특히 저항적인 신념을 표명하는 단체들에 참여하는 경우에는 더욱 그렇다").

20. 다음을 참고하라. Fisher v. United States, 425 U.S. 391, 397 (1976) (제3자가 보유한 기록을 얻기 위해 제출명령을 사용하는 것은 수정헌법 5조의 피의자 특권을 위반하지 않는다고 판결); United States v. Dionisio, 410 U.S. 1, 9 (1973) (제출명령은 수정헌법4조하에서의 수색에 해당되지 않는다고 판결).

21. 다음을 참고하라. Fed. R. Crim. P. 17(1) ("담당자는 [제출명령] 청구자에게 공란이 있는 백지 명령서를 (서명과 봉인이 된 상태로) 발부해야 한다. 그리고 청구자는 그 공란을 제출명령이 실행되기 전에 채워야 한다"); 다음도 참고하라. *In re* Subpoena Duces Tecum, 228 F. 3d 341, 347-48 (4th Cir. 2000) (영장에 대해서는 수정헌법 4조가 상당한 이유를 요구하지만 제출명령에 대해서는 요구하지 않는다고 판결). 제출명령은 '관련성'을 상실할 때 폐기된다. 즉, 제출명령은 "정부가 찾으려 하는 자료가 대배심이 조사하는 내용과 관련된 정보를 산출할 가능성이 있다고 합리적으로 여겨지지 않을 경우"에 폐기된다. United States v. R. Enters, Inc., 498 U.S. 292, 301 (1991).

22. William J. Stuntz, *O. J. Simpson, Bill Clinton, and the Transsubstantive Fourth Amendment*, 114 Harv. L. Rev. 842, 857-58 (2001).

23. 또 다른 사건에서 대법원은 이렇게 언급하기도 했다. "일단 용기에 (…) 담기고 나면 일기장과 개수통은 수정헌법 4조에 의해 보호되는 정도가 동일하다." Robbins v. California,

숨길 수 있는 권리

453 U.S. 420, 425-26 (1981).

24. 다음을 참고하라. Frederick Schauer, *Fear, Risk, and the First Amendment: Unravelling the "Chilling Effect"* 58 B.U.L. Rev. 685, 692-93 (1978). (위축 효과론은 "보호되는 표현을 정부가 간접적으로 제약하는 경우"에만 독립적인 영향을 갖는다고 언급함).

25. 감시와 관련한 사건들은 다음을 참고하라. Phila. Yearly Meeting of the Religious Soc'y of Friends v. Tate, 519 F.2d. 1335, 1338-39 (3d Cir. 1975) (수집된 정보를 경찰이 아닌 사람 또는 기관이 확보해 텔레비전을 통해 공개했을 때, "표현의 자유 및 회합 참여의 프라이버시에 대한 권리를 위축시킴으로써 원고에게 직접적인 피해를 일으킬 수 있다"라고 언급함); White v. Davis 533 P. 2d. 222, 226-27 (Cal. 1975) ("위장요원이 대학 강의실에 들어와 기록을 하고 그것을 경찰 파일에 보관하게 되면 불가피하게 교수와 학생의 표현의 자유 행사를 침해하게 된다"). 회합의 자유를 위축시키는 것과 관련된 사건들은 다음을 참고하라. Bates v. City of Little Rock, 361 U.S. 516, 523-24 (1960) (NAACP 회원 목록을 공개하는 것은 "회원들의 회합의 자유를 심대하게 침해할 것"이며 그 이유는 "신체적 피해에 대한 위협"이 생길 가능성이 "논박할 여지없이" 존재하기 때문이라고 판결함); Shelton v. Tucker, 364 U.S. 479, 480 (1960) (주립 학교나 대학에 고용되는 조건으로 교사들이 "직전 5년간 정기적으로 기부를 했거나 소속돼 있었던 모든 조직의 목록"을 매년 제출하도록 하는 법이 무효라고 판결); Sweezy v. New Hampshire, 354 U.S. 234, 250 (1957) ("누군가를 소환해서 그의 의지에 반해 그가 과거에 한 발언이나 참여한 모임을 밝히도록 하는 것만으로도 정부는 시민들이 그러한 활동을 할 자유를 침해할 수 있다"). 수정헌법 1조상의 일반적인 권리를 위축시키는 것과 관련된 사건들은 다음을 참고하라. A Grand Jury Witness v. United States (*In re* Grand Jury Proceedings), 776 F.2d 1099, 1022-3 (2d Cir. 1985) (대배심의 제출명령이 수정헌법 1조상의 권리를 침해할 우려가 있을 때, 정부의 목적이 "설득력이 있어야" 하고 "권리 침해의 가능성을 충분히 상쇄할 만큼 중요해야" 한다는 것이 "확고히 확립되어 있는" 기준이라고 언급함). 정부가 직접 관여되지 않은 사건들에서도 법원명령으로 익명의 발언자의 신원을 밝히도록 요구하는 것은 수정헌법 1조를 위배한다는 판결이 나왔다. 예를 들어 다음을 참고하라. Doe No. 1 v. Cahill, 884 A.2d 451, 457 (Del. 2005) (위축 효과의 가능성이 있기 때문에, 명예훼손 사건에서의 원고는 익명의 피고에 대한 신상을 획득하려면 약식재판 기준을 만족시켜야 한다고 판결); Dendrite Int'l, Inc. v. Doe No. 3, 775 A.2d 756, 760-61 (N.J. Super, Ct. App. Div. 2001) (익명으로 발언할 수정헌법 1조상의 권리와 익명의 발언자가 한 행위에 대해 원고가 소송을 제기할 권리 사이의 이익을 형량하는 지침을 제시).

26. 다음을 참고하라. Dombrowski v. Pfister, 380 U.S. 479, 487 (1965) ("수정헌법 1조상의 권리 행사에 대한 위축 효과가 기소의 성공이나 실패 여부와 상관없이 기소를 한다는 사실 자체에서 나올 수 있기 때문에" 수정헌법 1조 위반에 해당된다고 언급함).

27. "과도한 광범위성을 이유로 들어 어떤 법률에 대해 직접적으로 문제제기할 수 있으려면 그 법률이 해당 사건의 당사자가 아닌 사람들에게도 수정헌법 1조상의 권리를 상당한 정도로 침해하는 경우"여야 한다. Members of the City Council v. Taxpapers for

Vincent, 466 U.S. 789, 801 (1984); 다음도 참고하라. Thornhill v. Alabama, 310 U.S. 88, 98 (1940) (과도하게 광범위한 법률에 의거해 기소된 경우, "체포된 피의자는 (…) 국가가 그의 행위를 구체적으로 규율할 수 있는 다른 법률을 헌법적으로 제정하지 못했음을 입증해야 할 책임이 없다").

새로운 기술들

15장. 애국법 폐지와 사생활

1. 다음을 참고하라. Uniting and Strengthening America by Providing Appropriate Tools Required to Intercept and Obstruct Terrorism (USA PATRIOT) Act of 2001, Pub. L. No. 107-5, § 216, 115 Stat. 272, 288-90 (amending 18 U.S.C. § 3127(3) – (4) (2000)).

2. Orin S. Kerr, *Internet Surveillance Law after the USA Patriot Act: The Big Brother That Isn't*, 97 Nw. U.L. Rev. 607, 637 (2003).

3. Fahrenheit 9/11 (Dog Eat Dog Films 2004).

4. 나는 애국법의 가장 큰 문제는 해외정보감시법FISA의 범위를 너무 확장한 것이라고 생각한다(6장 참조).

5. 다음을 참고하라. Smith v. Mayland, 442 U.S. 735, 745-46 (1979).

6. 감청법(18 U.S.C. §§ 2510-22 (2006))과 저장통신법(18 U.S.C. §§ 2701-11 (2006))을 전화번호기록장치법(18 U.S.C. §§ 3121-27 (2006))과 비교해보라.

7. 감청법이 제공하는 보호 수준은 다음에 명시적으로 언급돼 있다. 18 U.S.C. § 2518.

8. 18 U.S.C. § 3123 (a).

9. 한 법원은 사법의 역할이 "본질적으로 행정부적"이라고까지 이야기했다. United States v. Fregoso, 60 F.3d 1314, 1320 (8th Cir. 1995).

10. 봉투-내용 구분에 대한 설득력 있는 비판은 다음을 참고하라. Paul Ohm, *The Rise and Fall of Invasive ISP Surveillance*, 2009 U. Ill. L. Rev. 1417, 1453-55 (2009). 봉투-내용 구분을 옹호하는 주장은 다음을 참고하라. Orin S. Kerr, *A User's Guide to the Stored Communications Act and a Legislator's Guide to Amending It.* 72 Geo. Wash. L. Rev. 1208, 1229 n. 142 (2004).

11. 맥루언의 유명한 말 "미디어가 곧 메시지이다"를 패러디한 것이다. Marshall McLuhan, Understanding Media: The Extensions of Man 7 (1964).

12. 18 U.S.C. § 3127(3) (amended 2001).

13. 18 U.S.C. § 3127(3), amended by USA PATRIOT Act, Pub. L. No. 107-56, § 216 (c) (2001).

14. Kerr, Patriot Act, *supra*, 638.

15. 18 U.S.C. § 3127(3).

16. USA PATRIOT Act § 215 (50 U.S.C. § 1861(a)(1).

17. USA PATRIOT Improvement and Reauthorization Act of 2005, Pub. L. No. 109-177, § 106(a), 120 Stat. 192, 196 (2006) (50 UCS. § 1861(a)(3)).

18. 여러 연방 법률이 NSL 조항을 두고 있다. (1) Electronic Communications Privacy Act, 18 U.S.C. § 2709 (2006) (FBI는 통신회사들이 고객정보를 제출하도록 강요할 수 있다.) (2) Right to Financial Privacy Act, 12 U.S.C. § 3414(a)(5) (2006) (FBI는 금융회사들이 고객정보를 제출하도록 강요할 수 있다); (3) Fair Credit Reporting Act, 15 U.S.C. § 1681u (2006) (FBI는 신용평가회사가 개인들에 대한 기록을 제출하도록 강요할 수 있다).

19. Barton Gellman, *The FBI's Secret Scrutiny: In Hunt for Terrorists, Bureau Examines Records of Ordinary Americans*, Wash. Post, Nov. 6, 2005, A1.

20. 도서관 이용 프라이버시에 대한 주 법 전체의 목록은 다음을 참고하라. State Laws on the Confidentiality of Library Records, http://library-privacy.wikipaces.com/ (2010년 8월 17일에 접속함).

16장. 법과 기술의 문제

1. Orin S. Kerr, *The Fourth Amendment and New Technologies: Constitutional Myths and the Case for Caution* 102 Mich. L. Rev. 801, 806 (2004); Jeffrey Rosen, The Naked Crowd: Reclaiming Security and Freedom in an Anxious Age 210 (2004) ("자유와 안보 사이의 균형을 잡는 데는 의회가 법원보다 적합하다").

2. Kerr, *Case for Caution, supra,* 807 ("입법부는 전문 지식에 기초해 종합적인 규칙을 세우고 기술 변화에 따라 그 규칙들을 수시로 업데이트할 수 있다").

3. Right to Financial Privacy Act of 1978, 12 U.S.C. §§ 3401-3422 (2006); Fair Credit Reporting Act of 1970, 15 U.S.C. §§ 1681-1681t (2006). 금융정보가 보호되지 못하는 경우들에 대한 상세 논의는 다음을 참고하라. Daniel J. Solove, The Digital Person: Technology and Privacy in the Information Age 206 (2004).

4. Kerr, *Case for Caution, supra,* 820.

5. Konop v. Hawaiian Airlines, 302 F.3d 868, 874 (9th Cir. 2002).

6. Kerr, *Case for Caution, supra,* 807.

7. 1934년의 통신법 605조는 민간인에게는 도청을 허용하면서 경찰은 중범죄에 대해서도 전자감시로 획득한 증거를 사용하지 못하게 했다. James G. Carr & Patricia L. Bellia, The Law of Electronic Surveillance§ 2.1, 2-3 (2003). '상원 보고서 1097'에 따르면 통신법 605조는 "사생활 보호에도 경찰의 수사에도 도움이 되지 않고" 있었다. S. Rep. No. 90-1097, 2154 (1968).

8. 감청법은 민사소송에서의 벌금이 무겁다. 최소 손해 금액은 1만 달러이다. 18 U.S.C. §

2520(c)(2)(B).

9. "전자적으로 저장된" 통신 내용에 대해서는 저장통신법(Stored Communications Act, U.S.C. § 2701(a))이 다루고 있지만 이 용어의 정의는 감청법(Wiretap Act, 18 U.S.C. § 2510(17))에 규정돼 있다.

10. 다음을 참고하라. 18 U.S.C. § 3121(a).

11. 18 U.S.C. § 2510 (17).

12. Computer Crime and Intellectual Property Section, U.S. Dep't of Justice, Manual on Searching and Seizing Computers and Obtaining Electronic Evidence in Criminal Investigations§ III.B (2001).

13. '백업'을 더 폭넓게 해석한 법원들도 있다. 다음을 참고하라. Theofel v. Farey-Jones, 359 F.3d 1066, 1075-76 (9th Cir. 2004).

14. 다음을 참고하라. United States v. Scarfo, 180 F. Supp. 2d 572, 581-82 (D.N.J. 2001).

15. 다음을 참고하라. Peter P. Swire, *Katz Is Dead. Long Live Katz*, 102 Mich. L. Rev. 904, 922 (2004) ("입법부와 사법부의 지속적인 참여와 대화는 다수결원칙이 갖는 장점과 단점을 모두 고려해볼 때 더 나은 결과를 가져올 것으로 보인다").

16. 여기에서 나는 레이먼드 쿠가 수정헌법 4조의 해석이 바뀌어야 한다고 주장했을 때와 비슷한 방식으로 출발점을 재설정하고자 했다. 쿠는 정부가 어떤 기술을 사용하려 할 때 수정헌법 4조의 요구사항에 의거해 합당하다고 여겨질 때만 승인받게끔 하는 법률이 제정돼야 한다고 주장한다. Raymond Shih Ray Ku, *The Founder's Privacy: The Fourth Amendment and the Power of Technological Surveillance*, 86 Minn. L. Rev. 1325, 1374-75 (2002).

17장. 공공장소에서의 사생활

1. Surveillance Studies Network, A Report on the Surveillance Society for the Information Commissioner 19 (2006). 다음에서 볼 수 있다. http://www.ico.gov. uk/upload/documents/library/data_protection/practical_application/surveillance_ society_full_reort_2006.pdf; 일반적으로는 다음을 참고하라. Clive Norris & Gary Armstrong, The Maximum Surveillance Society: The Rise of CCTV (1999); Jeffrey Rosen, *A Cautionary Tale for a New Age of Surveillance*, N.Y. Times, Oct. 7, 2001, § 6 (Magazine).

2. Alex Johnson, *Smile! More and More You're on Camera*, MSNBC.com, June 25, 2008, http:// www.msnbc.com/id/25355673/.

3. 18 U.S.C. § 2510(2) (2006) ('구두 소통'을 "내용이 도중에 가로채지지 않을 것을 기대하면서 그러한 기대가 정당화되는 상황하에서 표현된 인간의 발화"로 정의).

4. 예를 들어 다음을 참고하라. United States v. Falls, 34 F.3d 674, 680, (8th Cir. 1994);

United States v. Koyomejian, 970 F.2d 536, 540 (9th Cir. 1992); United States v. Biasuci, 786 F.2d 536, 540 (9th Cir. 1992); United States v. Biasuci, 786 F.2d 504, 508 (2nd Cir. 1986).

5. 50 U.S.C. § 1804(a)(6)-(a)(7)(2006).

6. United States v. Torres, 751 F.2d 875, 885 (7th Cir. 1984).

7. United States v. Mesa-Rincon, 911 F.2d 1433, 1437 (10th Cir. 1990).

8. George Orwell, Nineteen Eighty-Four 5-6 (1949).

9. California v. Ciraolo, 476 U.S. 207, 215 (1986).

10. 공공장소에서의 프라이버시에 대한 논의는 다음을 참고하라. Helen Nissenbaum, Privacy in Context: Technology, Policy and the Integrity of Social Life 113-26 (2010).

11. Jerry Kang, *Information Privacy in Cyberspace Transactions*, 50 Stan. L. Rev. 1193, 1260 (1998).

12. Julie E. Cohen, *Examined Lives: Informational Privacy and the Subject as Object*, 52 Stan. L. Rev. 1373, 1426 (2000).

13. 다음을 참고하라. Christopher Slobogin, *Public Privacy: Camera Surveillance of Public Places and the Right to Anonymity*, 72 Miss. L.J. 213, 237-67 (2002); 다음도 참고하라. Paul M. Schwartz, *Privacy and Democracy in Cyberspace*, 52 Vand. L.. Rev. 1609, 1656 (1999) ("걸러지지 않은 생각을 온라인상에서 표현한 것에 대해 감시를 하게 되면 개인의 자율적인 의사결정 과정이 저해된다").

14. Peck v. United Kingdom, 2003-I Eur. Ct. H.R. 44.

15. Jennifer King et al., Ctr. For Info. Tech Research in the Interest of Soc'y, Univ. of Cal. Berkeley,Preliminary Findings of the Statistical Evaluation of the Crime-Deterrent Effects of the San Francisco Crime Camera Program 2-3 (2008).

16. Martin Gill & Angela Spriggs, Dev. & Statistics Directorate, Home Office Research, Assessing the Impact of CCTV 33 (2005).

18장. 정부의 데이터마이닝

1. Richard A. Posner, Not a Suicide Pact: The Constitution in a Time of National Emergency 141 (2006).

2. Eric Goldman, *Data Mining and Attention Consumption*. 다음에 수록됨. Privacy and Technologies of Identity 225, 228 (Katherine Strandburg & Daniela Stan Raicu eds. 2006).

3. John M. Poindexter, *Finding the Face of Terror in Data*, N.Y. Times, Sept. 10, 2003, A25.

4. William Safire, *You Are a Suspect*, N.Y. Times, Nov. 14, 2002, A35.

5. *Pentagon's "Terror Information Awareness" Program Will End*, USAToday.com, Sept. 25, 2003,

http://www.usatoday.com/news/washington/2003-09-25-pentagon-office_x.htm.

6. Shane Harris, *TIA Lives On*, Nat'l J., Feb. 25, 2006.

7. Tech. & Privacy Advisory Comm., U.S. Dep't of Defense, Safe-Guarding Privacy in the Fight against Terrorism 5 (2004).

8. U.S. Gen. Accounting Office, Data Mining: Federal Efforts Cover a Wide Range of Uses 2 (2004).

9. Richard A. Posner, *Our Domestic Intelligence Crisis*, Wash. Post, Dec. 21, 2005, A31.

10. Posner, Not a Suicide Pact, *supra*, 97.

11. Terry McDermott, Perfect Soldiers: The 9/11 Hijackers: Who They Were, Why They Did It (2005); Peter Finn, *A Fanatic's Quiet Path to Terror: Rage Was Bohn in Egypt, Nurtured in Germany, Inflicted on U.S.*, Wash. Post, Sept. 22, 2001, A1.

12. *Profile: Timothy McVeigh*, BBC News, May 11, 2001, http://news.bbc.co.uk/2/hi/1321244. stm (2010년 8월 17일에 접속함).

13. John Schwartz & Serge F. Kovaleski, *Bookish Recluse Lived Sparse Cabin Existence*, Wash. Post, Apr. 4, 1996, A1.

14. 다음을 참고하라. Fred H. Cate, *Government Data Mining: The Need for a Legal Framework*, 43 Harv. C.R.-C.L. L. Rev.435, 474 (2008) ("정부의 데이터마이닝은 어제의 전투에서 싸우고 있는 것과 비슷하다. 상업적인 데이터마이닝은 이런 문제에 심각하게 직면하지 않았는데, 기업이 원하는 소비자의 특성은 테러리스트의 특성보다 훨씬 느리게 변하기 때문이다").

15. 다음을 참고하라. Bureau of Transp. Statistics, Research & Innovative Tech. Admin., *Passengers: All Carriers-All Airports*, http://www.transtats.bts.gov/Data_Elements. aspx?Data=1 (2010년 8월 17일에 접속함).

16. '잘못된 양성반응' 문제에 대한 상세 내용은 다음을 참고하라. Bruce Schneier, Schneier on Security 9-12 (2008); Cate, *Government Data Mining, supra*, 470-76. IBM의 저명한 기술자인 제프 조나스와 카토 인스티튜트(Cato Institute)의 짐 하퍼는 데이터마이닝이 "초기 단계의 테러리즘을 포착하는 데는 효과적이지 않다"라고 지적했다. Jeff Jonas & Jim Harper, Effective Counterterrorism and the Limited Role of Predictive Data Mining 2 (2006).

17. Robert O'Harrow, Jr., No Place to Hide 56-63 (2005) (데이터중개회사 액시옴(Acxiom)이 벌인 로비활동을 다루고 있다. 이 로비는 데이터마이닝이 반테러 목적으로 쓰이기에 큰 잠재력이 있음을 정치계에 설득시키기 위한 것이었다).

18. 다음을 참고하라. Tal Z. Zarsky, *"Mine Your Own Business!": Making the Case for the Implications of the Data Mining of Personal Information in the Forum of Public Opinion*, 5 Yale, J.L. & Tech. 1, 27 (2003).

19. Frederick Schauer, Profiles, Probabilities, and Stereotypes 173-74 (2003).

숨길 수 있는 권리

20. Daniel J. Steinbock, *Data Matching, Data Mining, and Due Process*, 40 Ga. L. Rev. 1, 82 (2005); *cf* Danielle Keats Citron, *Technological Due Process*, 85 Wash. U. L. Rev. 1249, 1254 (2008) ("자동화된 시스템은 가려져 있어서 면밀히 들여다보기가 어렵다. 시민들은 이 새로운 규칙들을 파악하거나 그에 대해 논의하지 못한다. 이에 따라 행정적 규칙을 만드는 일의 투명성, 정확성, 정치적 책무성이 사라진다").

21. Louis D. Brandeis, Other People's Money and How the Bankers Use It 92 (1914).

22. 제임스 매디슨이 W. T. 배리(W. T. Barry)에게 보낸 편지(Aug. 4, 1822). 다음에 수록됨. 9 The Writings of James Madison: 1819-1836, 103, 103 (Gaillard Hunt ed., 1910). (인용문은 옛날식 구두점와 대소문자 표기 방식을 피하기 위해 다소 수정됐다).

19장. 러다이트 논리

1. 2005년 '리얼ID법'은 다음으로 통과되었다. Division B of the Emergency Supplemental Appropriations Act for Defense, the Global War on Terror, and Tsunami Relief, 2005, Pub. L. No. 109-13, 119 Stat. 231.

2. Laura Meckler, *ID Card for Workers Is at Center of Immigration Plan*, Wall. St. J., Mar. 9, 2010, A4.

3. Simon A. Cole, Suspect Identities: A History of Fingerprinting and Criminal Identification 32-59 (2001).

4. Michael Chertoff, Homeland Security: Assessing the First Five Years 119 (2009).

5. Amitai Etzioni, The Limits of Privacy 104 (1999).

6. 일반적으로 다음을 참고하라. Jim Harper, Identity Crisis: How Identification Is Overused and Misunderstood (2006); Richard Sobel, *The Degradation of Political Identity under a National Identification System*, 8 B.U.J. Sci. & Tech. L. 37 (2002).

7. Stewart Baker, Skating on Stilts: Why We Aren't Stopping Tomorrow's Terrorism 309, 314, 315 (2010).

8. Bruce Schneier, *Real ID: Costs and Benefits*, Schneier on Security, Jan. 30, 2007. http://www.schneier.com/blog/archives/2007/01/realid_costs_an.html (2010년 8월 17일에 접속함).

9. Drew Robb, *Authentication with a Personal Touch: Fingerprint Scanners Are Accurate Biometric Identification Tools – But They're Not Foolproof*, Government Computer News, Aug. 29, 2005, 2005 WLNR 26141042. 생체인식식별 시스템에 대한 상세 논의는 다음을 참고하라. Gang Wei & Dongge Li, *Biometrics: Applications, Challenges, and the Future*. 다음에 수록됨. Privacy and Technologies of Identity 135, 142-45 (Katherine Strandurg & Daniela Stan Raicu eds. 2006); Ishwar K. Sethi, *Biometrics: Overview and Applications*. 다음에 수록됨. Privacy and Technologies of Identity, *supra*, 117, 131-32.

Minority Report (Twentieth Century Fox Film Corp. 2002) (directed by Steven Spielberg).

11. Mary Pilon, *Data Theft Hits 3.3 Million Barrowers,* Wall St. J., Mar. 29, 2010.

숨길 수 있는 권리

숨길 수 있는 권리

숨길 수 있는 권리

초판 1쇄 찍은날 2016년 11월 16일
초판 1쇄 펴낸날 2016년 11월 23일
지은이 대니얼 J. 솔로브
옮긴이 김승진
펴낸이 한성봉
편집 박연준·안상준·박소현·이지경
디자인 유지연
본문 디자인 김경주
마케팅 박신용
경영지원 국지연
펴낸곳 도서출판 동아시아
등록 1998년 3월 5일 제301-2008-043호
주소 서울시 중구 퇴계로 20길 31[남산동 2가 18-9번지]
페이스북 www.facebook.com/dongasiabooks
전자우편 dongasiabook@naver.com
블로그 blog.naver.com/dongasia1998
트위터 www.twitter.com/dongasiabooks
전화 02) 757-9724, 5
팩스 02) 757-9726

ISBN 978-89-6262-165-5 93300